曹先玉◎著

当今国际战略形势解析

UNDERSTANDING THE CURRENT INTERNATIONAL STRATEGIC SITUATION

逆全球化　大国竞争　地缘政治　新技术

我们熟悉的世界正在远去
如何透过泡沫探知深层的暗流
本书试图助你聆听地球的脉动和未来的脚步声

时 事 出 版 社
北京

目录 Contents

序　言　深刻变革中的国际战略形势 ………………………… (1)

第一章　在曲折中前进的时代主题 ………………………… (6)

第一节　和平与发展时代主题的提出与发展 ……………… (7)

第二节　和平与发展仍是时代主题 ……………………… (15)

第三节　和平与发展问题仍没有解决 …………………… (21)

第二章　演变中的国际格局：单极 vs. 多极 ……………… (36)

第一节　国际格局多极化的新发展 ……………………… (36)

第二节　大国关系在竞争合作中重塑 …………………… (43)

第三节　多极格局的全面形成面临长期斗争 …………… (57)

第三章　全球化：演变、影响与趋势 ……………………… (65)

第一节　全球化及其发展 ………………………………… (65)

第二节　全球化对国际政治的影响 ……………………… (76)

第三节　全球化与逆全球化 ……………………………… (84)

第四章　信息化：概念、影响与趋势 …………………… (95)
第一节　信息、信息化与信息社会 …………………… (95)
第二节　新一轮信息化浪潮的趋势和特点 ……………… (103)
第三节　信息化对国际政治的影响 …………………… (116)

第五章　日益加剧的地缘政治竞争 …………………… (124)
第一节　当今全球地缘政治演变的基本态势 ………… (124)
第二节　美欧俄围绕乌克兰的地缘政治博弈 ………… (130)
第三节　深刻变革中的中东地缘战略格局 …………… (139)

第六章　美国“重返亚太”：从奥巴马到特朗普 ………… (153)
第一节　“亚太再平衡”战略：动力、举措与困境…… (154)
第二节　“印太”战略：内涵与演变………………… (166)

第七章　安全新议题：改变国际安全的新动力？ ……… (178)
第一节　恐怖主义 …………………………………… (179)
第二节　气候变化 …………………………………… (192)
第三节　网络安全 …………………………………… (205)
第四节　人工智能 …………………………………… (215)

**结　语　把握机遇、因势利导，在变化的世界中
维护国家的长治久安** ………………………… (228)

参考文献 …………………………………………… (236)

序言　深刻变革中的国际战略形势

当今世界正在发生复杂深刻变化，和平与发展仍是时代主题。纵观国际形势变幻，制约战争的因素不断增加，国际力量对比进一步朝着有利于维护世界和平的方向发展。经济全球化、政治多极化、社会信息化、国际关系民主化已经成为人类历史发展的基本趋势，尽管会遭遇各种困难和冲击，甚至可能出现某种程度的回潮和倒退，但难以发生根本性的逆转。这些基本趋势反映了历史的进步，总体上有利于世界的和平与发展。要和平不要战争，要发展不要贫困，要合作不要对抗，越来越成为各国人民的共同愿望，也成为维持国际战略形势总体稳定的重要条件。

同时，世界仍然很不安宁，和平与发展面临诸多难题和挑战。局部动荡频繁发生且扩散效应更加明显，霸权主义、强权政治根深蒂固，民族宗教纷争难以化解，非传统安全威胁增加，世界经济增长依然动力不足，全球发展不平衡、不均衡态势进一步加剧。面对国际体系变迁表现出的种种不确定因素，一些国家战略忧虑上升，纷纷进行战略调整，大国战略博弈出现加剧迹象。

国际关系日趋错综复杂，系统效应日益突出，对加强全球治理提出了日益迫切的需求。随着国际联系的日益增强和全球问题的增多，世界政治将变得与少数国家占据绝对优势地位的情况越来越不协调。过去的几百年中，英国、美国曾先后积聚了巨大的权力优势，成为世界的霸主。然而在当今历史条件下，一个国家要独领全球风骚已经越来越不可能，没有更有效的国际合作与协调就不可能应对全球性挑战。如果一味认准霸权兴替的传统法则，无论是想继续维持霸权优势还是谋求新的霸主地位，试图凌驾于其他国家之上，一定会被历史所愚弄。

具体来说，大致可从以下几个方面来认识和理解当今国际战略形势及其未来发展趋势：

一是，和平与发展时代主题更加突出，世界乱象增多、难题加重，需要凝聚广泛国际共识，强化全球治理，逐步加以解决。尽管世界乱象有增无减，发展难题日益紧迫，但和平与发展的时代主题不仅没有改变，反而更加突出。历史曾经发生的教训显示，依靠对外军事扩张、殖民掠夺，依靠战争来获取利益的方式应该为当今世界所淘汰，特别是在核武器威慑高悬、全球性问题增多、相互依存程度加深等诸多现实条件的限制下，当今世界依靠战争不能从根本上解决问题，战争所带来的深重代价，使得走向战场更可能导致共输的结果，战争越来越不会有赢家。然而世界并不太平，此起彼伏的局部动荡和危机一再警示，当今世界不仅要反向消极地避免战争，更要正向积极地构筑和平，只有和平有了根本保障，人类才可能聚焦于共同的发展难题。发展对于世界任何国家来说都是第一要务，尤其在各国普遍遭受挫折的情况下，发展任务更加突出，发展难题更加棘手，世界各国人民期盼美好生活的愿望更加强烈。对此国际社会需要凝聚广泛共识，积极推进全球治理进程，逐步在根本上找到化解矛盾纠纷、消弭战乱冲突的途径、办法，以便更好地整合全球资源、聚焦发展难题。

二是，经济全球化大势难以逆转，但负面效应开始集中显现，需要各国加强协调、共同努力、创新经济增长方式，为世界经济注入新的持久动力。经济全球化是人类社会发展、生产力水平提高的必然要求，也是科技进步的客观结果，发展到今天已经取得了丰硕成果。世界总体财富不断积累扩大，各国人民联系日益紧密一体，人类文明达到了历史最高水平。伴随巨大进展，经济全球化带来的负面效应也逐步显露出来，世界发展不平衡、全球经济治理滞后、全球增长动力不足等问题日益凸显，如今已到了难以为继的地步。经济全球化原有的以自由主义主导的经济增长方式已经基本走到了尽头，红利几乎饱和，世界经济陷入普遍低迷，全球经济的“蛋糕”不仅不容易做大，甚至开始变小，不仅发展中国家甚至也包括发达国家都感受到冲击和压力。面对经济全球化发展进程中遇到的低谷，形形色色的保护主义、民粹主义、极端民族主义抬头，各种反全球化杂音高涨。但经济全球化不可能再退回到闭关自守的相互分割状态，用“去全球化”和“逆全球化”的办法不可能解决全球经济发展的根本问题，个别国家采取以邻为壑的政策无疑是饮鸩止渴，出路只能在于国际社会群策群力，针对世界经济增长、治理、发展模式中的根本缺陷，找到新的经济增长途径和办法。

三是，全球政治格局保持多极化、多元化发展势头，权力趋于分散，国际关系民主化需求增加，但霸权主导与多方制衡的态势仍将在较长时期里得以持续。国际格局进入加速调整和演变期。首先，以美国为首的西方发达国家发展陷入严重危机，一时难以自拔，实力相对衰落已是不争的事实，控制世界的能力和意愿都在下降。其次，非西方国家群体性崛起，新兴市场国家和发展中大国力量明显上升，首次打破了几百年来一直由西方少数国家垄断权力的历史，引起了国际力量重新分化组合，世界权力正在从西向东转移。再次，一些中小国家发展虽难有大的起色，却掌握了越来越多的威慑手段，形成了针对强权的反制能力，摆脱外来控制的自主性在增强。最后，非国家行为体大量涌现，开始在世界发挥重要作用，甚至形成了足以抗衡国家的能力。这些因素共同促成了几百年来的霸权结构出现松动，并最终将走向解体。世界变得不仅越来越“多极”，也越来越“多元”，权力在发生历史性转移的同时，也在发生着前所未有的扩散，全新的世界权力结构正在形成当中，影响世界的力量增多、角色增多、手段增多。在这样一个多极、多元的世界里，任何强权都不可能越俎代庖决定他国人民的命运，更决定不了世界的前途。只有着手构建“人人为我、我为人人”开放包容的全球共同体，才能担负起世界责任、掌握住人类命运。

四是，国际秩序进入变革的重要阶段，未来发展具有很大的不确定性，一些国家战略忧虑上升，围绕国际规则及制度安排的博弈将趋于激烈。随着国际形势急剧变化，原来由西方所主导的国际秩序越来越难以为全球提供公共安全的有效供给和繁荣稳定的增长空间。过去由西方几个国家凑在一起就能决定世界大事的时代已一去不复返。然而在新的时代条件下，世界秩序转换不可能像历史上曾经发生过的那样，通过战争方式在短时期内急剧完成，新旧秩序的转换与更迭必然要经历一个旧秩序逐步退出、新秩序逐步形成的漫长过程。在此期间，随着各国实力变化，各国的地位在变、角色在变、分工也在变，旧有的霸权逻辑、强权法不会甘心退出历史舞台，而新的秩序主张却未完全明确通行，新老秩序交织、多种规则并存、双重标准盛行成为常态，世界面临更多的不确定性。一些国家的战略忧虑将趋于增加，大国权力及利益再分配的斗争将十分激烈，而其中围绕国际规则及制度安排的博弈将成为重中之重。新的国际秩序只有具备更大的包容性和公正性，才能引导国际关系实践朝着可持续和可预期方向发展。

五是，大国关系性质已经发生重要改变，非合作即对抗已经越来越不合时宜，非零和博弈将占据主导地位，竞争不掩合作，合作中充满竞争。大国之间逐渐超越单纯权力争夺和冲突对抗的历史老路，国家间关系已经不再是简单的零和，而要复杂得多，是非零和，具有两重性。谋求国家生存与发展需要综合运用各种战略途径和手段，不能一味地冲突，还必须谋求合作，并以合作来制约冲突。竞争与合作并存已经成为大国关系的基本特征及限制条件。要实现国家利益，就要跟上时代前进步伐，不能身体已进入21世纪，而脑袋还停留在过去，停留在殖民扩张的旧时代里，停留在冷战思维、零和博弈的老框框内。在新的历史条件下，任何大国单打独斗都不行，迷信武力更不行，那种以邻为壑、转嫁危机、损人利己的做法难以持久，人类比以往任何时候都更有条件构建合作共赢的大国关系。

六是，面对国际变局，各国普遍遭遇困顿与迷茫，发展道路与发展模式改革与创新已经成为国际竞争的核心。谁能在发展道路和发展模式上取得突破和领先，谁才能在未来的国际竞争中占据主动地位。金融危机发生以后，以美国为首的西方资本主义世界陷入停滞甚至衰退，金融资本的贪婪无度再次深刻暴露了资本主义发展模式中的固有缺陷。到目前西方国家都还没有找到很好的药方来克服这一制度顽疾，自由主义学者所鼓吹的“历史的终结”面对重重危机黯然噤声。相比资本主义陷入困境，社会主义仍处于低潮。虽有中国发展的一枝独秀，但在我国经济总量不断增大的同时，积累和遇到的产能过剩、环境代价大、不可持续等问题也越来越突出，经济开始进入新常态，总体面临较大的下行压力。世界经济进入低迷期是当前和今后一个时期世界发展的基本态势，各国普遍遇到了发展的困顿与迷茫。这种情况下，发展道路及发展模式的改革创新已经成为国际竞争的核心和主要承载体。没有一条固定道路和固有模式可以包揽天下，关键是各国要根据本国国情，创造性地走出一条适合自己的发展之路，既能服务和惠及本国人民，也能为世界发展提供必要的动力和支持，并能带动和引领未来的发展。

第一章

在曲折中前进的时代主题

时代主题是一定历史时期内，由世界主要矛盾以及主要力量对比所决定、反映世界基本特征和基本态势，并对国际形势走向具有全局性、战略性影响的重大问题。它规定着世界经济、政治，以及国际社会各行为体所形成的国际关系结构的性质和发展方向，是国际关系在一定历史时期的中心内容。准确认识和全面把握时代主题，是最高层次的战略判断，是准确判断战略形势、正确制定战略方针的基础，具有极其重要的现实意义。没有对时代主题的深刻理解和准确把握，就不可能看清国际战略形势的大势，就会犯逆历史潮流而动的政治性、战略性错误。

随着二战后世界经济、政治的发展，和平与发展在20世纪80年代逐步取代战争与革命成为时代主题。20世纪80年代中期，中国共产党准确把握住了这一主题并在此基础上实现了党和国家工作重心的战略性转移。几十年来，尽管受国际风云变幻的多次冲击，但和平与发展的主题始终没有改变。党的十九大报告指出，“世界正处于大发展大变革大调整时期，和平与发展仍然是时代主题。”① 一方面，世界多极化、经济全球化、社会信息化深

① 《中国共产党第十九次全国代表大会文件汇编》，北京：人民出版社2017年10月第1版，第47页。

人发展，各国相互联系和依存日益加深，国际力量对比更趋均衡，进一步朝着有利于和平和发展的方向演变。另一方面，世界面临的不稳定不确定因素明显增多，地区热点问题此起彼伏，恐怖主义、网络安全、气候变化、跨国犯罪等非传统安全威胁凸显，人类面临许多共同挑战。这是对当今和平与发展时代性的准确把握，是我们进行国际战略形势判断的基础和根本遵循。

第一节　和平与发展时代主题的提出与发展

时代主题既具有客观存在性的一面，又有主观认知性的一面，是主观与客观的统一。执政党特别是国家领导人对于时代主题的理解和认识，关系到对世界历史发展方向和趋势的重大判断，直接涉及党和国家内政外交重大决策的战略走向。中华人民共和国成立后一个很长的历史时期内，我党对国际形势的基本判断是“战争与革命是时代主题”，“世界大战是不可避免的”，“迟打不如早打，小打不如大打”。这在相当长时间内决定了中国的国内国际政策。20 世纪 80 年代中期，邓小平同志准确地揭示了时代主题由战争与革命向和平与发展的历史性转变，由此实现了党和国家工作重心的转移。此后，江泽民、胡锦涛、习近平三代领导集体与时俱进，进一步发展了时代主题理论。

一、和平与发展时代主题的提出

20 世纪 60 年代到 70 年代中期，由于主客观多方面的原因，我党对战后国际形势的深层次变化没有能够及时、准确把握，没有看到世界形势正在发生一些深刻的变化，对战争的危险看得过于严重，致使没有抓住时机，在现代化建设上走了较长一段弯路。20 世纪 80 年代中期，经过对国际形势的长期、冷静观察和思考，邓小平同志在充分总结历史经验教训的基础上，逐渐形成了当今时代主题已经发生了重大变化、战争与革命的时代主题已经被和平与发展的时代主题所取代的战略判断。

1984年5月29日，邓小平在会见巴西总统菲格雷多时指出，“现在世界上问题很多，有两个比较突出。一是和平问题。现在有核武器，一旦发生战争，核武器就会给人类带来巨大的损失。要争取和平就必须反对霸权主义，反对强权政治。二是南北问题。这个问题在目前十分突出。发达国家越来越富，相对的是发展中国家越来越穷。南北问题不解决，就会对世界经济的发展带来障碍。”① 1984年10月31日，邓小平在会见缅甸总统吴山友时再次指出，“国际上有两个问题非常突出，一个是和平问题，一个是南北问题，还有其他许多问题，但都不像这两个问题关系全局，带有全球性、战略性的意义。”② 1985年3月4日，邓小平会见日本商工会议访华团时表示，“现在世界上真正大的问题，带全球性的战略问题，一个是和平问题，一个是经济问题或者说是发展问题。和平问题是东西问题，发展问题是南北问题。概括起来，就是东西南北问题。南北问题是核心问题。”③ 如此频繁地在外交场合深入谈到和平与发展的问题，一方面反映了邓小平对这一问题的高度重视，另一方面也反映了他对这一问题认识的不断深化。1987年10月，党的十三大政治报告把邓小平的这一思想正式表述为“和平与发展是当代世界的主题”，十四大报告进一步将其上升为“时代主题”和“时代特征”，由此标志着这一伟大论断的正式形成及其在中国社会主义理论中基础性地位的确立。

邓小平关于和平与发展时代主题的判断，绝不是一个简单的

① 《邓小平文选》第3卷，北京：人民出版社1993年版，第56页。
② 《邓小平文选》第3卷，北京：人民出版社1993年版，第96页。
③ 《邓小平文选》第3卷，北京：人民出版社1993年版，第105页。

结论，而是具有丰富而深厚的理论内涵。要点包括：首先，和平问题和发展问题已经成为世界最突出的问题。邓小平指出，发展不仅是发展中国家的任务，发达国家也有一个再发展的问题。和平也不仅是少数国家的责任，而是各国人民的共同愿望和共同责任。因此，世界上的其他问题都不像这两个问题关系全局，带有全球性、战略性影响。维护和平、促进发展已经成为各国的主要任务和时代的主题，以此明确回答了在今后一个较长历史时期内，各国人民面对的主要问题、致力于解决的“主要任务是什么”这一重大问题。

其次，和平与发展相互影响、相互促进。发展需要和平，和平促进发展。由于发展居于核心地位，导致经济建设的因素上升，爆发世界大战的可能性进一步减少，和平问题更有可能得到解决。它是对当今时代国际形势的“趋势判断”。即同两次世界大战和冷战时期相比，国际形势的总体特征不再是绵延不断的帝国主义战争和风起云涌的无产阶级和被压迫民族的革命，对抗的总体强度在降低，其基本态势是趋向缓和。“世界大战打不起来”，人类有可能争取到一个较长时期的总体和平局面来发展自己。发展是各个国家、各个民族在当今历史条件下的“硬道理”。

再次，要维护和平，就要坚持不懈地反对霸权主义和强权政治，就要促进发展，建立新的国际政治经济新秩序。和平与发展不是只讲统一，不讲对立；只讲合作，不讲斗争，而是存在着深刻的矛盾和斗争，有着内在的辩证关系。这是邓小平的思维同苏联领导人戈尔巴乔夫“国际政治新思维”的一个根本区别。和平与发展的实质就是这两大矛盾的斗争，不经过艰苦的斗争，就谈不上和平与发展。这就从“根本矛盾”的角度深刻揭示了“时代主题”的内涵。

二、提出和平与发展时代主题的重大意义

和平与发展时代主题的确立，为全党判断国际形势提供了一个强大的武器，帮助全党改变了“战争危险很迫近”以及“战争迟早要来、但能够推迟”的看法。全党在“争取比较长期的和平是可能的”“战争是可以避免的”这一重大认知上达成了一致，统一了思想。这一认识上的重大转变给党和国家带来了一系列全局性、深层次、根本性变化。

在国内，和平与发展时代主题的确立，为我们党制定和实施社会主义现代化建设的发展战略提供了重要的依据和理论指导。一是将中国十一届三中全会后重新启动的现代化建设纳入到了世界发展的历史潮流中，使全党和全国人民认识到中国的发展不是孤立的事件，不仅仅是我们主观做出的选择，而是全球发展大势的重要组成部分，是顺应历史潮流的必然选择。中国的发展离不开世界，必须抓住全球发展的历史机遇来加快自身发展，通过扩大开放、加强对外交流，吸收和利用外部世界一切有益的经验、资源和发展成果来发展自己。由此开始，中国越来越深地融入了国际体系，成为全球化世界的重要组成部分，并反过来对世界的发展做出越来越大的贡献。

二是大大深化了我党对世界和平趋势的认识与把握，从而增强了对国际局势发展趋势判断的自信心和稳定性。邓小平和平与发展时代主题的确立，标志着我党对国际局势的认识由现象上升到本质，由感性上升到理性，从而在思想上更为坚定，制定和实施以经济建设为中心的国家战略更为坚决。在时代主题确立之前，由于总体上没有改变大战迟早要爆发的判断，在发展问题上也不可能完全放开手脚。虽然在特定时期也提出要加快发展，但定位是利用战争的间歇期“抢时间”进行发展。这与此后的发展存在着根本的不同。对此，邓小平在后来会见罗马尼亚客人时表

示，“你们1982年来时我们还没有转变，还认为80年代是个危险的年代。这一时期我国的发展战略设想，是建立在‘战争有可能延缓爆发’和‘要抢时间’搞建设这两个基点上的。而当和平与发展的时代主题确立后，我们对国际环境的认识就发生了一个质的飞跃，达到了对国际形势本质的把握。也正是这一时候，即十二大召开到十三大前后，我们党先是提出了到本世纪末国民经济实现翻两番，人民生活达到小康水平的奋斗目标，以及前十年打基础，后十年加速发展的分两步走的战略部署。以后，又经过补充完善，最终确定了分三步走，到下个世纪中叶达到中等发达国家的水平，使国民经济走在世界前列的宏伟发展蓝图。”① 由此可以看出，十一届三中全会后，全党全国人民之所以能够放开胆子、一心一意抓经济建设，不再是像原来那样抓住短暂的战争间隙搞建设，根本原因就在于和平与发展时代主题的确立。

三是为毫不动摇地坚持既定的发展战略奠定了稳固的思想基础。20世纪80年代中期，和平与发展的时代主题成为我党对国际形势发展的战略判断。然而对这一判断的质疑仍不时出现，特别是国际局势与我国外部环境发生重大变化时。1989年，几乎同时发生了东欧剧变和苏联解体，国际形势发生了二战以来的最大变化。同时，西方国家联手对中国进行孤立和经济制裁，企图使中国成为下一张“多米诺骨牌”。在此背景下，党内有人提出要对国际形势进行重新评估。邓小平则以惊人的眼光和大战略家的胆识与气魄告诫全党在对形势的观察和反应上要冷静、冷静、再冷静。“对国际形势还要继续观察，有些问题不是一下子看得清楚，总之不能看成一片漆黑，不能认为形势恶化到多么严重的地步。……我们可利用的矛盾存在着，对我们有利的条件存在，机

① 《邓小平文选》第3卷，北京：人民出版社1993年版，第127页。

遇存在着，问题是善于把握。”[1] 1999 年，北约武力干涉南联盟，特别是悍然轰炸中国驻南斯拉夫使馆。有人认为国际形势发生了根本变化，不但原先的判断和看法而且据此做出的某些重大决策都需要进行调整和修正。[2] 还有人针对“台独”势力上升，提出“如果我们还不能从现实已不存在的和平与发展的海市蜃楼中惊醒，还想以东郭先生的善良期盼李登辉及其盟友回心转意，那等待我们的前景将是十分危险的”。[3] 2001 年，小布什政府上台后将中国定位为“战略竞争者”。然而，面对国际形势与国家安全环境的重大变化，我党始终能够坚持和平与发展时代主题的战略判断，保持战略定力，坚持以经济建设为中心不动摇，实现了国家的快速发展，其基础与根本就是对和平与发展时代主题的深刻认识与坚定信念。

与此同时，中国基于和平与发展的时代主题，实现了在对外政策、台湾问题和国防建设上的重大转变。一是对外交战略做了调整，从侧重反对苏联霸权主义的“一条线”战略，转向了与美苏都搞好关系，同时反对它们的霸权行径，在对外关系中坚持更加独立自主的和平外交战略。二是对军队建设的指导方针做了调整，由临战状态转向了在和平时期加强质量建设的轨道，实施了国防与军队建设服从、服务于国家经济建设大局的一系列重大举措，并主动裁军 100 万。与此同时，在这一时代主题的指导下，提出了一系列适应新形势、新任务的新的战略思维，如建立国际政治经济新秩序、“一国两制”等实现祖国和平统一的构想、“搁置争议、共同开发”等解决国际争端的新理念，以及提出“韬光

---

① 《邓小平文选》第 3 卷，北京：人民出版社 1993 年版，第 354 页。

② 何方：《争议下的国际问题观察》，北京：中国社会科学出版社 2013 年版，第 71 页。

③ 张文木：“台湾问题与中国前途——兼评李登辉《台湾的主张》”，《战略与管理》1999 年第 5 期，第 15 页。

养晦、有所作为”的28字方针等。立足发展、维护和平，成为指导我国为实现四个现代化开拓国际新局面、发展对外合作关系、争取长期稳定与和平的国际环境的强大思想武器。

总之，和平与发展时代主题的确立，是邓小平理论的时代背景和重要组成部分①，是我们党建设有中国特色社会主义理论与实践的重大突破，无论对中国还是对世界均具有重大而深远的影响和历史性意义。

三、和平与发展时代主题的发展

自20世纪80年代和平与发展时代主题提出后，国际国内形势发生了重大变化。在国际上，随着全球化、多极化、信息化的不断发展，国际形势向着有利于和平与发展的方向发展，与此同时国内冲突、地区动荡持续，恐怖主义、气候变化、大规模传染性疾病等非传统安全威胁凸显。就中国而言，多年来的快速发展使得中国维护国家安全和发展的能力不断增强，有条件为国际和平与发展做出更大的贡献。与此同时，美国逐步强化对中国的负面判断，一步步将中国锁定为战略竞争对手，加强对中国的战略防范与遏制，其他大国及部分地区国家对中国的快速发展疑虑有所上升，配合甚至主要拉拢美国“平衡”中国，地区热点问题有所升温，中国面临的安全压力明显上升。在国内，在经济取得快速发展的同时，社会治理、环境问题、贫富差距、发展不平衡等问题进一步凸显。在此背景下，我党与时俱进，在坚持和平与发展时代主题战略判断的基础上进一步丰富和发展了其内涵与外延。

党的十五大正式通过的《中国共产党章程修正案》明确将邓

---

① 何方：《争议下的国际问题观察》，北京：中国社会科学出版社2013年版，第88页。

小平理论确立为党的指导思想。十六大在十五大的基础上提出了全面建设小康社会，开创中国特色社会主义事业新局面的伟大号召，指出："纵观全局，二十一世纪头二十年，对我国来说，是一个必须紧紧抓住并且可以大有作为的重要战略机遇期"。[①]"战略机遇期"思想的提出，是建立在对国际战略总体趋势积极评价的基础之上的。也就是说，进入21世纪，国际局势发生了冷战结束以来最为深刻的变化，不稳定因素增加，但从总体上看，和平与发展作为时代主题没有改变，世界多极化的趋势没有改变，我国面临的国际环境依然是机遇大于挑战。总体和平、局部战争，总体缓和、局部紧张，总体稳定、局部动荡，是当前和今后一个时期国际局势发展的基本态势。"战略机遇期"概念的提出以及延用至今，反映出我党对和平与发展时代主题的坚守。

党的十七大报告指出，当今世界正在发生广泛而深刻的变化，当代中国正在发生广泛而深刻的变化，机遇前所未有，挑战也前所未有，机遇大于挑战。党的十八大报告进一步强调，当今世界正在发生深刻复杂变化，和平与发展仍然是时代主题。世界多极化、经济全球化深入发展，文化多样化、社会信息化持续推进，科学技术孕育新突破，全球合作向多层次全方位拓展，新兴市场国家和发展中国家整体实力增强，国际力量对比朝着有利于维护世界和平方向发展，保持国际形势总体稳定具备更多有利条件。

党的十九大则在十八大的基础上，对国际形势及其发展趋势做了更进一步的分析，指出：世界正处于大发展大变革大调整时期，和平与发展仍然是时代主题。世界多极化、经济全球化、社会信息化、文化多样化深入发展，全球治理体系和国际秩序变革

---

① 江泽民：《全面建设小康社会，开创中国特色社会主义事业新局面——在中国共产党第十六次全国代表大会上的报告》，北京：人民出版社2002年11月版，第19页。

加速推进，各国相互联系和依存日益加深，国际力量对比更趋平衡，和平发展大势不可逆转。同时，世界面临的不稳定性不确定性突出，世界经济增长动能不足，贫富分化日益严重，地区热点问题此起彼伏，恐怖主义、网络安全、重大传染性疾病、气候变化等非传统安全威胁持续蔓延，人类面临许多共同挑战。①

综上所述，自 20 世纪 80 年代和平与发展时代主题确立以来，就始终是党和国家关于国际国内形势的根本性战略性判断。与此同时，根据国际国内形势的发展变化，不断对其进行丰富和发展，赋予其新的内涵。正是以此为基础，我党始终坚持将社会主义建设作为党和国家的中心任务，制定和实施各项国内国际战略决策，实现了国家的长期稳定快速发展和综合国力的全面提升。即便是国际国内出现重大事件、一时面临大的困难，也从未改变过对时代主题的判断。这是我们成功的重要前提。由此可见，邓小平关于当今时代主题的判断是马克思主义的科学结论，反映了当代国际形势的主流，它并没有因为国际风云的变幻和局部动荡、冲突而发生逆变，仍然是我们在 21 世纪观察分析国际形势、制定安全和发展战略的正确指导思想。

第二节　和平与发展仍是时代主题

作为一个大历史概念，时代具有以下四个特征。一是国际性。时代是一个总的概念，涵盖全世界，而不是某一个地区或某一个国家的局部发展。时代特征所说的“战争”，是指世界战争，不是指地区或局部战争，更不是国内战争。“和平”则指全世界

① 习近平：“决胜全面建成小康社会　夺取新时代中国特色社会主义伟大胜利”，《中国共产党第十九次全国代表大会文件汇编》，北京：人民出版社 2017 年 10 月版。

的和平。二是全面性。是指整个国际形势和世界的主要发展趋势，而不是指某个局部现象或某一个方面。讲发展，是指经济、政治、社会和文化的全面发展，而不是指科技和武器之类的单项发展。三是决定性。其他一切国际现象都服从于它，受制于它，如战略格局、国际秩序，以至一国的国内发展等都受到它的影响和制约。四是稳定性。它在相当长的时期内起主导作用，不会轻易逆转和改变。因此，不应在国际上一遇到风吹草动，就动摇对时代的正确判断而随风摇摆。[①] 20 世纪 80 年代中期，我党逐步将和平与发展确立为时代主题。它反映了世界经济、政治发展的结果，反映了世界各国人民的根本利益和强烈愿望。40 年来，尽管受到国际战略力量对比消长、世界格局变迁、重大事件冲击等诸多挑战，国际政治、经济、军事、科技也发生了深刻而复杂的变化，但结合时代的四个特征，总的来看，和平与发展时代主题的基础并没有发生根本性改变，和平与发展依然是当今时代的主题。

一、全球化成为当今世界最主要的发展趋势，国家间相互依存关系不断加深

冷战结束后，全球化成为最为主要的国际发展趋势，并随着时代的发展不断深化，已经成为不可逆转的历史潮流。需要看到的是，真正的全球化只能出现在和平与发展时代，必须以和平的国际环境为基础和背景。没有世界和平，不说全球化，连以国家为主要行为体的国际化也谈不上。至于发展，更是全球化形成的根本要素。由于人类历史进入资本主义阶段，生产的发展要求有更多的市场和原料产地，于是就出现了向海外的探险，进而推动

---

① 何方：《争议下的国际问题观察》，北京：中国社会科学出版社 2013 年版，第 8 页。

全球化的出现和发展。反过来，全球化又成为世界发展的强大推动力。在当今国际环境中，国家孤立于全球化之外要实现发展是不可能的。全球化进一步加深了国家间的相互依存，进而使和平与发展成为各国的共同利益诉求。

当前，科学技术的迅猛发展和普及应用，成为推动新一轮全球化发展新的强大动力。它不仅创造出新的劳动工具，生产出更多的财富，而且为人类社会提供了更为先进、快捷的交通工具和通讯手段，保证国际间相互联系和交往能够在更大规模和范围内进行，日益缩短各国的地理距离和空间距离，促使人们在更大的市场上实现商品的价值。科技革命最重要的影响之一，就是使当今世界各个国家相互依存度大大提高，没有哪个国家能够回避国家间的相互交往和相互联系，没有哪个国家的经济可以游离于世界经济之外而独立发展，更没有哪个国家的发展与变化不同世界联结在一起。世界已经成为一个紧密相关的有机整体。这已经成为国际社会的基本共识。而由两个超级大国形成的冷战对峙局面，造成国际社会的人为割裂以及国际关系的长期紧张和对抗，不仅严重威胁人类的生存，妨碍各国人民发展经济和提高生活质量的迫切需要，而且严重落后于生产力向全球扩张的要求，以及与这种要求相适应的全球合作和相互依存关系的成长。所以，新科技革命和全球化趋势，不仅是导致两极对抗格局瓦解的根本原因，而且客观上不允许再恢复与世界生产力状况不相适应的冷战对峙的国际关系格局，从而推动和平与发展的潮流继续前进。简而言之，生产力的发展要求越来越成为和平与发展时代主题的基础和保证。

二、冷战时期的东西矛盾不复存在，美国受到各种力量的牵制

冷战结束后，随着东欧剧变、苏联解体、华约解散，原来意义的东西矛盾正向着“一超与多强”的矛盾、“单极”与“多

极”的矛盾以及其他形式的矛盾演变。国际政治矛盾与冲突出现了复杂性、多样化的趋势。2014 年乌克兰危机以来，俄罗斯与美欧之间的矛盾持续至今，但这种矛盾与冷战时期苏联领导的东方阵营与美国领导的西方阵营之间的矛盾有着本质的不同，不再是当今国际政治的主导性矛盾。

美国虽然成为世界上唯一的超级大国，其综合实力明显超过其他力量，但由于它处于世界各种矛盾的中心，在经济、政治、军事等各个领域受到多极力量的制约。美国与伊斯兰世界之间、美国与社会主义中国之间、美国与俄罗斯、欧盟等其他战略力量之间，以及美国与伊朗、朝鲜等不屈服美国意志国家之间的矛盾有许多新发展，这对美国霸权主义形成有力牵制，分散了其战略资源。小布什政府对外实行的单极霸权和单边主义的美国“新帝国”政策模式，使美国深陷两场战争的泥潭，把美国置于空前的战略困境当中。2008 年的次贷危机又严重地打击了美国，至今尚未完全走出金融危机的影响。再加上叙利亚冲突、2014 年以来的乌克兰危机等等，这些因素和矛盾已将美国的注意力牵扯到欧洲、中东、亚洲多个重点地区，使美国顾此失彼，难以集中精力应对长期重大挑战。在此形势下，部分美国学者提出，美国正面临百年未有之大变局，美国力量的下滑已经危及其世界霸主地位。美国《外交》杂志前任主编扎卡里亚认为，全球面临第三次重大力量转变：第一次是 15 世纪前后西方世界的崛起。第二次是 19 世纪末美国的崛起。现在是美国以外的世界的崛起。① 美国遇到的问题首先是过度扩张的结果，这是一种绝对下降。同时，又是其他新兴力量综合实力迅速上升，这是一种相对下降。不管是绝对还是相对，美国力量下降，其他力量上升，这个趋势已不

---

① ［美］法里德·扎卡里亚：“世界面临第三次重大力量转变”，《决策与信息》2008 年第 9 期，第 4 页。

可逆转。如今，美国成了全球金融危机的源头和最大的债务国。在危机中不是美国救别人而是需要世界救美国，所有这些都反映出美国因实力变化而导致其国际地位下降。当前，美国的国际形象严重受损，干预世界事务的能力明显减弱，要求美国让渡部分世界领导权的呼声与日俱增，美国遇到的国际挑战日益增多。美国国内的孤立主义情绪有所上升，特朗普上台就是一个明显的例证。虽然美国还未到“衰落”的程度，它仍将作为最有影响力的世界大国存在，但其力量和地位确已今非昔比，它越来越做不到强制别人服从自己的意志，也不再可能只追逐自身的利益而不顾其他国家的权利。

三、冷战格局进一步瓦解，世界主要大国力量出现新的分化组合

目前，大国纷纷调整对外战略及其相互之间的关系，大国之间的利益对立有了新的变化和发展，但利益的共同点和交叉点也比冷战时期明显增多，从而导致大国关系两重性的特征更加明显和突出。大国之间对抗与合作并存，双边结盟与发展全方位多边关系的倾向并存，对立斗争与协调妥协相互交织，这无形中增加了大国关系的稳定性和国际局势趋于缓和的态势。

英国的做法非常典型。作为与美国有“特殊关系”的国家，英国一方面在2015年3月不顾美国反对加入中国推动的亚洲基础设施投资银行（AIIB），并在当年10月习近平主席访问英国时，给予习主席超高规格礼遇，双方宣布中英关系进入“全面战略伙伴关系的黄金时代”，体现了与中国加强合作的强烈愿望。另一方面，在一些问题上，如南海问题，它又与美国亦步亦趋，公开和中国唱反调。2016年5月，英国首相卡梅伦表态称，“中国必须尊重海牙仲裁法庭的裁决结果”。英国国防部长继2016年、2017年之后在2018年香格里拉对话会上再次宣称将派军舰到南

海巡航。印度同样如此，在配合、借重美日平衡中国的同时，又与两国拉开距离，加强与中国的协调与合作，以此谋求国家最为有利的安全与发展环境。英国、印度既合作又斗争的态度也是其他大国的普遍做法。

近年来，美国在维护单极霸权的同时，为了应对它面临的重要安全问题，不得不调整对外政策，主动同各大国改善关系，寻求合作。除此之外，面对日益严重的全球性问题，如气候变暖、国际恐怖主义等，世界大国间合作的意愿明显增强。因为这些“全球问题”都是由全球化的深刻矛盾引发的，又都具有世界范围的破坏性和影响力，在客观上要求世界各国，尤其是大国进一步加强国际合作，通过协调一致的共同努力来加强治理和防范。大国力量和关系因此出现新的调整和变化。这些分化组合有效限制了大国之间的对抗。竞争与合作并存、斗争与协调同在，越来越成为当前大国关系的基本特点。客观上，大国关系的两面性特点有利于维护世界的总体和平与发展。

四、南北矛盾更加突出，核心仍然是经济发展问题

帝国主义宗主国与殖民地半殖民地的矛盾，随着战后帝国主义殖民体系的瓦解，已在政治斗争的层面上得到了总体解决。由此演变而来的南北矛盾，主要集中在经济发展问题上。几十年来，发展中国家经过艰苦努力虽然取得了辉煌成就，一些国家经济实现了快速发展，但在整个世界经济中，大多数发展中国家仍很贫穷。冷战结束后，经济科技因素在国际关系中的地位和作用明显上升，国际竞争的重点由军事转到以经济为基础、科技为先导、军事为后盾的综合国力上来，发展中国家面临的压力和挑战更大了，发展问题十分紧迫。但由于国际经济旧秩序的种种桎梏，南北经济悬殊问题不仅没有解决，反而在拉大。

在全面认识南北矛盾问题时，要看到近十年来出现的新变

化。随着新兴国家的群体性崛起，西方世界从整体上感到日益现实的挑战。西方是全球化的主要推动者，它借助资本由中心区向边缘区的扩张，从全球化进程中获取了巨大的利益。现在，这个扩张过程呈现出双向化特点，边缘区的商品和资本开始向中心区扩张。西方国家普遍感觉到全球化给其带来的负面影响，如不断上升的移民潮、产业空洞化加剧、就业岗位流失、国际市场占有份额缩小、发展中国家主权基金挑战等。西方传统经济优势的阵地一个接一个失守。有的西方思想家强烈担忧西方主流社会和主流文化的主导地位受到冲击。这是近代以来西方社会从未面临过的大变局、大挑战。当前，西方社会已开始意识到，用排斥和对抗的办法解决不了问题，正视力量变化的现实，接纳新兴力量的崛起已不可避免。西方舆论大量关于“全球力量转移”“美国霸权衰落”“后单极世界时代来临”“美中共管全球事务”的言论，就反映了这方面的信号。西方国家的外交政策将被迫做出较大的调整，以适应国际格局的深刻变化，这是重新构建国际政治经济秩序的一个历史机遇，这已经在2008年11月华盛顿应对全球金融海啸的二十国集团（G20）峰会上得到了体现。近年来，七国集团（G7）影响力明显下降，二十国集团影响力上升，更是反映了这一趋势。南北关系的这一具有转折性的历史变化，无疑为和平与发展增加了新的推动力。

第三节　和平与发展问题仍没有解决

时代主题具有大战略判断的两大基本属性。一是综合性，它是组成这一历史进程的各个领域和局部的所有“部分的集合体”。二是过程性，它又是这一历史进程的各个发展阶段的“过程的集合体”。因而不能排除在某些局部和某些发展阶段上存在着脱离运动一般发展方向和趋势的情况发生，由此呈现出违背当今时代发展主流的曲折画面。为此，在看到时代发展主流的同时，必须密切关注与之相伴随的新问题、新挑战、新趋势，警惕在量变中孕育着新的质变。当今时代潮流蕴含着深刻的两重性，存在着相互斗争的两股力量和两种趋势。当今，尽管和平与发展仍是时代主题，但这两个问题没有一个得到彻底解决，国际战略形势仍经历着较大的动荡起伏，和平与发展仍面临诸多挑战。近年来，我党特别强调要用两点论观察和分析形势，既要看到形势发展对我有利的一面，又要看到不利的一面，反复告诫要"安而不忘危，存而不忘亡，治而不忘乱"，牢固树立忧患意识和风险意识，警惕内忧外患。这正是对和平与发展的历史主流和曲折性辩证统一的方法论。

一、霸权主义和强权政治有新的发展

冷战结束后，美国成为全球唯一的超级大国。此后，维护全球领导地位一直是美国历届政府不变的战略目标，虽然不同政府战略重点和战略途径有所不同。近年来，面对以中国为代表的非西方国家的崛起，美国明显加强了对中国的战略防范和战略遏制，以及对俄罗斯的战略挤压，与此同时继续联手西方国家在全球范围内推广西方的政治制度和意识形态，党同伐异，政治、经济、军事等手段多管齐下改变他国政权，致使有关国家和地区长期陷入冲突、动荡和失序。与此同时，随着美国权力及其掌控国际事务能力的相对下降，冷战后的国际体系逐步进入转型期，旧的体系趋于松动、瓦解，而新的体系尚未形成，国际治理赤字更加突出，世界可能更加混乱、无序。国际和平与发展面临更多挑战。

（一）加强对中俄等国的战略防范、遏制与打压，军事风险有所上升

随着全球化的不断深化，以及恐怖主义、气候变化、跨国犯罪等非传统安全问题凸显，国家间相互依存明显上升，国际合作成为应对全球性挑战的必由之路。在此背景下，大国间关系正在朝着既竞争又合作的方向发展，相互影响、相互借重、相互制衡，成为当前大国关系的基本特点。然而，美国为了巩固其全球领导地位，仍以零和思维、冷战思维来处理国际特别是大国关系。在亚太，美国进一步加强美日、美韩、美澳军事同盟关系，大幅提升日本在亚太安全体系中的地位，推动地区联盟体系由“美国+”向“美日+”转变，支持日本修改和平宪法，提升军事能力，强化美日联合作战体系融合，以实现联合作战的“无缝链接”。

为了在更广阔的地理空间内、整合更多的资源牵制、围堵中国，奥巴马政府在执政后期提出了“印太”的战略概念，为此明显加强了与印度的安全关系，提升印度在地区和国际事务中的地位。2016年8月，美印正式签署《后勤保障协定》。根据协定，两国军队可以相互使用对方的海陆空军事基地进行维修和补给。2016年6月，美国又将印度在军事贸易中的定位提升为“国防领域的关键伙伴”，使印度军工可以无需许可即可获得美国的军民两用技术。为了推进与印度的关系，美国不顾印度不是《核不扩散条约》缔约国的事实，支持其加入“核供应国集团”（NSG），并承诺为印度修建核反应堆。与美印关系类似，近年来美越关系也得到了大幅提升，2018年美国航母访问越南具有重要的象征意义。多对双边关系的提升为美国构建地区安全网络提升了条件。近年来，美日韩、美日澳、美日印、美日印澳等三边、四边安全合作明显加强。未来，美国将逐步推动地区安全网络进一步向多边化、实体化、有形化方向发展。通过安全网络提升地区国际动

员能力、强化对中国的防范与施压，将是美国维护在亚太地区霸权的主要方式。作为“重返”亚（印）太的重要抓手，美国大肆炒作地区争端和安全议题，为相关国家（地区）对抗中国撑腰打气，南海问题、东海问题、台海问题等或高温不下，或不断升温，美国“重返”亚太有其深层次原因，美国通过加强联盟体系和伙伴国关系、炒作地区争端来维护其领导地位、牵制中国的努力，无疑将破坏地区和平稳定发展的良好局面，进一步增加地区的安全风险。

在欧洲，美国利用东欧国家对俄罗斯的疑虑，积极推进北约、欧盟东扩，一步步压缩俄罗斯的战略空间，最终导致俄罗斯绝地反击，乌克兰危机、俄格矛盾就是明显的例子。同时，美国还不顾中俄两国的强烈反对，在韩国、东欧、中东部署陆基反导系统，再加上海基反导系统，美国的全球反导体系已经初步成形。这将大幅抵消中俄两国的战略威慑能力，严重破坏了既有的全球战略稳定。

（二）以美国为首的西方国家奉行“新干预主义”，导致多个地区陷入动荡和失序

冷战后，美国成为唯一的超级大国，单独或联手西方盟国在全球范围内推行西方的政治制度和价值观，干涉他国内政，动辄使用武力推翻其他政权，导致相关国家和地区长期陷入冲突、动荡和失序。

近年来，以美国为首的西方国家的干预主义有了新的发展。1999 年，北约对南联盟动武，导致大量人员伤亡，无数难民流入欧洲，造成了地区动荡和严重的人道主义灾难。2001 年“9 · 11”事件后，美国发动阿富汗战争，推翻了一个旧政权、旧秩序，但却在没有完成重建的情况下开始撤军，导致阿富汗国内长期动荡，恐怖袭击频繁发生。冲突、动荡、混乱、无序成为阿富汗的代名词。2003 年，小布什政府在未得到联合国授权、甚至是西方盟国强烈反对的情况下发动伊拉克战争，推翻了萨达姆政权。但伊拉克人民得到的并非美国所说的“民主与自由”，而是长期的冲突和动荡。2014 年，以美国为首的西方国家再次插手叙利亚内部事务，导致该国陷入长期内战。美国以及西方国家在中东滥用武力，使原本富裕有序的伊拉克、叙利亚成为中东的乱源，“伊斯兰国”恐怖组织趁机坐大就是一个明显的例子，大量难民逃往欧洲，既造成了严重的人道主义灾难和难民问题，又使中东成为恐怖主义的温床。2011 年，英法在美国的支持下发动利比亚战争，推翻了卡扎菲政权，导致利比亚长期处于内乱，同时大量武器流入马里等周边国家，使整个地区陷入内战状态。由此可见，冷战后，美国及西方国家插手哪里，哪里就会陷入混乱和动荡。以美国为首的西方国家的“新干预主义”已经成为地区动荡的代名词。

与此同时，受两场战争、金融危机的影响，美国的综合国力和国际影响力明显下降，国际形象和公信力严重受损，干预世界事务的能力明显减弱，美国开始大幅调整对外政策，实行战略收缩。无论是奥巴马的“不干傻事”还是特朗普的“美国第一”，均反映了这一趋势。国际力量对比的这一深刻变化，对推动国际秩序的重组和改造无疑是一个重要的机遇。同时也要看到，国际旧格局和旧秩序向新格局和新秩序的转型，是一场国际结构的根本性改造，是全球利益的一次重新分配，它所引起的抵抗、冲突和矛盾绝不可低估。美国耶鲁大学政治学教授沃勒斯坦就预言，现存的国际体系将因剧变发生动乱，国际社会继苏东剧变后将迎来西方世界和全球的大动荡，这个动荡很可能持续几十年。美国著名战略家布热津斯基也曾在苏联刚解体时预言，由于旧体制的瓦解和美国控制世界能力的减弱，世界将会出现大混乱、大失控的局面。[①] 这种因国际战略

① ［美］兹比格夫·布热津斯基著，刘瑞祥译：《大失控与大混乱》，中国社会科学出版社 1994 年版。

力量对比的新变化和国际格局的再造而可能出现的国际动荡局面，将对和平与发展的时代潮流形成冲击。

二、经济全球化的负面影响逐步显现

经济是政治的基础，当前的国际关系正是建立在经济全球化的基础之上的。冷战结束后，经济全球化的发展表现出不可逆转的趋势，它给 21 世纪初的国际形势带来两个方面的重大影响。一方面，它推动世界更紧密地联系在一起，促进了世界的联系和繁荣，而这种联系和繁荣又在一定程度上限制了世界范围内的冲突和对抗。但是，经济全球化还产生了第二个方面的影响，那就是使在竞争中处于优势的国家和个人得以拥有更多的资源进而优势更加明显，处于劣势的国家和个人则劣势更加明显，进一步拉大了贫富差距。与此同时，经济全球化客观上放大了地区和国家的经济问题，给全球经济增加了更多的不确定、不稳定因素。这就是全球化积极的一面和消极的一面。

生产力发展和革命性变革的内在要求是经济全球化的内在动力。以信息技术和网络化为代表的现代生产力，日益要求把整个地球作为一个统一的生产单位来进行资源配置，以实现“以最有利的条件生产，在最有利的市场销售”。这是世界经济发展的一种最优状态，使企业能够在费用和效益比最优的情况下进行生产，然后把产品销往任何能谋取最高利润的地方，这就是经济全球化发展不可抗拒的魅力之所在。所以说经济全球化代表了世界经济发展的客观趋势，是不以人的意志为转移的客观现实，是任何国家都回避不了的大趋势。长期以来，人们较多地看到它积极的一面。事实也证明，东亚经济突飞猛进的发展，我国改革开放取得的巨大成就，都和深入地融入经济全球化进程密切相关，发展中国家能够从经济全球化中获得实实在在的利益。但是，这只是经济全球化的一面。随着时代的发展，经济全球化负面的一面逐步显现。主要有：

（一）加强西方发达国家和国际垄断资本对全球经济的控制和主导，加剧世界范围内的产业结构不平衡

在一定时期里，世界经济给各国所提供的发展机会是有限的。这个有限性主要表现在两个方面：一是资源的有限性；二是市场容量的有限性。这样，一方面机会是有限的，另一方面参与的竞争者又在增加。这就必然导致在经济全球化的大背景下世界经济竞争日益激烈，这种竞争在世界范围内主要表现为争夺产业结构的制高点。经济全球化的内在动力是生产要素的最佳配置，在全球范围内进行更具有层次性的产业分工。而在这样的国际分工体系中处于上游和下游产业位置的国家和企业，所得利益是不均衡、不等价甚至是悬殊的。以信息产业为代表的高新技术产品成本低、附加值高，成为西方发达国家获取高额利润的主要途径，这就是在经济全球化中知识经济对工业经济所处的支配地位。在整个调整过程中，世界经济的制高点掌握在发达国家手里，它们凭借科学技术、知识经济和金融优势，进行不等价交换，结果是，资本流遍世界，利润流向西方。由于缺乏竞争优势，广大发展中国家难以培育出自己的高新技术产业，只能从事劳动密集型、成本高、附加值低的产业，在西方主导的根据竞争优势分配利润的全球化中处于绝对劣势。

（二）贫富两极分化明显加剧，南北矛盾、社会矛盾更加尖锐突出

由于经济全球化的主导权掌握在西方发达国家手中，对于发展中国家存在着事实上的规则不平等、地位不平等、后果不平等。少数发达国家凭借其占据上游产业的优势地位和对高新技术及金融的垄断，在全球经济交往中进行更大规模的不等价交换，掠夺广大发展中国家，成为经济全球化中的主要获益者，使资本对劳动的掠夺程度进一步加剧。这不仅使南北矛盾更加尖锐，同时也拉大了发展中国家内部新兴工业化国家和最贫穷国家之间的差距，并使一国内部的财富分配出现严重的不平衡。2013年，发达国家人均GDP达到40186美元，相当于发展中国家平均水平的8.2倍。近年来，新兴经济体成为世界经济增长的重要引擎，其中较具代表性的中国、俄罗斯、印度、巴西、南非、印尼和马来西亚（以下简称新兴七国）1990—2013年人均GDP由627美元提高到4555美元。尽管如此，新兴七国人均GDP目前尚不及美、日、德、法、英、意、加（发达七国）平均水平的1/10。从国别来看，经济发展的不平衡更为显著。2010年美国的人均GDP相当于印度的34.1倍，2013年进一步上升到35.4倍。[①] 即使在发达国家，贫富差距问题也变得更加突出。拥有知识、技术与资源的精英抓住全球化的机遇迅速暴富，快速赢得了巨额财富。而不拥有上述资源的劳动阶层则面临着国内产业空洞化所带来的失业的危险，致使社会矛盾愈加突出。这就是为何世界上反经济全球化的声浪始终不能平息，反而愈演愈烈的根本原因。

（三）国际经济和金融安全风险更加难以控制和解决

经济全球化加剧了世界各个地区和国家在经济上的相互依赖，也使得“经济流感”更易于在全球传染和蔓延。自1997年东南亚金融危机以后，人们高度关注经济全球化进程中的金融安全问题。当前，全球日均货币交易量已经超过5万亿美元，而且在国际资本的流动当中，以投机为主要目的的短期资本流动所占比重较高。东道国如果对其利用不当，监控不严，或者本国经济存在漏洞，就可能对国内金融和经济带来重大风险。根据国际投行美银美林2015年8月发布的《全球国家和地区资本地图》，美国、欧洲和日本股票市场的资本加起来已超过30万亿美元，远

① 赵晋平：“发达国家与发展中国家发展不平衡”，《人民日报》2015年7月12日第5版。

超发展中国家。其中，最大的发展中国家中国的股市市值仅为美国的 4.5%，实力对比相当悬殊。① 从美国的资产中只要拿出 1%，就会有 2000 亿美元到发展中国家金融市场兴风作浪，就足以打倒许多新兴国家的股票市场。美国金融业的一些大亨富可敌国，他们在世界上的投机活动造成国际资本的大进大出，引起一些国家经济大起大落。在 1997 年的金融风暴中，东南亚国家货币贬值在 20%—50% 之间，经济负增长率高达 15%，国民财富缩水有的在一半以上。马来西亚总理马哈蒂尔曾痛心疾首地说："几十年我们创造的模式一夜之间被推翻，几十年我们积累的财富一夜之间被卷走。"② 东南亚金融危机使持续 20 多年的东亚"经济奇迹"一度中断。金融危机产生的破坏性影响远远超越了经济范畴，直接引发严重的政治、社会动荡，导致泰国、韩国、日本、俄罗斯、印尼、阿根廷等国政府相继倒台。在印尼、阿根廷等国甚至发生大规模街头骚乱，还出现国家分裂，东帝汶脱离印尼独立，印尼北部的亚齐省、东部的巴布亚省也相继出现要求脱离印尼的独立风潮。2008 年席卷全球的金融海啸是美国发行信誉不高的次级房地产贷款引发的。其实，美国发行的次级贷款规模并不大，总额只有 8000 亿美元，最初坏账的规模不超过 1000 亿美元，坏账还不到美国金融贷款总量 8 万亿美元的 2%。但由于房贷领域存在着大量的泡沫，次级贷款又证券化，层层转包，发行的中介环节和链条过长、过滥，局部问题在传递过程中被成百倍、成千倍地放大，金融崩盘的雪球越滚越大，产生了惊人的破坏性能量。据日本证券公司的统计，全球金融资产缩水 27 万亿美元，相当于美国两年所创造的全部财富，是日本国内生产总

① "全球资本地图：美国独大　中国内地不及日本 1/3"，凤凰网财经，http://finance.ifeng.com/a/20150815/13910913_0.shtml。

② 盛玮："警惕'中国崩溃论'背后的险恶用心"，求是网，http://www.qstheory.cn/wp/2015-07/02/c_1115799158.htm。

值的五倍还要多。①

经济全球化的负面作用，导致当今世界各种矛盾凸显。经济全球化的主导趋势是自由市场经济向全世界扩展。就世界范围讲，是西方经济模式向整个世界的扩张；就西方经济范围而言，是美国模式对欧洲模式和日本模式占据更大优势。因而，当前的经济全球化表现为一种强烈的西方化和美国化的倾向。但是，经济全球化并不等于西方化和美国化，我国社会主义市场经济的建立和逐步完善、俄罗斯一度全盘西方化所导致的极度困境都说明，各国实现市场经济和走向现代化的道路是各具特色的，世界经济的发展模式是多样的。因而，在经济全球化的进程中，始终存在着世界经济模式多样化同西方化与美国化的矛盾和冲突。而在经济全球化浪潮中，美国资本在其中扮演了推波助澜的主要角色，也驱使美国强化对经济全球化的“领导责任”，使美国建立“单极世界”的霸权野心空前膨胀。经济全球化造成一些国家经济停滞甚至倒退，人民生活水平下降，政局动荡，民族宗教矛盾上升，分离主义抬头，甚至还引发恐怖主义、难民问题、跨国犯罪、生态恶化，等等。那些被现代化日益边缘化和处在全球化遗忘角落的国家和社会群体，陷入绝望和无助的境地，必然铤而走险，采取极端的方式向不公平的现实世界进行报复，成为当代国际恐怖主义、极端主义滋生、泛滥的土壤和温床。

三、局部冲突和安全竞争进一步加剧

冷战结束以后，国际安全环境中缓和与动荡两种趋势兼而有之。邓小平关于世界大战有可能避免、我们可以争取一个长期的和平环境搞建设的科学判断仍然正确。但冷战后世界范围内的局部动荡一直没有停止，也是一个不容忽视的问题。

---

① “全球金融资产缩水27万亿美元”，《东江时报》2008年10月13日第18版。

（一）局部战争频发，军事竞争趋于激烈

从地区战争和局部冲突的频率上看，地区战争和局部冲突不仅没有减少，反而比冷战时期还有增多。尤其是进入21世纪以来，国际恐怖主义袭击和反恐战争的展开，使全球局部战争和武装冲突进入冷战结束后的又一个“高峰期”。世界主要地区局部冲突持续不断，居高不下，使全球安全环境呈现出总体缓和未变、局部动荡加剧的态势。如以巴冲突不断，伤亡明显上升，中东和平进程愈发暗淡；利比亚、叙利亚、乌克兰、也门等国相继爆发内战；“伊斯兰国”恐怖组织乘机在中东坐大，等等。

与此同时，随着世界新军事革命的深入推进，各主要国家都在加紧推进军事转型，一场新的世界范围的高新技术军备竞赛已悄然展开。美国再次成为新一轮竞争的引领者。2014年11月，美国国防部正式提出“第三次抵消战略”。该战略是美军新的军事发展战略，其核心是通过技术创新和应用，使美军在核心技术领域继续保持和扩大决定性优势，以维持美国的全球军事霸权。其着眼点是抵消近年来中国和俄罗斯在军事现代化方面取得的成就。从发展情况看，“第三次抵消战略”已完成前期研究论证，正式进入实施阶段。根据2015年底达成的国防预算，2017财年（2016年10月1日至2017年9月30日），美国国防部投入高达120亿至150亿美元用于推进该战略。美国“第三次抵消战略”的实施，给中俄等国的军事发展构成了战略性挑战，它将不可避免地加剧国际军事竞争，影响国际安全形势的发展，改变未来战争的面貌。

（二）资源争夺日趋激化，引发各类斗争不断

随着众多国家步入工业化阶段，对物资资源的需求大幅上升，资源争夺加剧，能源争夺和海洋地缘竞争凸显。国际社会在评价和预测亚洲安全形势走向时有一种说法，即“欧洲的过去将成为亚洲的未来”。欧洲的过去是什么？指的是工业革命时代，

由于市场、生产资料和物质资源的竞争，欧洲一直处于不停的战乱之中。如今，全球化把欧洲工业化的冲动带到全世界，国际社会和全球化中的新兴国家会不会重蹈工业化时代西方列强打得头破血流的覆辙？会不会出现新一轮为争夺资源的世纪大拼杀呢？随着北冰洋冰雪的融化，大国争夺北冰洋资源和控制北极航道的斗争趋于上升；亚太地区国家纷纷大力扩展本国的海军，尤其是优先发展潜艇，实际上是海洋权益争端升温的信号，这些都是全球资源争夺危及国际安全形势和国家安全环境的突出表现。

如今，世界历史上的新一轮“圈海运动”已经到来。除围绕岛礁争端、海域划界的争端不断高涨外，作为占地球表面积70%以上的深海也逐步成为各国特别是大国拓展国家利益的战略新疆域。自2011年至2015年的四年时间内，国际海底管理局核准的深海矿区申请高达19项，而此前的20年仅核准了8项，深海矿区圈占明显提速。为了争夺海洋，各国海军兵力比重不断攀升，美国从35.6%升至38.6%，俄罗斯从8.1%升至14%，法国从14%升至16.9%，日本从16.5%升至19%。印度、越南、菲律宾等国海军所占比例也在不同程度上有所提高，印度海军支出费用最多的年份占到军费的50%。

（三）新兴领域安全凸显，大国较量的边际扩大

国家安全说到底，是以国家利益得到维护来加以界定的。而国家利益并不是一个固定值，它是随着国家发展或衰落而逐步扩展或收缩的。随着世界上众多国家的发展进步，国家利益的拓展成为一种普遍的趋势，太空安全、网络安全等新兴领域的安全问题日益突出，并越来越成为国家安全的制高点。尤其是美国，把安全谋划和国防投入重点转移至抢占网络和太空空间的军事优势。在网络安全方面，早在2003年2月，美国就出台了《国家网络安全战略》。奥巴马政府上台后，更是将网络安全看成国家安全的核心内容。在2009年5月公布的《国家网络安全评估报

告》中，美国将网络安全威胁列为最严重的经济和军事威胁之一。2010 年 5 月，美军正式成立网络司令部。在 2015 年 4 月发布的新版《国家网络安全战略》中，美国国防部更是前所未有地提出，美军的主要任务之一就是采取进攻性网络行动。在太空方面，2004 年建立第一支太空作战部队和太空作战学院。2006 年出台《太空政策文件》。2007 年，批准发展太空武器的高额预算。近年来，美国一直在开发和研制隐形卫星、纳米卫星、微型杀手卫星、“魔镜”镭射、天基电波和超强激光等天基武器，试图全面提升太空防御和进攻作战能力。2018 年 8 月，美国副总统彭斯正式宣布美国将于 2020 年成立美军第六大军种“太空军”，明确表示美军不仅应存在于太空，更应控制太空。目前，美国在其本土和中国周边的导弹防御系统已经具备初始作战能力，在韩国部署“萨德”导弹防御系统，着力构成针对中俄的导弹防御网络。同时，美国还断然拒绝中俄提出的阻止军事利用太空的提议，借清除报废卫星进行太空武器试验，表明其坚持太空军事化政策的既定立场。美国的这些危险举措已引发了包括中、俄在内的世界各主要国家的高度关注和反应。大国在新兴领域的军事竞争已拉开帷幕。

（四）非传统安全威胁上升，国际安全面临重大挑战

国际政治大致可分为高政治和低政治。前者指的是与国家安全密切相关的政治、安全、军事等领域，因在政治上十分敏感，所以被称为高政治领域。而像经济、科技、文化等问题则相对不那么敏感，被称为低政治领域。长期以来，占据国家对外政策中心位置的主要是高政治问题，联盟、战争、冲突、军备竞赛、意识形态冲突等成为国际政治的主要议题。进入 21 世纪，情况发生了很大变化，国际恐怖主义、气候变暖、金融海啸、能源和粮食危机、传染病等非传统安全和全球性问题占据甚至是主导了相当多的国际和地区会议，使得国际政治的内涵发生了深刻变化。

如极端天气，以 2018 年夏季为例，在美国加利福尼亚州发生了该州历史上灾情最严重的火灾之一，在雅典附近的沿海地区火灾导致 91 人丧生，在日本约 125 人因极端高温天气而死亡。上述曾一度被认为是反常事件的极端天气如今变得越来越司空见惯。2017 年，对 38 个国家的调查发现，61% 的人认为气候变化是个巨大威胁。① 对于大量非洲移民前往欧洲，《联合国防治荒漠化公约》执行秘书莫妮卡·巴布表示，根本原因在于干旱导致土地贫瘠，“每年旱灾导致的死亡人数都超过其他灾害的致死人数总和。2015 年非洲之角有 2500 万人失去了赖以生存的基础。”② 面对新的形势，人类必须要高度重视自然与社会融合的历史趋势，将自然社会一体观引入国际政治，传统的国际政治应当引入人类安全和地球政治的观念。当今的国际政治已不单单是国家间政治，已越来越具有了全球政治的面貌，其内涵也越来越多地向其他领域拓展，各种非传统安全问题都成为议题，这说明非传统安全威胁已经成为影响国际安全和发展全局的重大问题。

综上所述，21 世纪初，国际战略形势表现出三大特点：一是多极化趋势不可阻挡，但同时也受到国际力量对比动荡起伏的严重冲击。二是经济全球化趋势不容回避，但表现出积极与消极两面作用，对国际形势的影响是复杂的。三是国际形势总体缓和的趋势没有发生根本性变化，但局部冲突可能加剧，新兴领域的安全争夺将进一步发展，大国介入的信息化局部战争有增长的趋势。这三大特征实际上是对当今世界的三大根本趋势——政治多极化趋势、经济全球化趋势和社会信息化趋势的长期性和复杂性的深刻反映。国际形势的变化是三大趋势矛盾作用的结果。这就是由冷战时期的东西矛盾演化而来的单极与多极的矛盾，西方发

---

① “世界正输掉气候变化战争”，《参考消息》2018 年 8 月 5 日第 6 版。

② 乔伊迪普·格普塔：“旱灾死亡人数超过其他灾害致死人数的总和”，http://chinadialogue.net。

达国家与发展中国家之间的南北矛盾，以及国际社会与宗教极端主义、民族分裂主义和国际恐怖主义“三股势力”的矛盾。现在看来，对冷战后民族宗教和恐怖主义势力对国际安全影响的深刻性、广泛性要给以足够的重视，对美国等西方势力利用民族宗教问题大做分化和弱化中国的文章应引起高度警惕，对非传统安全对国家利益和国际社会造成的危害绝不可小视。上述三大特点和由此引发的矛盾以及它们相互之间的关系处于不平衡状态，这是当今世界和平与发展历史进程出现曲折的根本原因。虽然这种曲折性是暂时的现象，无法改变和平与发展的时代主题，但是它预示着必须经过艰苦的斗争才能实现和平与发展的目标。

第二章

演变中的国际格局：单极 vs.多极

国际格局是国际关系中各种力量结构呈现的状态，表现为国际战略力量对比的分布结构。目前，国际格局已进入由单极向多极转变的深刻调整期。单极与多极、称霸与反霸之间的较量日趋突出，大国之间相互影响、相互制约、相互借重的关系状态不断加强，国际战略力量对比的此消彼长在打破旧格局的同时日益塑造新的国际格局。

第一节　国际格局多极化的新发展

国际格局多极化起始于20世纪六七十年代，经过80年代的发展，在两极格局瓦解后，与经济全球化和社会信息化一道，成为当今世界三大主要趋势之一。冷战结束后，世界战略力量对比呈现出“一超多强”的新格局。美国意图建立由其主导的世界新秩序，即美国单极霸权，而其他力量希望形成更为公平合理的多极格局和秩序，单极与多极之间的斗争激烈展开，多极化在曲折中前行。近年来，特别是2008年全球金融危机以来，新兴大国的群体性崛起与西方发达国家的相对衰落加剧了这一趋势，大国之间相互影响、相互制约、相互借重，竞争与合作同步上升，大国间关系更加错综复杂，世界战略力量分化组合加剧，国际格局演变进入新阶段。

一、多极化的源起

在国际政治中，多极化是一个较新的概念，它是相对于冷战期间的两极格局提出的，指的是20世纪60年代后期以来，两极格局中出现美苏两大力量中心权力分散化、其他力量中心不断上升的倾向。在西方阵营中，20世纪60年代后期，美国越来越深地陷入越战泥潭，长期以来相对于苏联的军事优势明显削弱，战略上趋于被动。在经济领域，由于西欧和日本经济的迅速发展，在美国、西欧和日本之间出现经济实力均衡化的趋势。在政治和外交领域，美国主要盟友的自主性与独立性明显增强。在社会主义阵营中，20世纪60年代末，中国正式从苏联领导的社会主义阵营中独立出来，成为国际舞台上除美苏之外的另一支重要力量。此外，随着20世纪五六十年代全球范围内民族解放运动的蓬勃发展，一大批发展中国家获得独立，它们大多奉行独立自主的外交政策，形成了独立于两个超级大国的不结盟运动。国际舞台上的主要国家和主要力量呈现出国家实力更为均衡、国际行为更为独立自主的趋势，冷战之初形成的两极体系越来越难以描述新的国际关系状态。

在此背景下，20世纪70年代起涌现出了各种各样的多极化概念与理论，其内容与性质也存在着明显的差别。1971年7月，尼克松在堪萨斯城发表了“五大力量中心”的著名演说，“过去二十五年来世界已经发生了非常巨大的变化”，“从经济角度来说，美国不再是世界头号国家，也不再仅仅有两个超级大国，……今天世界上有五大力量中心。他们是美国、西欧、苏联、大陆中国，当然还有日本。这五大力量将决定世界在本世纪三分之一时间里的前途。”[①] 美国国家安全事务助理基辛格则提出，世界正呈现出这样的态势，美苏是军事上的两极，美苏中是政治上的三极，美国、西欧和日本是经济上的三极。毛泽东则于20世纪70年代提出了“三个世界”理论：“我看美国、苏联是第一世界。中间派日本、欧洲、加拿大是第二世界。……亚洲除了日本，都是第三世界。整个非洲都是第三世界，拉丁美洲也是第三世界。……中国属于第三世界。”[②]

世界力量中心“去中心化”的倾向，使得在两极格局下相对固化和对抗的国际关系出现了松动和变化的可能。为此，尼克松提出，“我们必须记得，世界历史上享有相当长和平的唯一时期，是均势时期。在某一国家与其潜伏者相继强大时，就会出现战争的危险。因此，我相信美国要维护强势的世界。如果我们有强大、健康的美国、欧洲、苏联、中国和日本，各自制衡，不要互相抵制，我相信世界将更美好、更安全。”[③] 在此背景下，各主要力量开始采取更为灵活、精细和务实的外交。以1972年尼克松访华为标志，中美关系打破了20余年的坚冰、实现了关系正常化。美国和苏联逐步缓和关系，开始了战略层面的对话，达成了战略稳定共识，由此进入了相对较长的缓和期。国际格局由美苏两大阵营对峙转变为美—苏—中大三角关系。在此过程中，美苏各自的盟国和广大的发展中国家也获得了更多的战略自主和更大的空间，国际关系发生了重大变化。这一时期也成为中国的建交高潮期。可以说，世界力量中心的“去中心化”或多极化是导致两极体制最终走向解体的重要推动力。

为了更好地理解多极化，有必要将其与均势进行对比。一方

---

① ［美］亨利·基辛格著，陈瑶华等译：《白宫岁月》，北京：世界知识出版社1980年版，第78页。

② 《毛泽东外交文选》，北京：中央文献出版社1994年版，第600—601页。

③ 倪峰：“关于多极化的一些思考”，《太平洋学报》2004年第12期，第4页。

面，两者的功能与目的基本是一致的，即都是为了防止一个特别强大的国家支配国际体系，维护其他主权国家的独立与自主，维护既有国际体系的稳定。另一方面，多极化与均势也存在着明显的不同。均势强调的是国际政治中塑造和维护权力平衡的过程与状态，而多极化更关注特定时期国际格局中主要力量中心力量对比以及相互间关系的大致均衡。从历史上看，均势主要体现在地区层面，特别是 18、19 世纪的欧洲。而多极化则立足于全球，以全球为着眼点。此外，均势强调的是英国通过均势外交维护自己在欧洲的优势地位，多极化强调的则是通过各极之间力量的大致均衡限制美国在国际事务中无节制地使用权力。

二、多极化的端倪

冷战的结束以及两极格局的最终解体为多极化的出现提供了可能。首先，主要国家和国家集团实力对比均衡化、外交政策自主化的趋势进一步加强。冷战结束后，美国成为唯一的超级大国，但是其他力量中心的影响力也有了显著的上升。欧洲一体化不断加强，20 世纪 90 年代初开始实行统一的货币政策以及共同安全和外交政策，国际影响力不断上升。俄罗斯在苏联解体后虽然综合国力和国际地位大幅下降，但依然凭借广阔的国土、强大的军事实力和大国传统继续在国际事务中发挥着重要作用。中国自 1978 年改革开放以来，长期保持高速增长，综合国力和国际影响力不断上升。日本凭借强大的经济、科技实力和创新能力也是国际舞台上的重要一“极”。自 20 世纪 90 年代以来，印度的崛起成为国际上的普遍共识。其次，国际社会的参与主体日趋多样。国家数量大幅增加。二战结束后的 50 多年里，119 个国家获得独立。冷战结束后，主权国家的数量达到 191 个。这些国家大多奉行独立自主的外交政策。同时，非国家行为体大量涌现，在国际上的影响力不断上升。根据 UIA 统计，2004—2005 年，包括所有类型的各类国际组织共58859个，比1991年多1倍以上。其中，政府间国际组织数目为7350，非政府组织为51509，分别比1991年多61%和109%。[①] 国际舞台上行为体的增多与日趋多元多样，使得国际权力进一步分散和扁平化。再次，国际关系民主化的呼声不断高涨。国际社会普遍认为，国家不分大小一律平等，都有权力决定自己的内部事务。国际事务则应由各国政府和人民平等磋商、和平解决。在此背景下，“全球治理”的概念一经出现就受到国际社会的广泛接收和普遍欢迎。

由此，冷战结束后，国际政治出现了两大趋势。一方面，在美国一超独大的单极格局下，美国加紧构建以其为核心的国际新秩序——单极霸权。用小布什政府的话来说，就是要打造21世纪“美国治下的世界和平”。主要表现在，美国大力推动市场经济全球化，并以此为基础推动西方价值观和民主政治的全球化，以及频频动用武力强行“塑造”国际秩序，等等。阿富汗战争、伊拉克战争就是典型的例子。另一方面，新兴经济体崛起推动多极化趋势进一步加强。这些新兴经济体的共同特点是，先天的禀赋在经济全球化、经济即政治的国际大环境下，得到了前所未有的发挥，利用国际资本和发达国家的产业转移，实现了经济的高速增长。再加上辽阔的幅员和庞大的人口所形成巨大的规模效应，逐步发展成为日益重要的力量中心。在全球产业分工不断加剧、国际贸易投资不断增长的经济格局中，它们与西方发达国家形成了你中有我、我中有你的相互依赖格局。这在一定程度上改变了大国关系的性质，增强了它们的国际地位，在以西方主导的国际秩序中受到更多的重视。而新兴经济体所形成的发展模式，也促进了国际政治多元化。然而，在美国主导的单极格局时代，这种多极化的发展仍是量的积累，只是一种趋势，其影响始终没

---

① 互动百科：http：//www. baike. com/wiki/国际组织。

有在实质上触及单极格局及相应的国际秩序。这一时代形容国际格局颇为流行的提法就是“一超多强”。大国合作的实质仍是美国主导下的大国协调体制，其他力量中心的发言权仍相当有限，广大的发展中国家则基本被排除在外。

三、多极化的初现

2008 年是一个具有标志性意义的年份，可视为冷战结束后国际格局演变的重要节点。一方面，以美国为首的西方国家在全球金融危机的打击下，经济增长严重受挫，复苏乏力。特别是美国从单极巅峰上跌落，国家实力及国际领导力相对其他主要国家明显下降。另一方面，中国成功举办奥运会，新兴国家在国际舞台上崭露头角。在此为标志，国际力量发展的两大趋势呈现出明显的此消彼长，多极化以及在其推动下的世界政治格局演变进入深化发展的新阶段。

在新的多极格局框架下，美国作为“一超多强”中的“超级大国”，运用权力主导国际事务的能力和意志已经大大弱化，它已无法再如冷战结束之后的 20 年里那样轻易行使霸权。而其他力量中心对国际经济、政治和安全事务拥有比以往要明显大得多的发言权和影响力。从本质上讲，多极格局是国际权力的结构性变化，核心是“去美国中心化”，或者说是“去美国霸权化”，表现形式是权力扩散，既包括权力由美国向其他大国及中小国家的转移，又包括由国家行为体向非国家行为体的转移。经过冷战后一个时期量的积累，2008 年以后大国权力转移有加速之势，呈现出新的特点。

一是“去美国中心化”趋势更加明显。在未来一个相当长的时间内，美国仍然是唯一的超级大国，相对于其他大国或国家集团，在政治、经济、军事和科技方面仍拥有压倒性优势，但其总体国际地位已经今非昔比，相对优势进一步缩小，运用优势受到越来越多的制约，同时阿富汗、伊拉克两场战争证明过去通过军事占领改变其他国家和民族的做法在当今世界已经行不通了。当前，军事在国际事务中的作用明显弱化。典型的例子就是朝鲜、土耳其、菲律宾等中小国敢于对美国说“不”，而美国可以动用政治、经济、外交等手段施压，却难以直接使用军事手段，其中既有国际规范的原因，又是科技发展的结果。① 受此影响，美国在国际问题上的主导权明显下降。

二是大国（国家集团）竞争与合作同步上升。由于单极格局下那种统治性力量中心不复存在，长期以来的国际结构与国际秩序趋于弱化和松散，结构性、体系性的约束力明显减弱。各大国不断强化自身独立地位，各行其是的倾向大大增长。不同中心根据自身优势和特点，在不同层面、不同领域上不断分化组合，并展开竞争与合作。以特朗普上台后的美欧关系较为典型。面对美国要求增加国防开支、在贸易问题上做出更多让步的压力，欧盟在努力维护美欧安全关系的同时，在维护全球化和自由贸易体系、气候变化等问题上与中国展开了广泛的对话与合作。日本、印度在提升与美国关系的同时也加强了与中国的协调与合作。由此，多极格局在全球范围内呈现出层次更丰富，而结构趋于松散的状况。

三是国际政治出现地区化趋势。与“去美国霸权中心化”相对应，国际关系演变和战略博弈再度回到地区层面。一方面，相对衰落的美国改变了穷兵黩武、一意孤行的做法，更加注重以调动地区盟国和伙伴国参与的方式发挥领导作用，后者的地位作用上升，积极性提高。美国“亚太再平衡”战略充分反映了这一特点。另一方面，美国霸权地位下降使其他力量中心变得更加活

---

① 曹先玉：“中小国家如何才能拥有自己的‘一片天地’”，《世界知识》2017年第19期。

跃，他们的舞台主要是在最关系自身切身利益的本地区。近年来，印度、沙特、伊朗、以色列等国的外交更加积极主动。在这两种力量作用下，地区组织和机制重新焕发生机，新的区域或次区域经济、政治、安全组织和机制纷纷建立，纵横捭阖、连横合纵的外交往来，在大国、地区大国以及小国之间交叉进行，国际经济政治再度地区化，地缘政治重新成为各国对外战略谋划中更为重要的考量。

四是全球战略重心加速由大西洋地区向印度洋—太平洋地区转移。当今，"印太"已成为名副其实的全球经济中心，而由此带来的大国政治争夺又使其成为新的全球地缘政治中心，全球战略重心东移明显加速。战略重心的转移不但是全球经济发展的再平衡过程，而且在此基础上将延展为世界政治发展的再平衡过程。自 17 世纪工业革命以来，以西方和大西洋为中心的历史正成为过去，世界历史正翻开新的篇章。全球战略重心转移无疑是国际格局调整和多极时代到来的重要标志和应有之义。

第二节　大国关系在竞争合作中重塑

大国关系是国际格局的骨架，在国际关系中占有突出地位。大国力量对比变化和相互关系调整同国际格局变迁互为因果，在国际格局的演变进程中发挥举足轻重的作用。大国关系的调整与变化会带来国际格局中力量对比态势的变化，大国关系能否良性互动在一定程度上决定了时代主题和国际氛围。冷战后期，正是由于大国力量的此消彼长和相互关系的分化组合，从量的积累发展到质的突变，最终导致以美苏争霸为主要特征的两极格局瓦解。而两极格局的终结，以及正在进程中的美国霸权衰落，又转而推动新一轮大国关系发生历史性的大改组和大调整，国际格局多极化在这一进程中发展巩固。

一、冷战后大国关系调整的主要特点

冷战结束后，大国关系出现了战后以来最重大、最深刻的调整。这既是经济全球化提出的迫切要求，也是世界力量发展的必然表现，更是各大国和国家集团要求彻底摆脱旧的两极格局和单极霸权束缚、谋求新的力量布局以及寻求本国最佳国际处境的反映。冷战后大国关系调整主要呈现出以下特点。

（一）国家利益重新成为大国关系的根本出发点和归宿

国家利益是处理国与国关系的最高准则，这是近代以来国际政治的基本规律。但是，在冷战时期，由于美苏尖锐对抗，两极阵营界线分明，集团利益、阵营利益、同盟利益和意识形态利益被各国尤其是大国视为至高无上的目标，而各国自身的国家利益以及除意识形态以外的其他利益则受到压抑，被摆在次要和从属的地位。冷战结束后，集团利益的地位急剧下降，昔日被抑制的国家利益被突出起来。国家利益越来越成为大国制定对外战略、调整彼此关系的根本依据。比如，在苏联解体后，处于同盟关系中的美日、美欧、美韩之间矛盾趋于上升，摩擦加剧；日本、欧洲与韩国则积极调整与中国、俄罗斯的关系，以改善国际处境、提升国际地位、谋求国家利益的最大化；俄美之间难以结成亲密的"战略盟友"，双方矛盾斗争不断，等等，都是由于国家利益发生碰撞所致。

（二）综合国力竞争构成大国关系调整的主要内容

冷战后，以经济为基础、科技为先导、军事为后盾的综合国力竞争成为大国关系调整的主要内容，经济因素成为推动大国关系最为基础、最为根本的因素。由于经济全球化迅猛发展，世界各国之间的经济交往日益密切、经济联系日益增多。因此，各方都竭力谋求协调和平衡彼此的经济利益。经济安全在国家安全中的地位越来越重要，经济外交已经成为大国政府和首脑外交的主要内容。与此同时，各大战略力量之间并未放松传统政治安全关系的调整，努力发展国家和军队之间的防务合作，积极探索全球、地区和国家间的多边与双边安全合作机制。由于新型大国关系是多领域、多渠道、多层次的整体性关系，因此，对大国关系施加决定性影响的也往往是由诸因素共同构成的“合力”，任何单一因素都难以对大国关系产生支配性作用，这一点与冷战时期有着明显的不同。比如，俄罗斯长期以来战略的基本目标是发展综合国力、恢复大国地位，这导致俄罗斯在战略上努力改善、加强与原苏联加盟共和国关系的同时，积极改善并加强与欧盟、欧洲各大国及亚太地区中、印、日等国的战略关系，并努力构建俄美、俄中关系的新框架。

（三）大国关系的调整具有战略性和前瞻性

冷战结束后，各大国纷纷着眼于长远发展，从战略的高度重新进行外交布局，力图构筑新的长期稳定的大国关系架构，营造有利于自己的国际环境，寻求自身的最佳定位。如美国 21 世纪战略的核心目标，是巩固、扩大其全球唯一超级大国的强势地位，赶在中、俄崛起前“塑造”完全由美国主导、支配的全球体系，使美国的世界霸权制度化、永久化。再如，德国、法国、英国等大国的目标，是在 21 世纪依靠欧洲联合继续维持其国际影响力并降低对美国的依赖。欧洲各国因而更加致力于推动欧洲一体化进程。德国提出“核心欧洲”概念。在这种背景下，欧洲经济货币联盟和安全防务一体化有了重大进展。在欧洲以外地区，欧盟对介入中东和平进程表现积极，因为中东石油与其经济安全休戚相关。经过近年来的调整，大国关系已经逐渐走向结构化和机制化，相互之间建立起各个层次的对话机制、协调机制和沟通机制，如首脑、外长定期会晤制度等，形成了多重三角和多角的立体关系网络。这些机制的建立和运行，反过来又明显强化了大国间的相互联系，增强了大国间的互动和制衡。

（四）大国关系的调整具有明显的两重性特征

冷战结束后，大国关系调整由于处在历史的转折时期，因而明显带有新旧两个历史阶段过渡时期的两重性特征，存在着两种截然对立的倾向。一方面，适应和平与发展的历史潮流，适应各国人民共同利益日益增长的现实需要，大力提倡和平、合作、协商、对话，反对霸权强权，致力于建立公正合理的国际经济政治新秩序。另一方面则是继续坚持旧的冷战思维模式，以损害他国利益来获取本国利益，强化军事同盟、谋求绝对安全、继续维护不公正不合理的国际旧秩序、推行霸权强权。如美国逐步将中国视为主要战略对手，不断加强对华遏制、围堵，美日重新确立安保体制，以美国为首的北约不断实行东扩并推出北约“战略新概念”，以及美国单方面退出反导条约等就是最为典型的表现。西方发达国家对新兴大国的危机感，促使其更加防范大国的兴起。因此，冷战后出现的大国关系调整远未到位，还需要经历一个深化的过程。

二、全球金融危机以来大国关系的新变化

进入21世纪以来，随着中国等新兴国家的群体性崛起，以及西方发达国家的相对衰落，国际战略力量对比逐渐发生改变。为应对这一变化，世界各大国纷纷酝酿外交政策和战略调整。特别是2008年全球金融危机以后，各大国先后出台了一系列新政策新战略，大国关系进入深度调整期。一方面，为了应对不断上升的非传统安全挑战与威胁，大国之间的协调与合作进一步深化。另一方面，为维护在全球政治、经济和安全秩序中的优势地位，美国和欧盟及各地区大国间的战略协调大幅提升，对中俄等国进行联合打压的意图明显，大国关系的分化组合日益加剧。

（一）美国不断加强对中俄两国的防范与遏制

实现和维护全球霸权及与之相关的国家利益，是美国国家战略的基本内容。但近年来，随着美国的相对衰落，它已无法像冷战结束至发动伊拉克战争期间那样随心所欲地推进建立霸权秩序。在这一新形势下，维护美国主导的现有国际体系，维护既得利益，防范、制约中俄等新兴大国崛起成为美国国家安全战略的重点。

在东亚，奥巴马政府2009年上台后推行“重返”亚太，并以2012年1月正式出台《维持美国的全球领导地位》报告为标志，实施“亚太再平衡”战略。该战略的出台是二战结束后美国全球战略的一次大调整，它标志着美国正式将战略重点由欧洲转移到亚太。2017年特朗普政府《国家安全战略》的出台则意味着美国长期以来的对华政策发生了重大转变。

在美国看来，快速崛起的中国已经越来越成为一种真正的“战略威胁”。对中国的战略判断与定位，美国国内不断形成共识，认为中国可能变成一个比苏联更强的竞争对手：其经济规模可能会超过美国（这是美国自19世纪以来从未曾面对的情况），而且，不像主要是自给自足的苏联，现代中国依赖海外贸易和资源，而且将会更倾向于向国外投放力量。中国是美国所面对的唯一潜在的、地位对等的竞争对手，等等。正是基于这些认识，美国国防部早在2006年《四年防务评估报告》中就明确，“在大国和新兴国家中，中国最有潜力与美国竞争，并采用破坏性的军事技术。如果美国没有相应的战略与之抗衡，那么随着时间的推移，这将抵消美国传统的军事优势。”该报告是在美国反恐战争期间撰写和公布的，它反映了美国对中国的深层次忧虑。近年来，美国政府提出的战略重心转移、“重返亚洲”与“亚太再平衡”基本都是这些看法和报告的反映和继承。它意味着美国已经前所未有地把中国看作一个真正的、现实的战略对手。

近年来，随着美国“亚太再平衡”战略的实施和不断深入推进，中美之间的摩擦、矛盾明显上升。从2012年中菲黄岩岛对峙、日本对钓鱼岛所谓的“国有化”事件，到菲律宾将中国上诉至“国际仲裁庭”，到2015年5月美国P－8A型反潜巡逻机搭载美国有线电视网（CNN）记者对中国南沙永署礁等岛礁进行抵近侦察并高调炒作，再到2015年10月以来派军舰多次进入中国南海岛礁12海里内进行所谓的“航行自由行动”，美国已经从幕后走向前台，从间接推动到亲自上阵，不断在南海挑起各种事端。通过制造紧张气氛和混乱，离间中国与周边国家关系，“妖魔化”中国的国际形象，干扰中国发展战略的正常实施。除此之外，美国还通过炒作“中国威胁论”，加强亚太外交，巩固美日、美韩、美澳同盟体系，推动与日本、澳大利亚、印度等国多边安全合作，构建“印太”安全体系，推进“跨太平洋伙伴关系协定”（TPP）等，对中国从政治、经济、外交、军事等多个方面实施综合制衡。这些举措给美中关系带来了严重负面影响，并引起了中国的强力反制。中美关系中的不确定、不稳定因素明显增多。

在防范、遏制中国的同时，美国并未降低对俄罗斯的地缘战略攻势和政治经济打压。冷战结束后，美国和欧洲乘胜追击，通过北约东扩、欧盟东扩，不断蚕食俄罗斯的传统势力范围。在大多数时间，俄罗斯都只能是忍气吞声。进入21世纪以来，随着俄罗斯实力的不断增强，它开始对美欧说“不”。2013年开始的乌克兰危机是双方斗争的一个分水岭。在这次危机中，俄罗斯和美欧之间的矛盾激化并不断蔓延，它们支持的不同力量也发生了严重的流血冲突，双方的地缘政治争夺由此进入新的阶段。在2014年3月克里米亚事件之后，美国对俄罗斯的强硬态度急剧升级。一方面，它通过不断加强在欧洲的军事部署，频繁进行大规模联合军事演习等，对俄罗斯进行军事威慑。另一方面，美国联合欧盟对俄实施多轮经济制裁。再加上受2014年9月以来国际原油价格的连续暴跌影响，俄罗斯经济已陷入衰退。2015 年，俄罗斯经济较上年萎缩了 3.7%。2016 年 1 月，俄罗斯总理梅德韦杰夫公开承认，“俄罗斯经济正遭遇十年来最严峻挑战”。[①] 2 月，俄罗斯财政部长安东—西卢安诺夫表示，俄罗斯“经济形势具有长期性”，并且，“不会出现类似过去经济危机时的反弹现象”。[②] 俄罗斯经济由此进入一个高风险期。如果这种严重状况长期持续，有可能引发俄罗斯国内社会动荡。针对美欧的打压与制裁，俄罗斯进行了多方位的反击，包括进行军事威慑、实施反制裁等等，美俄之间的战略博弈状态已近似于新“冷战”。

（二）欧盟配合美国应对新兴国家的崛起

在新一轮大国关系调整中，欧盟的立场十分复杂。一方面欧盟与美国分歧增多，矛盾上升，美欧关系面临着二战以来的最大考验。另一方面，欧洲又出于意识形态的考量，与美国加强协调与合作，共同应对新兴国家的群体性崛起。

在冷战结束后的十几年间，欧盟力图摆脱对美国的依赖，谋求在世界上发挥更为独立和重要的作用，美欧之间的竞争对抗不断加剧。联合发展中国家特别是中国，共同制衡美国全球霸权成为欧盟的基本政策。在 1995 年欧盟首份对华政策文件中，欧盟提出“尽最大可能将中国卷入国际领域”、“支持中国全心全意加入国际社会”。在 2000 年至 2004 年担任欧盟委员会外交事务专员的彭定康曾表示，“在欧洲，任何一个严肃的人都不会把中国的发展视为威胁”，“中国作为一支全球性力量和平崛起符合欧盟的利益”。[③] 同中国建立与其现实和潜在国际影响力相称的关系，

① “俄总理：俄经济遭遇十年来最严峻挑战”，搜狐财经，http：//www. business. sohu. com/20160115/n434569352. shtml。

② “俄财长：俄复杂经济形势具有长期性”，人民网，http：//www. finance. china. com. cn/roll/20160225/3599815. shtml。

③ 杰弗里·格德明：“欧洲的大叩头及其意义”，［英］《金融时报》2004 年 12 月 8 日。

是欧盟的优先考虑。在这一背景下，2001 年欧盟与中国宣布建立“全面伙伴关系”，并于2003 年提升为“全面战略伙伴关系”，中欧关系进入战略高度协调与合作的友好时期。

然而，随着中国、俄罗斯、印度等新兴经济体的快速崛起，欧盟的看法和态度逐渐发生了重大变化。在欧盟看来，新兴经济体要求变革国际经济与政治秩序的诉求已对欧盟在国际体系中的地位和利益构成了挑战，与美国合作共同应对新兴国家崛起要比与新兴国家合作共同应对美国霸权更符合欧盟的利益。在此背景下，中欧全面战略伙伴关系在欧盟逐渐受到公开质疑。与此同时，小布什政府后期，美国也越来越把中国看作真正的威胁。在对华政策上，欧洲与美国的共同利益和共同语言越来越多，相互协调一致应对中国崛起逐渐成为欧美的共识。2006 年，欧盟出台的第六份对华政策文件首次明确表示，“对于欧盟贸易政策而言，中国是一个最为重大的挑战。”中欧关系的“蜜月期”自此宣告结束。在该文件中，欧盟还使用了“考虑地区战略平衡”“强烈反对使用武力”“中国国防开支不透明引起外界越来越多的关注”“应认识到提高透明度的重要性”等词句，这基本沿用了美国的说法。2008 年全球金融危机和 2011 年欧洲主权债务危机的爆发，加剧了欧美的相对衰落，同时也凸显了中国的影响力。而这反过来又刺激了欧美在应对中国上的进一步合作。近几年，欧盟主要国家加强了与中国的关系，但其基本出发点是摆脱经济困难和发展本国经济，在对华战略上仍把中国看作竞争对手。2013 年 2 月，欧盟和美国正式启动“跨大西洋贸易与伙伴关系”（TTIP）谈判，其目的非常明确，就是通过制定所谓的“白金标准”，建立国际自由贸易新规则，架空世界贸易组织（WTO），将中国、俄罗斯等国排除在世界主要市场之外，迟滞、遏阻新兴国家的崛起。用欧盟委员会主席巴罗佐的话说，“世界上最重要的两个经济体之间达成的自贸协定将促成一个‘游戏规则更改者’”。①

特朗普上台后，美欧关系因防务责任分摊与贸易问题口角不断。2017 年 5 月，德国总理默克尔在七国峰会后表示，欧洲能够完全依赖其他人的日子“在一定程度上已经结束了”。美国外交关系协会主席哈斯在推特上说，默克尔的讲话是个“分水岭”，称当前的局势是美国自第二次世界大战以来所要避免的。在七国集团峰会上，特朗普在多个议题与其他六国意见分歧，并拒绝核准《巴黎气候协定》。对此，默克尔表示“非常不满意”。此外，尽管默克尔承诺，北约成员国都致力于把防务开支提高到 2%，但特朗普仍然在北约会议上指责盟友“没有支付它们应负担的款额”。指责德国与美国存在贸易盈余“非常不好”。② 多家国际主流媒体将七国集团峰会形容为“六对一的峰会”。即使如此，德国外长加布里尔在 2018 年慕安会上依然表示，中国借“一带一路”打造有别于“自由、民主与人权”等西方价值观的“制度”，西方世界的秩序正在解体，“目前中国是唯一拥有、而且坚定实现全球性地缘政治目标的国家”，西方国家应当提出对策。他还警告欧洲被中国和俄罗斯分化的危险。面对特朗普政府的贸易讹诈，欧盟仍不愿明确与中国一道反对美国的贸易保护主义。③由此可以看出，一定意义上，当前的中欧关系与美欧关系相比仍是功能性、领域性的。正如默克尔所说的，即便（美欧）意见存在分歧也得忍着，这就是美欧的历史。

（三）中俄战略合作伙伴关系不断深化

近年来，随着中俄外部挑战以及俄罗斯内部问题不断增多，

① “欧美自贸谈判影响深远但异常艰难”，网易，http：//money. 163. com/13/2015/11/8NOJQV4000253B0H_ all. html。

② “默克尔暗示欧美正渐行渐远”，《联合早报》2017 年 5 月 30 日第 12 版。

③ “德外长称中国正打造另类体系 呼吁西方应对中国崛起”，参考消息网，http：//m. cankaoxiaoxi. com/world/20180219/2256196. shtml。

彼此战略借重明显加大。尤其自2014年克里米亚事件以来，美欧对俄军事威慑和经济制裁轮番上演，俄罗斯对借中国之力缓解战略压力以及推动本国经济发展的愿望更加强烈。目前，两国在政治、经济、科技、金融和交通等领域的合作达到了历史新高，军事和能源合作取得突破性进展，其他合作领域也呈全面铺开态势，中俄全面战略协作伙伴关系不断向纵深迈进。

一是政治互信和战略协作水平空前提升。两国元首始终能保持密切接触和往来，就国际和地区形势以及双边关系等问题交换看法，协调立场，共谋两国发展前景，并在彼此关切问题上相互支持。仅2015年一年，习近平主席与俄罗斯总统普京在双边和多边场合的正式会晤就多达五次。双方2014年5月签署《中俄关于全面战略协作伙伴关系新阶段的联合声明》，标志着中俄关系进入新的发展时期。2016年、2017年，中俄海上联合军事演习分别在南海和波罗的海举行，标志着两国战略协作达到了新的高度。2017年7月，中俄元首就当前世界形势和重大国际问题发表联合声明，包括反对太空军事化、呼吁尊重叙利亚主权等。两国再次重申反对在东北亚部署“萨德”系统，并就保护本国安全利益措施达成协议。①

二是军事合作取得重大突破。面对共同的战略压力，中俄两国在军事领域相继取得突破，双方战略合作水平大幅提升。在军售方面，2014年，俄罗斯原则上批准向中国出售此前一直不愿向中方提供的S－400型地对空导弹系统。除此之外，双方还商定在中国生产米－26型重型直升机。2015年年初，双方就为中国建造12322型“欧洲野牛”级气垫登陆舰达成协议。11月，双方正式签署对华出售24架苏－35型多功能战机的合同，中国成为首个海外订购该款战机的买家。另据俄罗斯媒体消息，2018年俄

① “中俄元首让两国关系成典范”，《环球时报》2017年7月5日第1版。

罗斯开始向中国供应S－400型“凯旋”防空导弹系统，中国是该型防空导弹系统的首个外国买家。S－400防空导弹系统用于在激烈火力和无线电电子对抗条件下，摧毁敌方空中攻击和侦察设备（包括具有隐身性能的飞行器）和其他空中目标①，其针对性非常明显。在联合军事演习、训练方面，除上合组织框架下的联合演训外，中俄两国海上力量近年来连续举行海上联合军事演习。2015年，两国海军还在地中海海域和彼得大帝湾海域、克列尔卡沿岸及日本海空域先后举行代号为“海上联合—2015（Ⅰ）”和“海上联合—2015（Ⅱ）”的实兵联合演习，着重演练在陆海空方面有效防空、反舰、反潜、反破坏的协同行动能力，双方首次实现火控雷达和声呐等“核心数据共享”。除此之外，2016年5月，中俄在位于莫斯科的俄罗斯国防部空天防御部队科研中心，还举行了首次首长司令部联合反导计算机演习——“空天安全—2016”。这些行动凸显了中俄之间高水平的战略互信与战略合作。

三是能源、金融等经济合作深入发展。2014年，俄中两国政府及能源公司分别签署《中俄东线天然气合作项目备忘录》和《中俄东线供气购销合同》。根据合同，从2018年起，俄方通过东线管道每年向中方供应不少于380亿立方米天然气，历时30年，合同总价值高达4000亿美元。这项巨额能源合作项目的达成，不仅是中俄关系史上的盛事，也备受世界广泛瞩目。俄方还一改以往对外国包括中国企业进入其油气上游勘探领域经营所持的“非常谨慎”的态度，破天荒地表示，俄罗斯在能源合作上对中国朋友没有限制，从而使两国在油气上游领域的合作也取得重大进展。2014年11月9日，中石油与俄罗斯石油公司签署关于中国石油天然气勘探开发公司购买其旗下万科尔石油公司10%股

① “俄媒报道俄向中国交付首套S－400防空系统”，《参考消息》2018年1月19日16版。

份的框架协议，标志着中方正式进入俄罗斯油气上游勘探领域，实现了对俄罗斯能源合作的历史性突破。万科尔油田是通过东西伯利亚—太平洋管道和中俄原油管道供油的基地，对中国的战略意义不言而喻。2015 年，中俄东线天然气管道中国境内段正式开工建设，中国石油化工集团还与俄罗斯石油公司签署《共同开发鲁斯科耶油气田和尤鲁勃切诺—托霍姆油气田合作框架协议》和俄罗斯石油公司购买中国石油化工集团 30% 股份协议，双方能源合作稳步深入推进。在金融领域，俄方首次向资本金低于 50 亿卢布的中资银行开放投资其战略公司的大门。2015 年，中国国家开发银行与俄罗斯对外经济银行和俄罗斯对外贸易银行先后签署巨额贷款协议，俄罗斯银行开设人民币贷款业务，中俄边境贸易首个跨境 B2C 电子商务支付平台也正式开通。在经贸合作方面，中俄还不失时机地签署“丝绸之路经济带”与“欧亚经济联盟”建设战略对接联合声明，重申俄方支持中方的“丝绸之路经济带”建设，中方继续支持俄方推进“欧亚经济联盟”框架内一体化进程，等等。

从发展情况看，中俄全面战略协作伙伴关系已进入新阶段，中俄关系目前已进入有史以来的最好时期。用俄罗斯总理梅德韦杰夫的话讲，“两国间的关系发展的确达到了特殊的级别”。从深层次看，中俄关系的新发展决非偶然，它与当前国际格局演变紧密相关。它既是以美国为首的西方联合打压产生的必然结果，又是中俄等新兴经济体为实现合理的国际政治经济诉求的必然选择。尽管两国在深化全面战略协作伙伴关系过程中仍存在着不少干扰因素和困难，但在政治、战略、经济等方面的共同利益将推动双方全面战略协作伙伴关系不断向前发展。

三、大国关系的调整推动着多极化的进程

新一轮大国关系调整，使世界多极格局结构更加明晰，多极

化在大国合作与斗争中不断深化。

（一）大国关系日益均衡是多极化发展的直接动力

大国关系均衡以大国力量消长为基础，但它又与大国关系调整的态势密切联系。近年来，新兴国家的崛起，与西方发达国家的相对衰落，已经打破了既有国际格局严重失衡的局面，各大国正在走向实力相对均衡化和相互关系多元化，大国间彼此借重和相互制衡的作用显著增强。在评估“一超”与“多强”力量对比态势时，应充分注意到“一超”因受到诸多牵制力量被削弱的实际。事实上，在不同领域，各大力量所发挥的作用也不一样。在政治领域，美、英、法、俄、中五个安理会常任理事国仍占据主导作用，且相互牵制。而在新兴的全球治理机制——二十国集团（G20）当中，中国、俄罗斯、印度等国也具有与西方发达国家平等的发言权。在军事领域，首推美国，其次是俄罗斯，其他各国还不能在全球范围内发挥重大作用。在经济和科学技术领域，美、中、欧、日影响力最大，俄罗斯对能源等全球战略资源供应具有重要影响。在这一新的均衡化态势下，国际力量特别是新兴大国，将有力遏制“一超”的单极倾向。同时，“多强”因有不少直接或间接可资借助的资源而得到增强。从发展的总趋势来看，“多强”与“一超”在国际事务中的作用力与影响力差距在缩小。与此同时，也应该看到，随着非西方国家的崛起，美欧出于维护共同意识形态的考量将进一步加强协调与合作，共同应对由此对长期以来占居主导地位的西方价值观和政治制度带来的冲击。

（二）以和平发展为主旋律的大国关系调整为多极化发展营造了良好的外部环境

冷战后，以经济科技为核心的综合国力较量成为大国战略竞争的核心。任何一个大国要想在国际关系中占据有利的位置，首先要发展自己，增强实力，即办好自己的事，而发展离不开和平的国际环境。在此背景下，维护和平、促进发展逐渐成为各大国的共识，也是大国关系趋向缓和的内在动力。因此，与时代潮流背道而驰的霸权主义和强权政治日益遭到抵制。随着经济全球化的发展，大国间的互补性、相互依赖性越来越强，即便是发达国家也不能无视国家间的优势互补。任何一个大国损害别的大国安全，也不可能获得自身真正的安全。阻碍其他大国发展，也不可能实现自身稳定的发展。正因为如此，主张不结盟、不针对第三国，摒弃军事同盟；主张协商、对话，不搞对抗；主张通过合作以实现共同安全，求得互利互惠的新时代精神，正成为大国关系调整的主旋律，“广交友，不树敌”已成为处理大国关系的明智选择。这些新的政策倾向为世界格局多极化的发展营造了良好的外部环境。

（三）大国关系的伙伴化为多极化的健康发展奠定了基础

冷战时期，由于两极严重对峙，大国关系也以美苏为基轴分别展开，或结盟，或敌对，壁垒森严，界限分明。现在的情况则发生明显变化，一些大国虽然仍有冷战思维，但大国关系的大趋势是注重拓展全方位外交，以构建有利于己的多边交错、相对平衡的大国关系。大国之间利用各种内涵的伙伴关系编织出重叠交叉的关系网络。如美日在强化军事同盟的同时，又竞相与中国改善关系。对华贸易在美日对外贸易中均占有相当大的比重，美日在争夺中国国内市场中充满了竞争。特别是 2012 年日本钓鱼岛“国有化”事件后，中日关系长期保持经热政冷的状态；美欧既打压俄罗斯，迫使其在北约东扩和乌克兰问题上让步，又继续拉俄加入“七国集团”以示安抚；俄罗斯一方面抵制北约东扩，甚至不惜为此动武，另一方面又不想改变其“西方伙伴”的形象。这些都表明，即使存在重大矛盾与分歧，各大国一般都不希望把对方逼入死角。

（四）中国在大国关系调整中的突出贡献有力推动了多极化发展

作为力量正在上升的大国，中国在调整大国关系、积极推动世界格局多极化中做出了自己应有的贡献。尤其在构建面向21世纪新型国际关系方面，为世界其他国家特别是大国树立了榜样。20世纪90年代中期以来，中国先后与许多国家建立了伙伴或合作关系，包括与俄罗斯的“全面战略协作伙伴关系”，与法国的“全面伙伴关系”，与日本的“面向21世纪的中日睦邻友好合作关系”，与东盟的“面向21世纪的睦邻互信伙伴关系”，与非洲国家的“面向21世纪长期友好、全面合作关系”，与加拿大、墨西哥的“跨世纪的全面合作伙伴关系”，与美国的“建设性合作关系”。2013年6月，习近平主席访美，与美国总统奥巴马就共同构建新型大国关系达成共识。中国与主要大国之间的建设性关系框架趋于形成，这一系列伙伴关系构成了一个不结盟、不对抗、不针对第三方、共创未来的新型国家关系雏形，中国在这样一个大国关系的网络框架中处于重要位置，不仅为国家现代化建设营造了一个非常有利的国际环境，而且也为推进新型国家关系的发展做出了突出的贡献。国际关系发展的实践充分证明，中国提出的相互尊重主权和领土完整、互不侵犯、互不干涉内政、平等互利、和平共处等重要原则是国与国关系的基本准则和建立国际新秩序的基础。

第三节　多极格局的全面形成面临长期斗争

尽管国际格局走向多极化是当今世界的历史潮流，多种战略力量相互合作、相互制衡的局面已初见雏形，但这并不意味着多极化进程将一帆风顺。事实上，国际格局调整演变的过程，也是国际政治经济权力与利益重新分配的过程，获取合理利益的崛起力量与维护既得利益的守成势力之间的激烈博弈将不可避免，世界多极格局的全面形成因此将面临长期、艰苦的斗争。

一、美国维护霸权地位的图谋迟滞了多极化的发展

冷战结束以后，美国成为唯一的超级大国，其领导世界、做全球霸主的信心与愿望空前强烈。在此背景下，美国领导人一再宣称“要领导全世界”，谋求建立属于美国的单极世界和所谓“新型霸权”。然而事与愿违，美国的单极霸权地位仅仅维持了17年。在2008年金融危机打击下，美国已无力再单独领导世界，美国的“霸权梦”宣告破灭。但是，美国仍然是世界唯一的超级大国，它在一些重要国际机构中仍占据主导地位，它仍要维护已被严重削弱甚至是不复存在的霸权地位。从近年来美国政府的战略调整与战略实践看，重塑和积蓄国家实力，强化对世界的领导力，是现阶段美国国家战略的基本目标。

在奥巴马政府2010年、2015年两份《国家安全战略报告》中，构建新型国际政治经济秩序被置于突出地位。一方面，在国际政治方面，经过多年的筹划沉淀，奥巴马政府的思路日益清晰。在2015年《美国国家安全战略报告》导论中明确指出，美国的领导角色存在于一个“基于规则的国际秩序”，并将“亚太再平衡”置于重构世界政治秩序的战略高度。另一方面，奥巴马政府提出要复兴国内经济，构建新型国际经济秩序。在其看来，美国持久性的领导力依靠塑造一个能够体现美国利益与价值观的新型全球经济秩序，即美国“必须战略性地运用经济实力塑造一种新的法治路径，强化伙伴关系，促进包容性的发展”。其根本路径有两个，一是塑造新的世界经济秩序，进行规则与制度改革，防范经济危机再次出现；二是防范所谓的“新兴国家资本主义”以及市场扭曲、靠“搭便车”发展的经济体日益壮大。其举

措既包括美国的“再工业化”，也包括通过推动“跨太平洋贸易伙伴关系协议”（TPP）与“跨大西洋贸易与投资伙伴关系协议”（TTIP）两大贸易协定，打造国际经济秩序的新平台，应对来自新兴经济体对美国经济的挑战，进而确立美国在世界经济中的领导地位。从奥巴马政府的外交政策和战略看，它将国际秩序上升到了国家大战略高度，并将其列为美国四大国家利益之一，这一举动是前所未有的，为奥巴马政府所首创。

美国军事战略调整指向性更为明确。2011 年《国家军事战略》报告，以及 2012 年的新军事战略指南——《维持美国的全球领导地位：21 世纪国防的优先任务》，均将中国作为对美国国家安全构成“威胁”的主要国家行为体之一。2015 年 7 月新版《国家军事战略》报告的出台，是“9·11”事件以后美国军事战略的又一次重大调整。该报告仍将非国家行为体所实施的非常规、非对称战争列为主要威胁，但强调，“在过去十年中，我们的军事行动主要用于打击暴力极端分子网络。现在以及在可预见的未来，美国必须要将更多的注意力投向国家行为体所带来的挑战上。”事实上将战略关注的重点转向了国家行为体。报告还明确将俄罗斯、中国、伊朗、朝鲜列为美国国家安全的威胁。该报告的出台，意味着美国在安全威胁认知上发生了重大转变，也展现出美国对于自身安全与维护全球领导地位的强烈危机感。由于这些战略将矛头直接指向中俄等国，其实施对中俄国家安全构成日益严重的挑战。从以乌克兰危机为由加强在欧洲的军事部署，到亚太军事“再平衡”的不断深化，再到“防务创新倡议”（即“第三次抵消战略”）的提出，美国对中俄的战略竞争与遏制不断升级，这不但导致东欧、东亚地区形势紧张，而且对中俄拓展和发挥影响力构成了现实挑战，影响了世界多极化进程的发展。

特朗普政府上台后，强调“美国优先”，先后退出 TPP、《巴黎气候变化协定》和伊核协定等，在贸易问题上采取极端的单边主义政策，引起了美国国内对美国全球领导地位的担忧。然而需要看到的是，特朗普政府并非放弃美国的领导地位，而是以另一种方式巩固和加强美国的领导地位，即通过强化美国的经济实力、科技实力和军事实力，提升综合实力，“以实力求和平”。2017年年底、2018年年初，特朗普政府先后出台《国家安全战略》《国防战略》以及《核态势评估》等三份战略文件，明确提出“世界重回大国竞争时代”，并首次将中俄列为“修正主义大国”，提出同中俄进行长期战略竞争而非反恐是美国国家安全面临的首要任务。可以说，竞争与对抗主导了特朗普政府的大国政策。为此，美国发动同中国、俄罗斯、欧盟、印度、日本等其他大国和地区组织的贸易战，大幅增加军费预算，频繁使用军事手段进行威慑。同时，由于特朗普排斥多边国际机制，极力通过单极主义和极限施压的方式追求自身利益，先后退出《巴黎气候变化协定》和伊核协定，致使大国之间的协调与合作明显减少，反过来又进一步凸显了大国之间的竞争与对抗。这将对未来一个时期的大国关系带来重大而深远的影响。毫无疑问，在今后较长时期内，力图恢复世界领导力的美国，同主张多极的其他大国之间将不可避免地形成矛盾对立。21世纪前期，美国必然会倚仗其强大的经济、军事力量和国际影响力，利用它同许多国家签订的条约和结成的联盟以及伙伴关系，竭力保持其“一超”的主导地位，阻碍多极化发展。单极与多极、称霸与反霸之间的斗争和较量将会是今后相当长时期的主要国际矛盾，并将经历一个长期的过程。

二、主要战略力量之间的平衡需要一个较长的过程

决定世界格局发展变化的因素是多方面的，包括政治、经济、军事、文化、国际影响力等，这些因素形成的综合力量对比构成世界格局，而只有形成相对均衡的多个力量中心才是多极格

局形成的标志。一般来说，这样的“力量中心”应同时具备以下条件：一是具有较强的综合国力，特别是政治、经济、军事和科技实力。二是具有较强的运用国家实力的意志和能力。三是具有较强的国际影响力和凝聚力，能在全球和地区事务中发挥重大的作用。

从目前情况看，既有的世界力量中心在衰落，新兴的世界力量中心在崛起，特别是 2008 年全球金融危机加速了这一进程。但同时也要看到，虽然世界第一强国美国的经济仍未完全摆脱金融危机，但其他一些重要战略力量，包括欧盟、中国、俄罗斯等国的经济也存在不同程度的问题。并且，这场金融危机虽然对美国产生了严重冲击，但并没有从根本上动摇美国的经济基础。20 世纪 90 年代通过信息化和经济全球化所进行的经济结构调整，以及由此导致的美国在产业结构、区域结构等方面的优势并未消失。技术和金融的创新机制、自我调节修复机制、危机转嫁机制依然存在，即使美国国力有所削弱，它再次恢复活力的可能性依然存在。经过奥巴马政府的“休养生息”，美国经济近年来的表现也可以说明这一点。特朗普政府自 2017 年开始对欧洲、日本、印度、美洲以及中国发展起全球性、大规模贸易战，而相关国家仍继续谋求与美国通过谈判解决争端而非联合起来共同对抗美国的贸易讹诈和欺凌，这在一定程度上也证明了美国综合国力特别是经济实力的优势地位。

与之相对，其他潜在力量中心的发展则依然任重道远。俄罗斯经济在进入 21 世纪后一度有较大恢复，但近年来，受全球金融危机拖累及美欧制裁影响，俄罗斯经济明显萎缩。在短期内，俄罗斯难以恢复以往实力，核力量较强、经济相对较弱的状况短时间内不会有根本改变。在欧债危机、难民危机、英国脱欧公投等诸多因素的连续打击下，欧盟的实力、凝聚力和影响力均受到严重影响，因此不得不将主要精力放在内部事务上，再加上其防务难以摆脱对美国的依赖，欧盟在国际事务中很难展示出完全意义上的大国行为特征。印度经济多年来保持高速增长，但国内制约发展的结构性矛盾与问题依然突出，如政治机制内在矛盾拖累政府治理能力、社会发展滞后拖累可持续发展、国内现实威胁侵蚀发展成就等[①]。某种意义上，当前国际上对印度国际地位的描述存在着夸大的成分，将潜力与可能当成现实，将美日出于战略需要对印度的国际地位的抬升误读成印度综合实力的真实反映。日本经济、科技实力雄厚，近年来努力推动“正常国家”进程，国际影响力有所增长，但由于依附于美日同盟关系，近期内很难成为一支独立的国际力量。中国在快速发展，硬实力与软实力都在快速上升，已经成为新的力量中心，但同时，面临的国内国际问题很多，特别是面对美国、欧盟和日本的联合防范，和平发展仍面临严峻挑战与重大风险。

目前，美国经济已逐渐复苏，美国维持“一超多强”格局、联合欧盟竭力保持其在国际体系中所拥有的优势地位和对世界的控制权的努力正不断增强，新兴力量中心与美欧的战略博弈日趋激烈。在这一过程中，受打压、围堵的新力量中心的发展有可能出现曲折，双方的力量消长可能出现反复，新兴国家与既有大国间形成战略平衡将不得不经历一个较长的过程。

三、和平条件下新旧格局的转换会有一个较长的过渡期

历史上的国际格局转换绝大多数都是通过战争方式来实现的。美国哈佛大学教授格拉姆·阿利森曾对世界历史上崛起大国和守成大国的关系进行过梳理，在其选择的 16 个历史案例中有

① 楼春豪：“浅析印度崛起的制约因素”，《中国国际战略评论 2014》，北京：世界知识出版社 2014 年版，第 192—202 页。

12 个以战争结束，实现了新旧格局的转换。[①] 战争以强力打破旧有的格局，在战胜国和战败国的基础上构筑起新的国际格局和国际秩序。这种传统的新格局形成虽然也是国际政治力量长期积累和较量的结果，但其质的变化却具有残留因素较少、时间较短的特点。然而，两极格局是在相对和平的条件下瓦解的，这就决定了冷战后新格局的形成需要有一个较长的过渡期。也就是说，整个 20 世纪 90 年代乃至 21 世纪初期，将成为新旧格局转换的过渡期。旧格局的改变与多极化的发展，一方面使世界大战的可能性进一步减小，“世界大战打不起来”；另一方面原有的力量结构和平衡机制被打破，而新的力量结构和平衡机制尚未建立。世界格局多极化进程从 20 世纪 70 年代开始到 80 年代末只走完了第一阶段，用了 20 年的光景，这一阶段的成果是美苏主导的两极结构瓦解。第二阶段从 20 世纪 90 年代开始，至少要到 2040—2050 年前后，几大战略力量才有可能实质性地缩小与美国的实力差距，实现国际力量的大致均衡。同时，世界格局多极秩序尚未形成。两极格局之所以长期维持下来，原因之一就是拥有稳定而强有力的机制保障。世界多极格局的最终形成也需要有稳定的国际政治经济制度和机制来保障，而目前多极机制还处在探索之中。从力量对比及其相互关系的结构上看，从建立和完善保障机制上看，多极格局全面形成不会在短期内完成。

总之，多极格局的形成是一个长期、复杂的过程，它既是世界经济、政治发展不平衡导致的客观趋势，也需要世界各国的“合力”推动。国际社会既要开展坚决的斗争，也需要做出必要的妥协。不仅大国和大国集团，广大发展中国家也同样担负着这一历史重任。从长远看，美国的单极世界之路行不通，世界多极

---

① Graham T. Allison, Destined for War: Can America and China escape Thucydides Trap? Boston: Houghton Mifflin Harcowrt, 2007.

格局是必然趋势。但是，由于国际战略力量失衡难以在短期内趋向均衡，美国凭借其强大的实力进行种种干扰和阻挠，导致多极化的发展不会一帆风顺，其间仍将经历重大而激烈的斗争。

第三章

全球化：演变、影响与趋势

全球化是当今世界最重要的三大趋势之一，其本质是全人类的活动日益紧密地联系在一起、世界愈发成为单一社会的历史进程和发展趋势。其中，经济全球化是全球化的发源和根本动力，在科技进步的推动下通过在全球范围内优化资源配置促进全球经济发展，并通过渗透、影响带动政治、文化、社会等领域的全球化。全球化给世界带来了广泛而深刻的影响。它一方面促进了各国在经济、政治、文化、社会上的融合，推动世界经济快速发展，促使各国之间的利益相互交织，国家间相互依存不断上升；另一方面也带来了一系列全球性问题，并由此推动国际关系和国际战略形势发生深层次演变。

第一节　全球化及其发展

全球化作为一种历史现象和历史进程，不是从来就有的，而是人类社会生产、科技等发展到一定历史阶段的产物。从其发展进程看，全球化总体上体现出波浪式前进的特点，中间充满着停滞和挫折。冷战结束后，全球化进入一个全新的发展阶段。

一、全球化的概念

“全球化”一词于20世纪80年代中期出现后迅速流行开来。在相当长的时间内，人们对于全球化的概念和起源存在着不同的看法。比较普遍的看法是，全球化首先是经济的全球化，主要标志是全球性市场经济的形成。随着经济生活的一体化，各国的政治、文化和社会等也出现同质化的趋势。所以，全球化既有经济的内涵，又有政治、文化的内涵。既是一种经济现象，同时也是一种政治现象、文化现象。综合各国学者的看法，全球化大致可分为三个层次。在微观层面，全球化是一种微观现象或过程，指的是市场和产业一体化和联合的趋势，最明显的体现就是竞争向全球性竞争发展以及全球性的公司出现两个方面。在中观层面，全球化是某一领域发生的现象或过程。如经济全球化、政治全球化、文化全球化、社会全球化等。在宏观层面上，全球化是人类社会发生的长时期、大规模的社会变迁。德国社会学家伊里亚斯认为，全球化是人类社会变迁的一个基本维度，是一个长期的历史过程。①

相比较而言，宏观层面的定义能够更为全面、更加深刻地反映全球化的本质，即将其看作世界走向单一社会的长时期、大规模的社会变迁过程。中观层面的定义将全球化分解为具体领域内的现象，人为地割裂了全球化的整体性和系统性，无法反映出全球化进程中各个领域的互动，更无法看到全球化的全貌。而微观层面关注的是具体的现象或过程，存在相互冲突和不稳定的问题。由于人类社会现象不仅纷繁复杂并且相互冲突，即使是某一现象，也会经常出现过程频繁变化甚至逆转的情况，根本不可能

① 王逸舟：《全球化时代的国际安全》，上海：上海人民出版社1999年版，第3页。

得出趋势性的结论。比如说，不能因某家跨国公司在特定国家的特定地区业务受挫就得出全球化受阻的结论。全球化作为一个宏观层面的概念，大致具有以下三个特点：

一是过程性。即全球化是人类联系日益增多、不断融合为一体、趋于同质化的过程。关注的重点在于全球化的进程，而非这一进程的最终状态如何。进入近代以来，人类总体上处于全球化不断前进、不断加速的过程中。冷战后，随着信息化技术的不断发展以及全球统一市场的形成，全球空间正越来越紧密地联系在一起。与此同时，各个地区、国家、民族、国界等仍对人类有着重要的影响，但这种影响总体上呈不断下降和弱化的趋势。

二是整体性。由于全球化涉及政治、经济、文化等多个领域，涉及多个地区和国家，而在不同领域、不同地区和国家推进的速度和深度、影响的范围等是不均衡的。在一些历史时期全球化快速推进，而在另一些时期则相对缓慢。世界上一些地区比其他地区更加快速、更加深度地融入全球化。即使在特定国家，全球化进程也可能是不同的。沿海地区和交通便利的地区要比内陆和交通不便的地区更快地融入国际市场之中，科技、金融人士以及知识分子相对而言会更快速地融入全球化进程中。2008 年全球金融危机之后，世界范围内特别是西方国家的反全球化思潮与运动明显上升，但我们不能因为某一国家甚至是某一国家的特定群体反对全球化的某些方面就得出全球化停滞的结论。关键是要看整体、看全面、看潮流，而非某个局部和一时的现象。

三是复杂性。指的是全球化影响和进程的复杂性。全球化的基础是市场化，因此具有很大的盲目性和一定的破坏性。冷战结束后，全球化进入快速发展阶段，有关体制、机制和规则具有明显的滞后性，难以适应全球化的发展，因而更容易造成冲突。特别是金融全球化带来的冲击更快、风险更大。自 20 世纪 90 年代多次出现的金融危机就说明了这一点。全球化要求在全球范围内配置资源、进行生产和销售，以最低的成本谋求最多的回报，因此对不同的国家、阶层、群体和个人的影响肯定是不同的。即使是对同一群体，其影响也具有两面性，是复杂的。以国家为例，全球化肯定会对民族国家的作用、主权及其相互间关系产生深刻影响，同时也要看到，首先，民族国家的出现、民族国家观念的普遍化以及国际关系网络的形成，本身就是全球化的产物。因此，全球化的深化不意味着民族国家的灭亡。其次，全球化的深化不可能，至少是现阶段不可能导致民族国家的过时。相反，为了防范和控制全球化的负面效应，国家仍发挥着重要作用。因此，全球化是多种力量、多个进程相互作用、相互影响、相互博弈的结果。

二、全球化的发展演变

如上所述，全球化这一名词的出现是在20世纪80年代中期。但作为一个宏观的历史进程和大历史概念，全球化的出现要早得多。当然，不乏有人认为全球化始于20世纪80年代，主张托马斯·弗里德曼（Thomas Friedman）在《世界是平的》一书中将全球化的历史追溯至1492年是对“泛历史主义”的全球化解读。[①]全球化的历史之所以存在如此之多的争议，重要原因甚至说根本原因在于不同的全球化定义，即是宏观层面的理解还是微观层面的理解。根据宏观层面的理解，人类历史上大致出现了三轮全球化。

（一）第一轮全球化：从15世纪末期的航海地理大发现到19世纪中叶

以1492年哥伦布到达美洲新大陆为标志，欧洲开始了全球

---

① 张桐：“围绕‘全球化’概念的争议”，《教学与研究》2015年第10期，第15—16页。

性殖民扩张。西方资本家为了最大限度地攫取利益，凭借自己掌握的相对先进的科学技术，克服了空间和地域的障碍，伴随着征伐，最终建立起一个以欧洲为中心的单一世界市场体系。马克思和恩格斯对此进行了细致的描述："不断扩大产品销路的需要，驱使资产阶级奔走于全球各地。它必须到处落户，到处创业，到处建立联系。资产阶级，由于开拓了世界市场，使一切国家的生产和消费都成为世界性的了。……这些工业所加工的，已经不是本地的原料，而是来自极其遥远的地区的原料；它们的产品不仅供本国消费，而且同时供世界各地消费。旧的、靠本国产品来满足的需要，被新的、要靠极其遥远的国家和地带的产品来满足的需要所代替了。过去那种地方性的和民族性的自给自足和闭关自守的状态，被各民族的、各方面的互相往来和各方面的相互依赖所代替了。物质的生产是如此，精神的生产也是如此。各民族的精神产品成了公共财产。民族的片面性和局限性日益成为不可能。……资产阶级，由于一切生产工具的迅速改进，由于交通的极其便利，把一切民族甚至最野蛮的民族都卷到文明中来了。它的商品的低廉价格，是它用来摧毁一切万里长城，征服野蛮人最顽强的仇外心理的重炮。它迫使一切民族——如果它们不想灭亡的话——采用资产阶级的生活方式；它迫使它们在自己那里推行所谓文明制度，即变成资产者。一句话，它按照自己的面貌为自己创造出一个世界。……正像它使乡村从属于城市一样，它使未开化和半开化的国家从属于文明的国家，使农民的民族从属于资产阶级民族，使东方从属于西方。"① 这一论述不仅生动地描述了当时世界生产和交换的国际化景象，而且为分析经济全球化的动力、认识全球化的实质提供了科学的方法论，即不是简单地从经

① 《马克思恩格斯选集》第1卷，北京：人民出版社1995年版，第276—277页。

济学角度或政治学角度，而应从人类社会发展的历史，从世界经济与政治的矛盾运动中，探索经济全球化的一般规律。

这一时期，以英国、法国、西班牙、葡萄牙、荷兰为代表的欧洲国家通过大规模的殖民活动，凭借坚船利炮，逐步打开了亚洲、非洲和美洲国家的国门，摧毁了这些国家悠久而独特的文明，将其强行纳入西方主导的国际体系之中。因此，这一时期的全球化自然带有深刻的殖民主义烙印。随着单一市场的形成，生产要素在资本本性的驱动下，开始不以人的意志为转移地跨越国界、在全球范围内实现优化配置，在此基础上逐步形成了世界范围内经济合作的局面。这一时期是全球化的雏形，但全球化的某些特征已经初步显现。

（二）第二轮全球化：从 19 世纪中叶至第一次世界大战

这一阶段是全球化的成熟期，主要在于三个因素的推动。一是西方的产业革命（或第一次科技革命）和第二次科技革命。开始于英国、以蒸汽机为代表的产业革命在 19 世纪下半期在各主要资本主义国家先后展开，推动生产过程由传统的农业和手工业向机器大工业转变。随着欧洲各国殖民进程逐步展开，国际交换与分工对国际市场的依赖不断加深。19 世纪末、20 世纪初，又出现了第二次科技革命，内燃机、汽车、电子等新兴产业蓬勃发展。交通工具、通信手段的快速发展使得全球的商业交往和信息互通变得十分便捷。科技的迅猛发展使得规模生产和在全球范围内进行商品交换成为可能。

二是随着国际经济合作的不断发展，跨国公司于 19 世纪中叶出现。跨国公司既是经济国际化的主要载体，又是最为活跃、最具影响力的因素。跨国公司从全球战略出发、以国际市场为导向安排经营活动，在世界范围内寻求市场和合理的生产布局，定点专业生产，定点销售产品，以牟取最大利润。正是由于跨国公司的出现，资源、生产和市场实现了真正意义上的全球化。可以说，大量跨国公司的出现，标志着第二轮全球化的到来。

三是世界经济逐步从商品国际化进入资本国际化的发展阶段。西方资本主义国家与殖民地之间垂直式的国际分工依然存在。与此同时，各主要资本主义国家之间经济发展不平衡的状况为这些国家之间水平式的国际分工提供了条件。19 世纪末，美国在工业生产方面已经超过了英国，德国和日本的经济实力也快速增长，各资本主义国家分别形成了自身的优势产业。推动和实现生产要素在这些国家间自由流动和优化配置，成为跨国公司取得规模效益和比较利益的理想途径。

在上述因素的共同推动下，西方国家中实力雄厚的大公司纷纷改变经营方式，开始通过对外直接投资设立跨国分公司的形式，发展成为现代意义上的跨国公司。与此同时，一些金融行业的跨国公司也开始出现，美欧各国普遍下调关税，贸易量和金融流通量随之增加。全球经济的相互渗透、相互依赖，反过来又推动跨国公司向国外直接投资并得到了迅速的扩张。

（三）第三轮全球化：从 20 世纪 80 年代中叶至今

第二轮全球化由于第一次世界大战的爆发而终止，然后是 20 世纪 30 年代初的全球经济危机，紧接着是第二次世界大战的爆发。这一时期国际资本基本处于停滞状态。二战结束后，世界很快进入了美苏两大阵营的对峙状态，国际经济合作被人为割裂为资本主义阵营与社会主义阵营，只有区域化或阵营化的经济合作。在资本主义阵营，美国通过“马歇尔计划”将西方经济紧密地联系在一起。这一时期欧洲经济一体化不断取得进展，成为历史上最为成功的地区一体化组织。之所以没有将这一时期单独作为全球化的一个阶段，是因为区域一体化既可以是全球化的一个部分和一个进程，又会对全球化带来阻碍和迟滞作用。由于政治制度和计划经济模式等原因，苏联领导的社会主义阵营实行的经济合作算不上现代意义上的全球化。因此，第三轮全球化开始于

20 世纪 80 年代中期，即美苏关系缓和、两大阵营逐步松动时期。

第三轮全球化的出现主要有两个背景。一是第三次科技革命的出现。科学技术是生产力发展中最具活力的部分，是经济全球化的动力本源。历史上每一次重大科技革命总是带来一次世界政治经济的大变革和大发展。20 世纪 50 年代开始，以计算机为核心的电子技术、以激光和光导纤维为主导的通信技术，以及生物技术、海洋技术、新材料和新能源技术不断出现并应用到生产领域，极大地推动了世界经济的发展。到 20 世纪 90 年代，信息产业迅速发展，知识经济成为经济全球化的全新动力，国际经济合作与竞争进一步向更深层次推进。

二是国际格局和国际形势的变化。随着二战的结束，世界很快进入冷战，这在经济上导致"统一的无所不包的世界市场瓦解了"，出现了"两个平行的世界市场"：一个是遵循市场经济规则运行的、开放的资本主义世界市场体系，另一个是以计划经济规则为基础、行政命令和指令计划起支配作用的社会主义世界市场。20 世纪 80 年代中期，随着美苏关系缓和，两大阵营特别是社会主义阵营开始松动。80 年代末 90 年代初，东欧剧变、苏联解体标志着二战以来的两大阵营对峙局面正式结束。世界在被割裂 40 多年后再次成为一个整体，为全球化的迅猛发展清除了外部障碍。同时，随着冷战的结束，世界各国普遍将发展视为国家的中心任务，世界进入了快速发展的新时期。当然，中国在 20 世纪 80 年代中期即做出和平与发展是时代主题的战略判断，并在此基础上提早开启了国家建设新的征程。冷战结束之前，实行市场经济的人口只占世界的 25%。从地区分布上看，主要是欧美、澳大利亚及东亚的一些国家和地区。目前，世界各国除个别国家外都实行市场经济体制，世界市场体系由分裂走向统一，为经济全球化深入发展提供了基本前提。而新技术革命特别是信息技术有力地推动了世界经济的市场化、自由化和网络化发展，全球化发展速度大大加快，其影响更加广泛和深远。

三、第三轮全球化的主要特点

新一轮全球化以新科技革命的迅猛发展为物质基础，以冷战结束和市场经济为基础的全球市场的形成为基本前提，以美英等西方国家经济自由化浪潮兴起为重要驱动力，实现了全球化的大发展。如果说第一轮全球化以马车般的速度提升，第二轮以火车的速度推进，那么新一轮则以飞机的速度跃升。因此，这一时期被称为全面全球化阶段。主要特点有：

（一）国际贸易快速增长，世界多边贸易体制形成

国际贸易是各国经济联结外部世界的主要渠道，促进了商品的国际流动，突破一国资源禀赋的有限性，冲破民族国家市场的狭小规模，把世界各国的国内市场联结成为统一的世界市场。国际贸易是带动世界经济增长的强大助推器和“引擎”，在经济全球化过程中，始终发挥着先导作用。1983—1990 年，世界贸易平均增长 9%，比同期国民生产总值 3% 的年平均增长率高出 2 倍。在世界国民生产总值中，世界贸易额所占的比重越来越高（到 1992 年已占到 33%），以至于目前全世界产值约 1/3 都是在国际交换中实现的。①

在国际贸易总量迅猛增长的同时，国际贸易体制也发生了深刻变革，世界多边贸易体制逐步形成。从范围看，冷战结束后，传统的东西方经济政治界限被打破，真正意义上的全球性世界市场形成。从内容看，除世界商品市场外，世界服务市场，包括金融、保险、科技、运输、信息、通讯、人才、劳动力等市场也在迅速扩大，其扩展速度远远超过了商品市场扩展的速度。1997 年

---

① 佟立：“全球化的起源发展与影响”，腾讯网，http：//dushu. qq. com/read. html？ bid =673485&cid =5。

世界服务贸易额约占世界贸易总额的1/5，现在则超过了1/3。① 从组织结构看，世界贸易组织的建立标志着世界多边贸易体制的形成，逐步完善了国际贸易规则，促进了各国之间经济交流自由化的进程。国际货币基金组织和世界银行等国际经济机构发挥着重要的协调作用。欧盟、亚太经合组织、东亚“10+1”机制、美洲自由贸易区、非洲经济合作组织等地区性经济合作机制发展迅速，对加强区域多边经济合作具有十分重要的作用。

（二）金融国际化程度日益提高，国际资本流动规模空前扩大

金融国际化的发展使金融业成为国际间经济交往和联系的中心枢纽，为世界经济的发展提供了便利。以资本国际化、金融机构跨国化、金融市场全球化为特征的全球金融一体化趋势迅速发展，使全球各地的金融市场相互贯通，相互联接，打破了国家疆界对金融活动的限制，构建起了统一的全球金融体系。冷战后，货币资本国际流动大大加强，信贷关系、金融交易和货币汇兑业务规模越来越大，无论是生产形态、货币形态或商品形态的资本国际化程度都达到了空前规模，特别是国际投资呈高速增长势头，成为促进世界经济发展和繁荣的重要手段。世界对外直接投资快速增长，联合国贸发会议2016年1月20日发布的《全球投资趋势监测报告》显示，2015年全球外国直接投资已高达1.7万亿美元。②

由于生产经营和资本流动的国际化，特别是电子金融技术的发展使各国金融市场融为一体，打破不同地区的时差限制，提供了全天候金融交易服务。世界出现了一个金融融合的高潮，世界

---

① 周柳军：“服务出口总额占贸易总额近1/5发展态势良好”，网易，http：//news.163.com/11/1129/10/7k17p8KE00014JB6.html。

② 联合国贸易和发展组织：“全球投资趋势监测报告”，中国国际贸易促进会网站，http：//www.cicpmc.org/detail.asp？id=3834&channel=2&classIP=37。

各国的金融市场和金融机构更加紧密地联系在一起，形成了一个全时空的国际金融市场。巨额资金的调拨和融通极为便捷，大大提高了资本流动的效率和速度。各发达国家的股票交易所都对外国公司开放，允许其购买本国的股票，使投资者和筹资者可以在全世界范围内选择市场和投资对象。值得注意的是，投机资本数量极其巨大，其流量和流速已经超出了各国政府的控制能力。各国金融政策正在趋向一体化，各国所执行的货币政策、汇率政策、国际收支调节政策等都会对其他国家的金融政策产生影响，因而各国中央银行常常超越国家界限，通过加强国际协调与合作，从世界范围观察和处理某些金融问题。上述变化在使各国的生产资本、借贷资本加速走向全球化的同时，也使全球金融市场真正联为一体。

（三）跨国公司迅猛发展，推动生产国际一体化

跨国公司是推动经济全球化的主导力量，促进了全球资源的优化配置。跨国公司作为一种经济盈利性组织，可以不受国家疆域的约束，按照比较利益原则，实施全球范围内最佳的资源配置和生产要素组合，在世界上建立起一体化的生产、经营和销售网络，使国际经济活动的重点逐步从流通领域扩展到生产领域。跨国公司把世界作为统一的经济空间进行战略规划，把国家作为生产车间来安排，进行资源的全球安排，以追求公司经济利益最大化。跨国公司出现于 19 世纪，但其迅速发展却是二战之后，特别是 20 世纪 80 年代以后，跨国公司无论在数量上还是在规模上都急剧膨胀。据联合国统计，2000 年，全球跨国公司数量已达到 6.3 万家，拥有 70 万家国外分支机构，其贸易额占世界总额的 40%，对外直接投资约占全球 90% 左右。① 在席卷全球的并购浪

① 王振华："跨国公司：经济全球化之舟"，《人民日报（海外版）》2000 年 12 月 8 日第 7 版。

潮推动下，跨国公司规模迅速扩大。“9·11”事件影响了跨国并购的发展，近年来又有回升的势头。跨国公司的合并和兼并旨在适应经济全球化的要求，实现优势互补，发挥规模效益，抢占更大的世界市场份额。近年来，跨国公司的实力也在快速提升。全球单体公司营收额最大的零售巨头沃尔玛2015年营业额为4858亿美元，超过了泰国（4127亿美元）、南非（4021亿美元）、奥地利（3937亿美元）等国的国内生产总值，与波兰（4967亿美元）、挪威（5010亿美元）、比利时（5111亿美元）的水平接近。一方面，经济全球化的结果是导致了有竞争能力的跨国公司，无论从营业收入的规模增长、利润总量的获得，还是现金储备，均达到了“富可敌国”的程度。另一方面，跨国公司也促进了各国的技术、资金、劳动力、市场相互衔接，形成了一种相互渗透、彼此制约、交互影响、利益分享的生产布局，构建起全球性的社会再生产和销售网络。

第二节　全球化对国际政治的影响

作为一个国际化的历史进程，全球化势必对国际关系和国际政治带来重大而深远的影响。它将各个国家更加紧密地联系在一起，国家间相互依存、相互影响明显增多，由此也直接导致国家间的矛盾、摩擦与利益冲突更为频繁。同时，全球化本身即隐含着市场与国家、经济与社会的深层次矛盾。随着全球化的不断深化，一方面人类社会和民族国家实现了经济的快速发展以及物质和文化上前所未有的丰富。另一方面，全球化的负面影响，即市场与国家、经济与社会之间的矛盾与冲突逐步显现。这对国家间关系、国家间互动方式以及国际政治带来了全面而深刻的影响。

一、全球化加深了各国之间的相互依存关系，但也导致当今世界各种矛盾凸显

经济全球化要求在全球范围内实现产品、资源、资金、科学技术等生产要素的流动和优化配置，这必然使世界各国之间形成“你中有我、我中有你”的利益格局，“一荣俱荣，一损俱损”的互动效应日趋增强。这种相互依存关系的强化是全方位的。从范围上讲，不仅包括发达国家之间，也包括发达国家与发展中国家、发展中国家与发展中国家及不同社会制度和意识形态国家之间的相互依存关系。从内涵上看，不仅包括各国在经济上的相互依存，也包括政治、科技、文化，甚至军事上的相互影响和制约。国家间相互依存、相互影响越强，表明各国之间的相互联系越广泛，而相互联系越增加，相互制约因素也就会越多，矛盾和摩擦也必然增多。在全球化时代，一国对另一国单方面采取经济、政治或军事制裁谋求解决争端、保护自身利益的做法，往往事与愿违，使自己也遭受损害。相反，通过谈判、协商，达成互惠互利的协议，则双方都会从中获益。因此，各国在处理国际政治、经济争端时，越来越多地采用合作与妥协方式，以争取“双赢、共赢”的结果。

但是，各国之间的相互依存关系是不均衡、不对称、不平等的，相互依存度的不同，决定着各自所享受到的权利和义务不均衡、不平等。某些发达国家常常利用依存度的不同，运用其掌握的优势谋取利益，激化相互之间的矛盾。发达国家与发展中国家、发展中国家中的新兴工业化国家与最不发达国家之间以及各个国家内部都存在着两极分化、贫富悬殊扩大的问题，反映出相互依存事实上的不均衡性和不平等性，由此导致全球范围内各种矛盾凸显，结构性问题不断累积，全球性问题和风险激增。

（一）霸权与反霸权之间的矛盾日益尖锐

经济全球化一方面是社会生产力和科技进步的必然结果，另

一方面符合资本本性的内在要求，资本主义生产方式借机在全球扩展。由于西方国家特别是美国占尽经济和科技发展的优势，抢占了经济全球化的先机，从中获得了巨大的利益，其霸权主义扩张野心受到极大刺激。形式上的旧殖民主义已经解体，发达国家却借助经济全球化，利用经济发展的不平衡性，推行经济霸权，获取经济利益和主宰地位，通过不等价交换掠夺广大发展中国家的财富，用新的和更隐蔽的经济手段控制相对落后国家和地区的经济，推行“新经济殖民主义”。尤其是美国竭力想在经济全球化和各国经济的相互依存中为“新干涉主义”寻找依据，其他形形色色的大小霸权主义、强权政治和新经济殖民主义也试图在经济全球化进程中找到“合法干预”的新形式。在西方国家看来，只有经济的全球化是远远不够的，各国之间应在政治制度和社会治理上也实现全球化，而这种全球化必须以西方的价值观和政治制度为标准。正因为如此，亚洲金融危机后，以国家干预或指导的东亚模式和所谓“亚洲价值观”遭到西方国家的恶毒攻击和批判。一些人认为，如果这些亚洲国家不全面参加经济全球化而搞另外的替代方案，那么西方与这些国家的紧张关系势所难免，就会爆发真正的“文明的冲突”。可见，霸权主义的恶性膨胀与西方主导下的经济全球化密切相关，给许多国家特别是发展中国家带来新的威胁和挑战，从而加剧了美国与主张多样性和多极化国家之间的矛盾。这预示着21世纪的反霸斗争将更加艰巨复杂。

（二）南北矛盾突出，面临更严峻的挑战和更大的风险

经济全球化为发达国家开辟了更为广阔的追逐高额利润的空间，满足了资本内在的扩张冲动和对利润的追求。发展中国家总体上也将在经济全球化中得到发展，但由于发展中国家与发达国家在经济和科技实力上的差距过于悬殊，南北发展不平衡有可能会继续拉大，发展中国家中的贫困国家和人口都有所增加。同时，各国国内收入差距也在扩大。即使在美国也是如此：1%最

富有的美国人拥有全国财富的40%，而80%的美国人只占有全国财富的7%，这1%人口与中产阶级之间的平均财富差距超过20倍以上。[①] 发展中国家的不平衡也在加剧，发展中国家中20%最富有人口的收入比重不断增加，而20%贫困人口的收入比重却在不断下降。这种不平衡发展如长期得不到缓解，将对广大发展中国家构成新的威胁，潜伏着各种危机和矛盾。同时，发达国家内部由于在全球化进程中利益分配不均，反建制、反主流、反全球化的情绪不断上升，进而导致国内政治、社会孕育深层次变革。

（三）政治全球化激化了民族矛盾

经济全球化虽然有利于世界各国、各民族之间的交流与合作，但在国际经济政治旧秩序仍占主导地位的情况下，各民族经济发展水平存在较大差异。经济全球化发展同时带动了政治交流增多，政治全球化日益增强，而美国等西方国家利用全球化将自己的模式、意识形态和社会制度强加于其他国家，将西方文明强加到其他民族头上的做法，又加深了世界各民族的鸿沟，相互之间的防范、戒备乃至厌恶心理明显加重，阻碍了各民族之间的平等交流和相互学习借鉴。反对文化霸权，反对西方国家利用经济全球化操纵其他国家的政治图谋，反对利用经济全球化谋求世界霸主的斗争日益激烈。同时，经济全球化也使一些发展中国家更加贫困，从而加深了各国、各民族之间的矛盾，成为导致一些地区冲突和国内战争频仍的主要原因之一。冷战后局部动荡加剧的事实表明，各种形式的民族主义甚至恐怖主义正是在经济全球化条件下滋生和蔓延的。

（四）经济全球化使全球性问题日益突出

经济全球化在给人类带来巨大物质财富的同时，也加重了对

① “1%人占40%财富，两级分化动摇美国人逐梦信心”，《人民日报》2014年6月17日第3版。

环境的破坏，加剧了人类生存与自然的矛盾，使环境污染、能源危机变得更加突出。随着资本全球统治的加强和经济全球化暴露出越来越多的人类共同问题，女权运动、民主运动、反邪教和环境保护运动等将在全球范围内实现跨国性发展。大规模杀伤性武器扩散、国际恐怖主义、国际走私贩毒，国际经济金融领域的犯罪等也很有可能以经济全球化为载体在世界范围内扩散。“9·11”恐怖事件也正是借用全球化的发展，采取国际恐怖行动对一个国家发动攻击的典型事例。疾病的跨境传播也成为必须高度关注的安全问题。由于全球化在促进世界发展的同时，也带来许多消极的影响，引发新的矛盾，从而导致反全球化的呼声越来越高，反全球化示威浪潮声势浩大。召开全球或区域性重大国际会议的国家，几乎都成为反全球化的跨国示威地点，引起严重的暴力冲突。在某种程度上反全球化运动本身也在全球化，由此引发各种矛盾和冲突。

二、全球化改变了传统的国家安全观，经济安全的影响上升

传统国家安全的内涵是以军事安全为主，认为国家安全的主要威胁来自于外国的武力进攻，因此最大限度地发展自身军事力量，与对手保持相对平衡，甚至强于对手，是国家获得安全的最重要的前提和条件。冷战结束后，经济全球化和世界格局多极化发展趋势表明，国家安全的基础在于以经济实力为核心，包括政治、经济、军事、科技、文化等诸多要素在内的综合国力，而不是单纯的军事实力，经济安全被提到国家安全的中心位置。过去，一个国家扩展权力和获取利益的方式是将国家的统治权扩展到国外，攻城略地，明火执仗，用武力、用坚船利炮将他国纳入自己的殖民体系。现在，则是依靠经济和科技优势，通过提升全球经济竞争力，争取更大的世界市场份额，确保国家经济安全，

这已成为全球化时代世界各国的普遍共识。

全球化不仅使国家安全的内涵进一步扩大，也使安全各领域的关系更加密切和复杂，经济安全成为国家安全战略中不可分割的重要组成部分。在经济全球化中，世界经济已经构成一个有机的整体，任何国家都不能置之度外。随着国家利益的拓展，外部经济动荡、金融风波等不安全因素随时随地会对国家经济安全构成严重危害。一个国家的经济危机、金融动荡很可能迅速蔓延到全世界，扩大到政治、军事领域，导致政局动乱，牵动军事安全。1997年的东南亚金融危机使许多国家深受其害，遭受金融危机沉重打击的一些东南亚国家政局持续动荡、政府频繁更迭，使冷战后一直相对稳定的亚太安全形势急剧恶化。美国次贷危机引发的金融风暴席卷全球，对许多国家安全构成巨大冲击，社会动荡频发。大量事实充分证明，经济安全是在悄无声息中进行的较量，是在没有硝烟的战场上进行的看不见的战争。

全球化使维护国家安全的方式和途径更加多样。军事手段作为维护国家安全的最后手段仍十分有效，但经济、科技、金融等手段在维护国家安全中发挥着经常性、日益重要的作用。安全的多元化使一国安全越来越有赖于它所处地区和邻国的安全状态，因此，“合作安全”“普遍安全”成为实现国家安全的新途径。

全球化也对传统的国家主权原则提出严峻挑战。全球化的加速发展，使国际安全的整体性和相关性大大增强，任何国家在维护本国安全时，都必须同时考虑别国乃至整个国际社会的安全。一个国家的经济发展越来越不大可能建立在相关国家和地区落后的基础之上。一个国家在维护和追求本国利益时，必须兼顾别国的利益，甚至有时为了双方长远、更大的利益不得不牺牲部分本国利益。而与发展密切相关的生态环境问题更成为不能按国界来划分的国际性问题，这势必对原有的国家治理机制和权力带来一定的影响。

随着全球化进程的加快，各国在最大限度地实现自己的发展战略时，都有权享受全球化带来的利益，但也有义务遵守国际政治、经济体系中的一系列规则、惯例。国际社会中的每一个成员，都必须依据共同达成的协议，实现本国发展的最根本的利益。所以，全球化客观上已开始导致国家在国际体系中的地位、作用及主权范围等一系列新变化。应当看到，全球化是一个漫长的历史过程，主权国家作为当代国际关系主体的地位没有改变，国家与民族的利益在全球化过程中又会以新的形式和内容表现出来。以美国为首的西方国家近年来利用全球化对国家主权带来的冲击，大肆鼓吹“主权有限”“干预有理”“人权高于主权”等谬论，企图借此推行其霸权主义和强权政治。对此，我们必须保持高度的警觉。

三、全球化在推动世界物质生产和科技进步的同时，全面加深了西方国家主导的世界体系的内在危机

冷战后，经济全球化进程加速发展，对世界的影响日益扩大。全球化的实质是市场化，市场存在的盲目性与破坏性全球化同样存在并进一步放大。从本质上看，经济全球化仍然是资本主义经济关系在全球范围的扩张，它必然使资本主义制度难以克服的内在矛盾在全球范围内放大。表面上看，西方发达资本主义国家在全球化中更为繁荣，似乎全球化为现代资本主义制度注入了新的活力，但深入观察就不难发现，全球化明显加剧了西方国家主导的世界体系的内在矛盾，使整个人类社会面临着严峻的考验。

一是，西方国家个别企业的有组织性和整个社会生产的无政府状态的矛盾，个别国家和跨国公司生产的有组织性与世界范围生产的无政府状态的矛盾正在全球范围不断扩展。在国际金融市场上，金融集团的势力甚至远远超过一国政府的经济实力，可以

调动的资金数量足以打垮许多国家的政府。在信息网络极大加快国际间资金流速和改变流向的情况下，国际金融投机势头难以遏制，造成国际资本的大进大出，国际金融交易的大起大落，商品价格的暴涨暴跌，严重地扰乱了各国经济正常和健康运行。许多国家难以抵御国际投机资本的猛烈冲击，甚至造成长期积累的国民财富一夜之间被席卷而去，某些国家在一次金融危机中出现经济倒退几十年的惨痛后果。美国次贷危机充分反映西方发达国家金融机构的贪婪和破坏力。

二是，经济全球化使资本主义建立在私有制和私有观念基础上的弱肉强食的“丛林法则”，以表面上更为“文明”的形式得以继续推进。发达国家是经济全球化的主要推动者，它们决定着国际分工体系、贸易关系、利益分配、国际机制等。少数发达国家凭借其所拥有的经济优势地位和对高新技术及知识经济的控制和垄断，在全球经济交往中进行更大规模的不等价交换，大肆掠夺广大发展中国家的资源和财富，使本国成为经济全球化中的主要获益者，使资本对劳动的掠夺程度进一步加剧。

三是，经济全球化所形成的经济利益分配格局，使财富在一头积累而贫困在另一头积累的资本主义固有现象有继续扩大之势。根据美国波士顿咨询公司 2016 年 6 月发布的报告，全球有大约 1850 万户百万富翁以上即资产超过 1000 万美元的家庭，人数仅占世界总人口的 1%，但他们的总资产达 78.8 万亿美元，相当于全球财富（包括现金、金融资产、股票，不含房地产）的 47%。该报告还指出，这 1% 人口所持财富仍在稳步增长。[①] 这反映出，世界贫富差距日益悬殊，富人越来越富，穷人越来越穷。根本原因就在于，伴随经济全球化加速推进，一

① “美国调查显示全球 1% 人口拥有世界近半财富”，新华网，http：//www.xinhuahet. com/world/2016 -06/10/C_ 129049549. htm。

些消极因素也在迅速增长，许多弱势群体在经济全球化中非但没有得到利益，反而失去了自己的利益。他们反对经济全球化中的不平等，反对西方国家利用经济全球化攫取发展中国家的经济利益和掠夺他们的权利。

由此可见，全球化一方面使全人类的物质财富在联系越来越紧密、统一性越来越高的生产过程中大量流动，使从事全球性生产的物质技术手段和经济组织体系日臻完备。另一方面又在更大范围内和更深层次上加剧了西方国家主导的世界体系的固有矛盾，使现代生产力与现存生产关系和政治上层建筑不相适应的状况日趋恶化，全球化无序发展与全球治理机制缺位的矛盾日益加剧，从而为改变旧的国际经济政治秩序、建立公正合理的国际经济政治新秩序的历史变革准备了条件。

第三节　全球化与逆全球化

近年来，以 2016 年英国脱欧、美国特朗普当选为标志，欧美国家掀起了一股逆全球化浪潮。全球化何去何从，成为当前最为热门的问题之一。事实上，全球化从来都是在波折中演进的。比如 1929 年至 1933 年的大萧条所引发的极端贸易保护主义和贸易大战、20 世纪 70 年代石油危机、2001 年“9・11”事件等均中断或延缓了全球化。其根本原因在于，全球化作为一个历史进程充满着矛盾与冲突。首先，经济全球化通过在全球范围内优化资源配置，促进了全球经济发展，同时也导致不同国家、不同群体在经济全球化过程中获利不均，贫富差距不断拉大，招致利益受损群体的不满。其次，全球化不仅局限于经济领域，还有政治、社会、文化等领域。全球化在促进经济发展的同时，也给政治、社会和文化领域带来了广泛而深刻的影响，如社会分裂、文化冲突、移民等。如果全球化的这些矛盾和负面影响得不到足够的重视、有效的控制和解决，势必致使矛盾激化，进而导致逆全球化的出现。

一、当前逆全球化的主要表现

自2008年全球金融危机以来，全球范围内特别是欧美国家普遍出现了强烈的逆全球化。主要表现有：

（一）贸易与投资保护主义盛行

受2008年金融危机的影响，各国经济增速明显放缓，特别是欧美等资本主义中心地带受到重创。从1980年到2007年，世界国内生产总值增长约145%，即每年平均增长约3.4%。2008年至2015年，世界平均国内生产总值增长下降为2.19%。[①] 为了尽可能降低经济危机的冲击，部分国家贸易保护主义明显抬头，反倾销反补贴调查案件急剧上升。其中以美国最为典型和极端。作为全球第一大经济体的美国，2008年至2016年对其他国家采取贸易保护措施多达600余项，仅2015年一年就采取了90项，位居各国之首。[②] 此外，奥巴马政府执政期间，频繁动用“一般301条款”“特别301条款”“超级301条款”等贸易保护措施，限制他国企业和产品进入美国。

特朗普政府上台后，毫不掩饰地实施极端的贸易单边主义政策，以减少贸易逆差、促进投资和保护就业。据英国经济政策研究中心（CEPR）数据显示，仅2018年第一季度特朗普政府就实

---

① “GDP Growth (annual %)”, World Bank National Accounts Data and OECD National Accounts Data Files. http://data. Worldbank. org/indicator/NY. GDP. MKTP. KD. ZG.

② “保护主义抬头阻碍国际贸易增长”，人民网，http://finamce. people. com. cn/n1/2016/0808/C1004－28617539. html。

施了37项贸易保护主义措施,[1] 同时为了弱化WTO争端解决机制的约束力，白宫已于2018年7月初起草了“美国公平与互惠法案”草案，核心主要有两点，一是最惠国待遇原则不再遵守WTO约定，二是美国将自行制定约束性税率，即总统可以单方面加税。该草案一旦通过，即意味着美国事实上退出WTO。进入2018年，美国正式打响贸易战。1月，美国对进口太阳能板和洗衣机征收惩罚性关税，最高可达50%。3月对进口钢铁和铝分别征收25%和10%的关税。4月，特朗普指示商务部以“国家安全”的名义对进入美国的钢铁开展“232调查”，5月美国国际贸易委员会对中国出口美国的碳钢和合金钢发起调查。为了限制中国贸易，甚至不惜使用非常规的单边制裁手段，打着维护美国经济安全的幌子对华发起20多年来已经很少动用的“301调查”。2018年7月，对500亿美元的中国产品加征25%的关税。特朗普还表示，如果中美不能达成协议，征收惩罚性关税范围可能扩大到从中国进口的2000亿美元商品。

（二）经济一体化进程严重受阻

近年来，金融危机和难民危机对欧盟的一体化政策产生了重大冲击。在本身经济不景气、就业低下的背景下，面对来势汹涌的难民潮，欧盟有心无力，成员国之间各行其是，相互推诿，有的阳奉阴违，有的强烈抵制，使欧盟一体化典范、全球化先锋的形象大打折扣。

欧盟一体化受挫的标志性事件是英国脱欧。2016年6月24日，英国就是否脱离欧盟举行全民公投，最终同意脱欧的人数占51.89%，宣告一体化政策在与民族主义的拉锯战中败下阵来。英国脱欧派人士打出的一大口号就是要“重新夺回主权”和“夺

---

① 张宇燕、冯维江：“如何理解中美贸易摩擦”，光明网，http://news.gmw.cn/2018-04/24/content_28460116.html。

回边境控制权”。作为全球第五大经济体、欧盟第二大经济体和预算贡献大国，英国的离开对欧洲一体化进程来说是一个重大打击。欧亚集团总裁伊恩·布雷默（Ian Bremmer）认为，英国脱欧引发了对欧盟发展方向、凝聚力和未来的质疑，其震撼力堪比“9·11”恐怖袭击对美国的影响。[①] 英国《卫报》2016 年 7 月 28 日发文称，即使英国脱欧并不意味着欧洲或全球经济的解体，它也是一个重要的标志，表明我们所熟悉的全球化时代已经结束。[②] 这对欧洲一体化和全球化进程的影响是极其深远的。而在大西洋彼岸的美国，特朗普政府将逆全球化推向新的高度。特朗普在就职后的第三天立刻签署退出“跨太平洋伙伴关系协议”（TPP）的总统令，不仅是对奥巴马政府耗时五年推动贸易全球化和贸易自由化努力的全面否定，同时也是美国在国家层面发展区域一体化框架下的贸易与投资全球化的一个重大转向。特朗普在否决 TPP 协定的同时，还表示 1994 年签署的《北美自由贸易协定》（NAFTA）要重新谈判。

（三）民粹主义和右翼保守势力崛起

欧美等国民粹势力不断上升是逆全球化的又一重要表现。冷战结束后，世界范围内的逆全球化民粹主义主要出现在阿根廷、委内瑞拉等拉美国家。与过去不同，此次政治上的右翼保守势力主要出现在欧美等发达国家。

在经济危机和难民危机的双重影响下，欧美国家的民粹主义、保守主义明显上升。英国极右翼政党独立党，高举反欧盟、反移民大旗，号称要“夺回控制权”，是英国脱欧的重要推手。法国极右翼政党“国民阵线”扬言“在脱欧问题上，法国比英国

---

① 陈思伟：“英国脱欧对国际战略格局的影响”，中国经济网，http：//views. ce. cn/View/ent/201607/25/t20160725_ 14114301. shtml。

② “经济全球化进程仍将持续”，东方财富网，http：//finance. eastmoney. com/news/1371，20160922666122736. html。

多一千个理由”，其领导人勒庞指责全球化为威胁法国的“极权主义”，声称“要把法国从欧洲控制和世界主义中拯救出来”。2007年法国大选时，“国民阵线”的支持率仅为4.3%；到了2017年，其支持率达到惊人的26%，这是该党有史以来获得的最高支持率[①]。德国右翼政党选择党主张排外、退欧、反主流，抨击总理默克尔的难民政策“卖国”，宣布要重新选择德国的未来，该党已成为柏林议会的第三大党派。荷兰自由党在2017年3月15日进行的选举中，赢得19个众议院席位，仅次于执政党自民党的31席。自由党领导人维尔德斯的竞选口号是“把荷兰还给荷兰人”，这一反伊斯兰、反移民、反欧盟的民粹主义政党给欧洲政治生态带来了新的挑战。意大利“五星运动”党、丹麦人民党、瑞典民主党也吸引了大量选民。中东欧的波兰、匈牙利等国家更是成为极右翼的主要阵地。

二、逆全球化高涨的根源

分析逆全球化的根源，有必要探究新一轮全球化迅猛发展的原因。通过分析全球化的概念、动力、进程和影响可以看出，新一轮全球化的影响之所以能够远超过前两轮全球化，原因除了在经济领域带来的巨大变革外，还以前所未有的广度和深度渗透到政治、社会和文化领域，进而大幅推动多个领域全球化的发展，这些领域相互影响、相互促进、相互制约，进而形成迅猛发展的全球化历史潮流。因此，可以从经济、社会和政治三个层面分析逆全球化高涨的根源。

（一）经济层面的原因

简而言之，就是不同国家、不同群体在全球化进程中利益分

---

① “民调显示：法极右翼侯选人在大选首轮支持率最高”，中国新闻网，http：//www.chinanews.gj/2017/02－24/815811.shtml。

配严重不均，贫富差距进一步加大。在国家层面上，2017 年，美国彼得森国际经济研究所（PIIE）深入分析了 2008—2016 年全球金融危机恢复阶段全球 100 强企业分布的变化，发现西方发达国家如德国、法国、英国、加拿大等进入全球 100 强的企业数量不同程度地减少，英法分别从 10 家减为 3 家、9 家减为 4 家，德国从 8 家减为 7 家，加拿大由 4 家减为 3 家。而中国进入 100 强的企业数量则从 2008 年的 6 家增加到 2016 年的 15 家，美国从 29 家增至 39 家，日本和韩国各增加 1 家。这表明，东亚国家和美国在全球化中的发展超过欧洲国家。[①] 在企业层面上，跨国大公司明显在全球化进程中获益最大。沃尔玛、壳牌石油、埃克森美孚、英国 BP、德国大众、日本丰田、佳能、苹果、三星、伯克希尔·哈撒韦等十家全球营收额最大的公司营收总额高达 29667 亿美元，分别超过了法国和英国等大国的国内生产总值。而 2015 年美国前 50 家大公司持有现金 1.5 万亿美元，相当于当时中国外汇储备的一半。[②] 由此可以看出，全球化导致跨国大公司的迅猛发展。在群体层面上，欧盟以制造业为例进行过一项研究，以 1995 年的资本、高技术劳动力、中等技术劳动力和低技术劳动力所占增加值构成与 2008 年相比较，结果发现，增加值在不同生产要素和劳动者之间的分配变化严重失衡，资本增加值提高了 6.5%，高技术劳动力提高了 1.5%，中等技术劳动力下降了 4.2%，低技术劳动力下降了 3.8%。[③] 由此可以看出，资本家和大财阀是新一轮全球化的最大赢家，高技术劳动力收益有所增长，而中等技术与低技术劳动力则不仅没有在全球化中获利，反

① 余南平："当下反全球化思潮的辨析与展望"，《欧洲研究》2017 年第 4 期，第 140 页。

② 同上。

③ Joao Amador and Filippo di Mauro，"The Age of Global Value Chains：Maps and Policy Issues"，https：//www. Esri. ie/pubs/JACB201530. pdf.

而出现了下降，成为全球化最大的输家。国家、企业和群体在全球化进程中获益不同很大程度上决定了其对全球化的态度。

（二）社会层面的原因

随着经济全球化的发展，各国居民也不断被整合进入全球单一社会。不同群体由于宗教信仰、意识形态、政治文化、受教育程度以及在全球化中获益不同，对全球化的态度也着有明显的差别。比如，工人阶级和低技能劳动者倾向于认为全球化是一种威胁；而受过高等教育且在全球化进程中获利的群体则坚决拥护全球化；保守主义者和传统主义者则对全球化保持警惕等。冷战结束后，福山在《历史的终结》一书中提到，自由贸易和全球投资带动的新一轮全球化，使我们全然忽视和淡忘了民族、文化、宗教等宏大议题本身所具有的内在张力和潜在的对抗元素。事实上，这些内在张力和潜在的对抗元素从来就没有消失，而是在全球化进程中不断积蓄力量，时隔 20 年后再次浮出水面。美国记者丹·桑切斯（Dan Sanchez）曾对特朗普前顾问班农有过这样的描述："班农认为历史是循环运行的，每个周期大约持续 80 年，而每个周期都有四个阶段（笔者注：和季节一样）。美国当前正处于第四个阶段或冬季，2008 年金融危机标志着这一阶段的开始。它意味着一次规模性战争，其规模不会小于二战，而这场战争目前正处在反伊斯兰法西斯主义全球战争的开始阶段……回顾犹太—基督西方反伊斯兰教的漫长历史，我相信我们的祖先坚持住了立场，把它抵挡在这个世界之外。"[①] 由此可以大致看出班农的历史观，即世界体系是零和的、对抗的、冲突的，不同群体之间的利益不可调和。特朗普执政以来的种种举措，从"禁穆令"、修建隔离墙到极端的贸易保护主义，均可以看到这一历史观的痕

---

① Dan Sanchez, "Steve Bannon Believes Winter Is Coming", Foundation for Economic Education, http://fee.org/articles/steve-bannon-believes-winter-is-coming/.

迹。根据这一逻辑可以料想其对全球化的态度。有学者指出，“在美国、欧洲逐渐显现的民粹主义甚至种族主义的政治意识形态与社会运动中发现了反全球化的思维模式和意识形态端倪，并将当下社会意识层面的反全球化观念总结为由于宗教分歧与生活习惯将全球社会垂直割裂，而文明碰撞与经济竞争将全球社会横向割裂，全球社会意识形态再次从共识中分裂，并以自我理解的文明为基础进行碎片化后的再整合，甚至以冲突方式寻求矛盾的解决。”①

（三）政治层面的原因

政治层面的逆全球化，主要取决于全球大国和全球化主要参与国及其领导人对全球化、国际合作和全球治理态度的变化。当前的反全球化浪潮中，无论是欧洲还是美国，一个突出的现象是长期以来奉行自由主义的建制派和“政治正确”遭到冷遇，甚至成为嘲讽的对象，而保卫自身传统生活方式和文化价值观的保守政治理论明显上升。其中以特朗普最为直白，更具代表性。2015年，特朗普在《让美国再次伟大》（Great Again：How to Fix Our Crippled America）中不仅猛烈地抨击了伊核协议，而且对伊斯兰极端主义表达了强烈的开战决心。前顾问班农、前国家安全事务助理弗林、副总统彭斯等特朗普政府中的多名高官均显示出了大致相同或相近的政治立场和价值观，基本目标就是清除过去自由主义与建制派在全球化问题上所犯下的“错误”，保卫西方文明。其理论基础大致可追溯到亨廷顿的“文明的冲突”，相信文明的冲突与竞争是天然存在的，是制度、文化、习惯、传统和宗教的对抗。特朗普上台后退出多个多边贸易机制以及《巴黎气候变化协定》、伊核协定，对国际治理兴趣寥寥，均可从此找到渊源。

① 余南平：“当下反全球化思潮的辨析与展望”，《欧洲研究》2017 年第 4 期，第 145—146 页。

法国的“国民阵线”、德国的选择党、意大利的“五星运动”党、澳大利亚的单一民族党、新西兰的优先党、奥地利的自由党等，都带有浓厚的右翼民粹主义色彩和反移民倾向。近年来这些政党不断壮大，既是逆全球化运动的重要背景和直接原因，反过来又进一步推动了逆全球化的不断高涨。

三、全球化的未来发展

通过上述分析，不难看出，当前逆全球化的高涨，深层次原因不仅是利益分配不均，还有着宗教、文化和意识形态等方面的原因。长期以来，全球化主要是在经济的推动下按照经济逻辑运行的，经济主导了全球化，政治、社会等因素处于边缘化的地位。当今反全球化思潮的出现是世界主要是西方国家对第三轮全球化的一次“集体反思”。

著名全球化学者拉尔夫·达伦多夫早在 1998 年就对全球化及其可能的影响进行了深入的分析，并提出颇有见地和预见性的看法。“信息革命把人类居住的整个世界变成现实的空间。从电话经过电子计算机到国际互联网的发展道路消除了人们的空间界限，这是以前的任何技术发展所无法实现的。”① 他强调，除了技术因素以外，80 年代以来各国普遍实行的新自由主义政策（放松控制、私有化、自由化）是推进全球化的前提条件。“新的技术能力首先是在一种广泛流行的放松控制的气氛中实现的。”这种情绪在大国中，首先是在美国、英国这些国家中渗透，但是远远超出了这个范围。在这种条件下，世界经济发生了巨大变化。“在 90 年代经济发展不再是少数几个国家的事情。它实际上已经

① 拉尔夫·达伦多夫：“论全球化”，载乌尔利希·贝克主编：《世界社会的前景》，美因河畔法兰克福：祖尔卡姆出版社 1998 年版，第 41 页。转引自张世鹏：“什么是全球化?”，《国际政治》2000 年第 5 期。

成为全球性的事业。”①

达伦多夫不同意人们对于全球化的片面认识，“全球化概念不仅被人们（错误地）想象为一条单行道的路线，而且还是一条以同样的方式涉及所有方面、所有的人、所有企业、所有国家的道路。全球化看起来确实像是一个伟大的平均主义者。然而这是一个轻率又危险的错误”。② “全球化是具有极限的。它既有区域上的，也有经济和社会方面的极限。”首先，并不是世界上所有国家都参与了经济全球化，事实上仅仅是“为数不多的几个公司企业在整个世界进行活动”。③ 其次，达伦多夫认为，并不是所有领域都应该全球化和市场化。例如国家对于法律和秩序、对于福利、对于教育、对于税收的行政管理，还有服务业的某些领域，某些生产部门，某些区域性经济空间都应该摆脱全球化的压力。“总之有一个全球化的限度问题，无论如何全球化不是未来经济与社会的唯一重要的因素。”④ 当今，逆全球化的出现，恰恰是全球化的发展超出了应有的限度，经济与竞争的逻辑过度地影响甚至是主宰了社会、国家和世界，而政治、社会、宗教和意识形态因素则没有得到应有的重视。

就全球化的未来而言，一方面，全球化不可能停滞或倒退。作为全球化重要推动力的技术创新和经济因素将维护和推动全球

---

① 拉尔夫·达伦多夫：“论全球化”，载乌尔利希·贝克主编：《世界社会的前景》，美因河畔法兰克福：祖尔卡姆出版社 1998 年版，第 44 页。转引自张世鹏：“什么是全球化?”，《国际政治》2000 年第 5 期。

② 拉尔夫·达伦多夫：“论全球化”，载乌尔利希·贝克主编：《世界社会的前景》，美因河畔法兰克福：祖尔卡姆出版社 1998 年版，第 53 页。转引自张世鹏：“什么是全球化?”，《国际政治》2000 年第 5 期。

③ 拉尔夫·达伦多夫：“论全球化”，载乌尔利希·贝克主编：《世界社会的前景》，美因河畔法兰克福：祖尔卡姆出版社 1998 年版，第 44 页。转引自张世鹏：“什么是全球化?”，《国际政治》2000 年第 5 期。

④ 拉尔夫·达伦多夫：“论全球化”，载乌尔利希·贝克主编：《世界社会的前景》，美因河畔法兰克福：祖尔卡姆出版社 1998 年版，第 45 页。转引自张世鹏：“什么是全球化?”，《国际政治》2000 年第 5 期。

化继续向前发展，即使是一时遭受挫折。这是不以人的意志为转移的历史潮流。事实上，问题不在于全球化本身，而在于如何管理这个进程，全球化的规则需要重写。另一方面，全球化的发展路径将发生改变，未来的全球化与过去的全球化可能会有所不同。即全球化受到更多的限度和约束。经济和技术因素在全球化中的主导性影响力将下降，而政治、社会、文化、宗教等因素则给予更多的重视，在全球化进程中发挥更大的作用。简而言之，全球化只是人类社会发展的方式和途径，必须服务于人类社会和人的发展这个最终目的，而不是任其按照经济和资本的逻辑肆意发展。更加合理地分配全球化进程所带来的利益、更好地把握经济发展与政治、社会、文化发展之间的平衡，无疑是未来全球化进程中必须妥善处理和解决的问题。就国家而言，全球化历来是机遇与挑战并存。既不存在完全的机遇，也不存在完全的挑战。机遇的大小固然与国家的经济、科技实力成正相关关系，但更重要的还是取决于国家的政策。

第四章

信息化：概念、影响与趋势

近年来，随着信息革命的深入推进，人类社会信息化发展进入新阶段。社会信息化已经与国际多极化与经济全球化一道成为当今世界的三大主流趋势之一。相对于多极化和全球化，信息化更为基础和根本，对经济、社会、政治、军事的影响也更为深刻，它从根本上改变了经济形态、社会形态、政治形态以及战争形态。从这个意义上讲，信息化是全球化的基础，没有信息化就不可能有真实意义上的全球化。信息化作为一种新的技术形态和社会形态，其发展必将对国家实力、国际力量对比、国际关系以及国际战略竞争带来广泛而深远的影响。

第一节　信息、信息化与信息社会

信息化起源于技术并由技术推动，以信息社会的形成为方向和目标。因此，信息、信息化和信息社会是三个相互联系、相互作用、相互影响的概念。为了深入、全面地理解信息化，有必要对信息和信息社会进行全面的认识。

一、信息

目前，国内外在如何定义信息的问题上还存在着明显的分歧。比较有代表性的是美国数学家、信息论的创始人香农1948年在《通信的数学理论》论文中所给出的定义，即信息是用来消除随机、不确定性的东西。美国数学家、控制论的创始人维纳则指出，信息就是信息，既不是物质，也不是能量①，是人类社会的三大资源之一。虽然两人并没有直接给出信息的完整定义，但从根本上点明了信息的特点、作用和性质。《军事大辞海》对信息的定义是由事物发出的信号、消息，它可以使人们获得知识，认识世界和改造世界。② 虽然不同的学者对信息的定义有所不同，但不难看出分歧大多源于研究角度的不同。为此，似乎可以这样定义信息：信息是事物运动时发出的信号和带来的消息，是事物存在方式和运动规律的一种表现形式。这里，“事物”泛指一切可能的研究对象，既包括客观世界的物质现象，又包括主观世界的精神现象。“运动”则泛指一切意义上的变化，如机械运动、化学运动、思维运动和社会运动。信息普遍存在于自然界、社会界以及人的思维之中，是客观事物本质特征的反映。

普遍来说，信息具有以下特点：一是传递性。即信息可以传递，并且在传递中必须通过特定的载体。如语言、文字、声音、图像以及视频都是信息的载体，用来承载语言、文字、声音、图像等的物质也是信息的载体。如阅读报纸，报纸上的文字与报纸一样都是信息的载体。二是共享性。这是信息与物质和能量的重要区别。信息在使用、分享的过程中，不会产生损耗，不会因为

---

① Norbert Wiener, *Cybemetics or Control and Communication in the Animal and the Machince*, New York. John and Sons, 1948.

② 《军事大辞海》（下），北京：长城出版社2000年版，第2220页。

传播距离的远近而发生变化，可以广泛地传播和扩散，使更多的人共享。信息不会因为与他人分享而减少。正如一位哲人所说的，你有一个苹果，我有一个苹果，交换后我还是有一个苹果；你有一个思想，我有一个思想，交换后我就有了两个思想。信息同思想一样。三是可处理性。语言、文字、图像等形式的信息可以加工、存储和传递，特别是经过过滤、分析、综合和提炼后的信息可以增加信息的使用价值。在当今信息层出不穷的时代，从海量的、相互冲突的信息中挑选出有用的信息是人们面临的重要挑战。四是时效性。指的是信息仅在一定时间内对决策有价值。通常在合适的时间、合适的地点为合适的主体提供合适的信息才是有价值的，否则信息的价值就会大打折扣，甚至没有价值。信息的时效性在很大程度上制约着决策的客观效果，就是说同一信息在不同的时间在价值上具有很大的差异。五是可转换性。信息可以在不同的表现形式之间进行转换，声音信息和文字信息可以转换成光电信息、图形图像信息可以转换成文字信息、普通的文字和图像信息也可以转换成加密的代码信息，等等。

二、信息化

一般认为，“信息化”的概念最早于 20 世纪 60 年代末出现于日本，并作为此后相当一个时期内日本政府的重要政策内容。这主要基于当时日本学术界和产业界以下两方面的认识：一是发达国家经济已开始由以实物生产为核心的工业社会向以知识的获取和出售为主要内容的信息社会转变，这一转变将对劳动者的生存状态产生深刻影响。二是 20 世纪 70 年代初的石油危机使日本作为资源稀缺国发展重工业经济面临重大而深刻的挑战，而信息化适应了这一时期日本实现产业结构转型的需要。后美国“国家信息基础设施”（NII）以及“全球信息基础设施”（GII）计划，又将信息化研究的重点导向技术层面的探讨。1997 年，我国召开首届全国信息化工作会议，明确提出，“在农业、工业、科学技术、国防及社会生活各个方面应用现代信息技术，深入开发、广泛利用信息资源，加速实现国家现代化进程”。①

同信息一样，目前信息化在国际上同样没有统一的定义。日本社会学者梅棹关夫1963年在《信息产业论》中提出，信息化是由工业社会向信息社会演进的动态发展过程，信息社会是信息产业高度发达并且在产业结构中占据优势的社会。1998年，联合国发表的《知识社会》对信息化的表述是：信息化既是一个技术的进程，又是一个社会的进程。它要求在产品或服务的生产过程中实现管理流程、组织机构、生产技能以及生产工具的变革。依据我国《2006—2020年国家信息化发展战略》，信息化是充分利用信息技术，开发利用信息资源，促进信息交流和知识共享，提高经济增长质量，推动经济社会发展转型的历史进程。《科学发展观百科辞典》则将其定义为培育、发展以智能化工具为代表的新的生产力并使之造福于社会的历史过程。

信息化作为一个由工业社会向信息社会转变的历史进程，不仅涉及技术，而且涉及经济、社会等其他领域，在这一点上国内外存在普遍共识。信息化可以从三个层面来理解。第一个层面是信息技术的快速发展。这是信息化建设的基础和前提。第二个层面是信息资源的开发和利用。这是信息化建设的关键。第三个层面是经济社会的发展转型。这是信息化的方向。三个层面相互促进，相互支撑，共同发展。因此，信息化可以理解为信息技术迅速发展并在经济、社会各个领域广泛深入应用，由此带来人类社会由工业社会向信息社会转变的过程。由此，信息化是一个过程，而不是一个固定的目标状态。当前，国内外普遍认为信息社

① 孙柏林：“‘信息化’及相关概念探究”，《新时代国防》2008年第5期，第12页。

会是信息化的目标和方向，我们可以大致想象信息社会的基本特征，但还难以预测信息社会有没有最终状态以及最终状态是什么。信息化包括信息网络、信息资源、信息技术、信息产业、信息法规环境与信息人才等六大要素。三个层面六大要素的相互作用过程构成了信息化的全部内容。

信息化体现了现代社会生产方式和生活方式由传统模式向网络化生存模式的重大转变，它促进了“知识共享”，加快了技术创新的速度。这种转变直接推动制造业从过去的手工制造、机械化制造、自动化制造，发展成为融设计、生产、组装与销售为一体的全数字化制造。一般来说，信息化主要具有以下特征：一是信息化不仅反映了信息技术自身发展的水平，而且反映了信息技术与其他科学技术渗透融合、引领高新技术在社会各领域广泛应用的发展过程。其发展对国家和世界社会、经济、政治、文化、日常生活等各个层面产生了深刻影响，表现出了强大的渗透性。二是信息化发展的基本目标就是要让每个社会成员都有权利、有能力享用信息化发展的成果，从而彻底改变社会诸群体、阶层及族裔的生存状态。因此，信息化又具有服务的平等性和普遍性。三是信息化的发展促使人类生存空间的网络化，形成了基于物质载体之上的社会、政治、经济和生活形态的网络化互动关系。虚拟社会与现实社会同时存在。四是信息化的发展大大加快了各主体之间的信息交流和知识传播的速度和效率，表现为国家人口素质、知识水平的普遍提高。当然也使社会治理面临更大的挑战。五是信息化发展的目标是实现生产方式和生活方式的数字化，包括以数字企业为核心的数字化制造、以数字政府为主的数字化政务以及数字化生活和数字化教育。因此信息化又具有数字化和网络化的特征。

自 20 世纪 90 年代以来，新一轮信息化之所以迅猛发展，主要源于以下因素的推动。一是技术发展的内在推动。信息技术和信息产业的迅猛发展为信息化奠定了物质技术基础。自世界第一台电子计算机诞生以来，信息技术以前所未有的速度发展，特别是电脑、智能机、卫星通信、光纤通信、互联网、大数据、人工智能等技术的突破和推广应用，推动信息技术乃至整个技术体系发生了深刻变化。信息技术的进步在全世界范围内导致信息生产、流通和消费的急剧扩展，推动全球的信息化进程。二是各国政府的高度重视。信息技术的快速发展，使人类更全面、准确、及时地认识世界、改造世界成为可能，也使人类看到了信息化的无限潜力。信息化水平已成为影响甚至决定国家竞争力和综合国力的核心要素，各国政府普遍对此高度重视，如美国早在 1993 年就正式推出了“国家信息基础设施计划”，又称“信息高速公路”计划，由此在信息化领域获得先发优势。在美国的刺激和带动下，各国政府以空前的积极姿态直接全面地介入信息化进程，进而将全球信息化推向前所未有的高度。三是相关理论的推动。自 20 世纪 60 年代以来，全世界有关信息化革命的理论和学说层出不穷。1962 年，美国的马克鲁普将教育、研发、通讯、信息设备和信息服务五大类 30 多个部门定义为知识产业，并度量了它们的产值，证明了信息产业的独立存在及其在经济增长中的作用。1977 年，M. 波拉特出版了九卷本巨著《信息经济：定义和测度》，首次提出了“四产业划分法”，将整个国民经济划分为农业、工业、服务业和信息业，在此基础上提出一整套度量信息经济的方法，并进行了实际测算，发现美国的信息业发展速度大大超过了农业、工业和服务业，为信息社会的到来奠定了坚实的理论基础。未来学的研究对各国制定加速信息业发展的政策起了重大的作用，主要有：1972 年罗马俱乐部的《增长的极限》、1973 年美国贝尔的《后工业社会的到来》、1980 年托夫勒的《第三次浪潮》、1983 年美国保尔·霍肯的《未来的经济》、1982 年美国约翰·奈斯比特的《大趋势：改变我们生活的十个新方向》、

1983 年英国斯托尼尔的《信息——简论后工业经济》等。这些理论研究是信息化发展的产物，但它们的出现反过来又推动了信息化发展不断跃上新的台阶。

三、信息社会

信息社会又称信息化社会、知识社会、网络社会、虚拟社会、后工业社会等，是大规模生产和使用信息和知识、以知识经济为主导的社会。它是相对于农业社会、工业社会而言的一种新的社会形态。通过对比农业社会和工业社会两种社会形态，我们可以更好地理解信息社会的特点和实质。

农业社会是一种自给自足的自然经济形态，以满足自身的生存和生活需要而非以市场交换为目的，以畜力和人力等自然力为能量，以种植和养殖为主要生产活动。农业生产率主要取决于人的体力、技能和熟练程度，依靠向土地的投入获得回报。就发展方式而言，生产力的提升、剩余产品的增加，主要来自生产过程中劳动与土地数量的增加，以及土地的质量，气候、天气等因素。在生产关系上，农民通过租用地主的土地，基于地缘关系、血缘关系和婚姻关系开展活动。在社会组织结构方面形成了以家庭、家族和地域为基础、以地主阶层为媒介、以皇权为核心的金字塔型结构。

工业社会则主要依靠资本和机器，以使用自然资源生产工业产品，以市场交换和满足市场多方面的需求为主要生产目的。机器取代了人力和畜力成为主要的生产工具。就发展方式而言，生产力提升的主要推动力是能源革命和大机器的使用。人们不断开发和引进新能源，创造和使用各种新机器，大规模、批量化地生产标准化产品，以满足不断增长的市场需要。在工业社会，出于大规模生产和交易的需要，城市逐步形成，商业和服务业日益发达。在生产关系方面，人们从封建社会的人身依附关系中解脱出来，获得了人身自由，但无法摆脱和资本家之间的经济依附关系。

信息社会建立在信息技术之上，通过信息创新、共享、传播和使用，大幅提高知识生产率和生产力水平。正如卡斯特所指出的，“在新的信息发展方式中，生产力的来源在于产生知识、信息处理与沟通的技术。知识与信息无疑是一切发展方式的关键因素，因为生产过程总是奠基于某个水准的知识以及信息处理过程之一。然而，信息发展方式的特殊之处在于，针对知识本身的知识行动，就是生产力的主要来源。信息处理便集中于提高信息处理的技术，以此作为生产力的来源，达致技术的知识根源，以及应用技术来促进知识生产和信息处理这两方彼此互动的良性循环。”① 在生产力的构成要素上，脑力劳动者、智能工具和数字化信息是信息社会区别于其他社会形态的本质特征。

在信息社会的发展和形成过程中，互联网的出现和发展具有举足轻重的意义，或者说是互联网重新定义了信息化。如果没有互联网的普及和应用，就不会释放出信息和数据的流动性，促进信息、数据在跨组织、跨地域的广泛分享，信息化的效益就难以体现，信息只能是相互孤立的“原始村落”。互联网天然具备全球开放、平等、透明等特性，使得信息、数据在工业社会中被压抑的巨大潜力爆发出来，转化成巨大的生产力，成为社会财富增长的新源泉，是迄今为止人类所看到的信息处理成本最低的基础设施。

当今，信息社会还在形成过程中，信息社会的本质特征到底是什么尚没有清楚的认识，并且既有的认识会随着技术和社会形态的发展而不断深化。当前，社会学家、经济学家普遍认为，信

① 曼纽尔·卡斯特著，夏铸九、王志弘等译：《网络社会的崛起》，北京：社会科学文献出版社 2003 年版，第 20—21 页。

息社会是以信息为标志，以信息技术为基础，以信息产业为支柱产业的社会。其主要特点大致包括：一是在信息社会中起主要作用的不再是资本，而是信息和知识，信息和知识成为比物资和能源更重要的资源，成为社会发展的基本动力。二是信息、知识、智力及其物化（信息技术与产品）成为社会生产力发展的核心经济要素。三是借助信息技术，信息产业发展成为高附加值的新兴产业，并成为支撑知识经济的主导产业和基础产业。四是知识与信息渗透到经济、社会的各个领域，人类的社会活动实现电子化、数字化、网络化、智能化从而改变人类的生产和生活方式。所以，人们又把信息社会的到来，称之为改变人类社会的信息革命。

正如习主席所指出的，从社会发展史看，人类经历了农业革命、工业革命，正在经历信息革命。农业革命增强了人类生存能力，使人类从采食捕猎走向栽种畜养，从野蛮时代走向文明社会。工业革命拓展了人类的体力，以机器取代了人力，以大规模工厂化生产取代了个体工场手工生产。而信息革命则增强了人类脑力，带来生产力又一次质的飞跃，对国际政治、经济、文化、社会、生态、军事等领域发展产生了深刻影响。[①]

第二节　新一轮信息化浪潮的趋势和特点

当前，信息技术的大规模渗透应用促使人类生产、生活方式加速变革，新信息技术成为经济转型升级的重要驱动力和全球新一轮产业竞争的制高点，全球信息化正不断向纵深推进。当前及

① 习近平：《在网络安全和信息化工作座谈会上的讲话》，北京：人民出版社2016年版，第2—3页。

未来一个时期，信息化发展将主要体现出以下趋势和特点。

一、新信息技术加速发展

近年来，随着移动互联网、物联网、云计算、大数据等新信息技术的蓬勃发展，全球信息技术产业加速向网络化、移动化、智能化方向发展，新技术的创新应用程度与运用范围成为各国提升国家竞争力的重要指标。

（一）光纤宽带网络建设得到大力发展

光纤传输容量大、传输质量好、损耗小、中继距离长，是宽带传输媒介中最理想的一种，代表着宽带网络的发展方向。目前，世界各主要国家都在大力推进光纤网络建设，力争掌握信息竞争的优势。

美国、意大利、法国等国均在大力推进光纤宽带网络的国内普及。2015 年 3 月，奥巴马发布总统行政令成立“宽带机会委员会”，该机构由十几个政府部门共同组成，致力于消除不必要的监管障碍，通过广泛合作促进网络的开放共享。2015 年 8 月，意大利部际规划委员会通过了一项总额达 120 亿欧元的“超宽带”计划，该计划旨在建立一个可覆盖 1000 万用户的国家宽带网络。这一覆盖意大利全国的宽带计划将成为意大利未来 20 年最重要的基础设施项目。① 2014 年，法国光纤网络覆盖的住宅数量已达到 360 万套。2015 年 3 月，法国电信集团再投资 150 亿欧元发展光纤网络，预计 2022 年覆盖量将达到 2000 万套。②

中国也在加速推进光纤网络建设，目前已走在世界前列。2015 年，国务院工业和信息化部《关于实施“宽带中国”2015

---

① “意大利基础设施建设计划”，http：//www. shindaga. com/info. php? cid = 37&id = 2128。

② “法国电信集团计划投资 150 亿欧元发展光纤网络”，中国日报网，http：//caijing. chinadaily. com. cn/2015 －03/19/content －19849295. htm。

专项行动的意见》提出，2015 年要新增光纤到户覆盖家庭 8000 万户，新建 4G 基站超过 60 万个，新增光纤到户宽带用户 4000 万户，新增 4G 用户超过 2 亿户，使用 8Mbps 及以上接入速率的宽带用户占比达到 55%。[①] 到 2016 年年底，我国光纤用户占宽带用户总数基本达到 80%，将成为世界第一。[②]

（二）移动通信技术创新层出不穷

移动通信技术更新迅猛。一方面，成熟技术的运用规模不断扩大。全球 LTE 用户数量在 2014 年达到 4.45 亿，2016 年底达到 14.66 亿，占全球移动宽带用户（包括 3G 和 4G）总数的 70%。特别是 4G 技术飞速发展，各国大力推动 4G 商业化应用。英国近两年来正着力推动道路及交通枢纽的 4G 网络部署，主要火车线路、车站、机场均进行 4G 网络覆盖。我国 4G 网络自 2013 年底启用以来，推进迅速，截至 2016 年底已经有用户近 6 亿。另一方面，以第五代移动通信（5G）为代表的新技术已经出现，更新换代加速。5G 网络峰值速率可达 20Gbps、每平方公里可连接数超过 100 万、链接延时仅 1 毫秒，这一速度和接入能力将可以满足未来汽车、无人机、机器人等智能终端的需要，被视为万物互联的物联网时代的重要物质基础。目前，世界主要国家均将 5G 作为新一轮技术革新的重点，纷纷加大投入和布局。中国也非常重视 5G 的发展，将 5G 发展列入“十三五”规划纲要和“中国制造 2025”的重点项目，明确提出要构建高速、移动、安全、泛在的新一代信息基础设施，形成万物互联、人机交互、天地一体的网络空间。

---

① “工业和信息化部关于实施‘宽带中国’2015 专项行动的意见”，中央人民政府网站，http：//www.gov.cn/xinwen/2017－07/31/content－5215019.htm。

② “我国光纤宽带用户比例年底有望跃居世界第一”，新华网，http：//www.xinhuanet.com/2016－05/17/c－1118881159.htm。

（三）云计算引发计算领域新变革

云计算是继20世纪80年代大型计算机到客户端—服务器大转变之后的又一种巨变。所谓云计算，是指基于互联网的相关服务的增加、使用和交付模式，通常涉及通过互联网来提供动态易扩展且经常是虚拟化的资源。云是网络、互联网的一种比喻说法。简单地说，云计算就是一种基于互联网的超级计算模式，在远程的数据中心里，成千上万台电脑和服务器联成一片计算机云。用户通过计算机、笔记本、手机等用户终端接入数据中心，按自己的需求进行运算，其运算能力甚至可以达到每秒10万亿次，足以模拟核爆炸、预测气候变化和市场发展趋势等过去难以想象的运算任务。

云计算具备超大规模、虚拟化、通用性好、高可靠性、高扩展性等特点，经过十多年的发展，已经逐步被政府部门、各大企业所接受，世界各国政府都提出了云计算发展战略或行动计划。市场调研机构IDC公司发布的数据显示，2015—2019年全球的云计算基础设施支出预计将以年均15.6%的速度增长，到2019年将达到546亿美元，占到全球IT基础设施支出的近一半（46.5%）。在此期间，IT领域的非云计算基础设施将年均减少1.4%，而公有云则将年均增长16.5%。① 目前，欧美等发达国家已在云计算领域居于领先和主导地位。在全球最大的100家云计算企业中，美国拥有84家，欧洲有9家。

云计算正在对人类的政治、经济和社会等各个方面产生重要影响。世界主要国家均对此高度重视，积极做出战略回应。围绕云计算的发展，美国已制定国家层面的云计算战略，在军事等领域展开了世界领先性研究与应用。2012年7月，美国国防部对外

---

① “2015年全球云计算发展预测”，中国经济网，http：//www.intl.ce.cn/specials/zxgjzh/201507/27/t201507027－6050442.shtml。

发布了《国防部云计算战略》。该战略要求，把国防部的网络应用程序转变为一个企业云环境，并通过创建一些部门核心数据中心及对商业服务加以利用，从而使国防部原有的网络应用从重复、繁琐、成本高昂的状态转变到一种更为灵活、更加安全且更为高效的服务环境，以对不断变化的任务需求进行快速反应。

（四）物联网发展条件逐步成熟

物联网是一个基于互联网、传统电信网等信息承载体，让所有能够被独立寻址的普通物理对象实现互联互通的网络。也就是说，物联网把所有物品通过信息传感设备与互联网连接起来，进行信息交换，即物物相连，以实现智能化识别和管理。

物联网的问世打破了之前的传统思维。过去一直是将物理基础设施和 IT 基础设施分开，一方面是机场、公路、建筑物，另一方面是数据中心、个人电脑、宽带等。而在物联网时代，钢筋混凝土、电缆将与芯片、宽带整合为统一的基础设施。从这个意义上讲，基础设施更像是一块新的智慧地球的有机构成部分。

近年来，全球物联网发展呈提速之势。目前，物联网领域有四大方向发展较快，第一是工业物联网、产业物联网；第二是物联网与移动互联网结合以后形成的消费性物联网，包括可穿戴设备、智能终端等；第三是生产性和消费性结合在一起的混合物联网，包括车联网和智能家居等；第四是智慧城市，智慧城市是物联网集大成应用的综合平台。麦肯锡公司报告《物联网：超越市场炒作之外的价值》估计，全球物联网市场规模具备在 2025 年以前成长到 3.9 兆—11.1 兆美元（约 11% 的全球经济占有率）的潜力。美国陆军 2016 年发布的《2016—2045 年新兴科技趋势报告》（Emerging Science and Technology Trends：2016 -2045）提出，据最保守估计，到 2045 年将会有超过一千亿的设备连接到互联网上。这些设备包括移动设备、可穿戴设备、家用电器、医疗设备、工业探测器、监控摄像头、汽车以及服装等，它们所创造并分享的数据将会给我们的工作和生活带来一场新的信息革命。① 届时人类将真正进入物联网时代。

二、信息化向欠发达地区扩散

信息化浪潮席卷全球，但由于受制于经济技术条件等因素，不同国家、不同地区间的信息化程度并不均衡。总体而言，发达国家和发达地区信息化程度远高于欠发达国家和欠发展地区。国际电信联盟2014年5月发表的一份报告称，到2014年年底，全球互联网用户将达30亿人，互联网在全球用户中的普及率将达到40%。其中，发达国家的互联网普及率将达78%，而发展中国家的普及率仅为32%。此外，目前仍接触不到互联网的人口有90%以上分布在发展中国家。该报告还指出，2014年底全球的移动宽带普及率将达到32%，各地区按照普及率从高到低排列，依次为欧洲地区（64%）、美洲地区（59%）、阿拉伯地区（25%）、亚太地区（23%）和非洲地区（19%）。发达国家的移动宽带普及率将达到84%，为发展中国家的四倍。② 而这种信息化程度的差距也造成了所谓“数字鸿沟”问题的出现。

信息基础设施建设向偏远地区的进一步渗透成为解决“数字鸿沟”问题的重要切入点。信息基础设施与信息技术被视为促进偏远地区和农村地区发展的关键。随着信息基础设施建设的推进，信息化持续扩散。

一是从发达国家向欠发达国家扩散。信息技术在发达国家日益成熟的同时，不断在新兴经济体发展扩散。新兴经济体信息化

---

① Emerging Science and Techology Trends：2016 – 2045，Office of the Denuty Assistant Secretary of the Army，http：//www. futurescoutllc. com/wprcontent/uploads/2016/09/2016 – SciTechRepozt_ 16June 2016. pdf.

② “2014年底全球互联网用户普及率将达到40%”，中国经济网，http：//www. ce. cn/culture/gd/201415/08/t20140508_ 2779745. shtml。

水平近年来大幅提升。2005 年以来，25 个新兴经济体中互联网用户增长了近 177%，总人数达到了 9. 54 亿，与同期发达经济体近 26. 7% 的增长率形成鲜明对比。除了新兴经济体，其他欠发达地区的基础化设施也获得了发展，信息化水平正在提升。如非洲已经连续多年成为全球手机用户增长最快的地区。2013 年非洲手机用户已接近 8 亿，2015 年近 10 亿。非洲对于宽带的需求每年都以成倍的速度增长，远超当地电信光纤建设速度。[①]

二是从国家的发达地区向偏远地区扩散。美国等发达国家近年来投入专款加强农村及偏远地区的网络覆盖。2014 年，美国拨款 1 亿美元用于资助企业研究低成本农村宽带的解决方案。为进一步提升农村地区的宽带覆盖率，英国政府 2014 年投资 1000 万英镑推出了一项农村宽带测试计划，该计划的资金来自英国政府此前宣布的总额为 2. 25 亿的农村宽带项目。其目标是到 2017 年将英国超高速宽带覆盖率提升到 95%，主要内容是进行光纤宽带替代技术的测试，在边远地区普及宽带服务。[②]

三、信息化向人类社会纵深领域推进

信息化不但助力传统产业转型升级，而且创造出新的应用空间。智能产品、电子商务、电子政务等信息化时代的产物为经济社会领域的发展注入了新活力，人类生产、生活方式和国家发展方式在信息化浪潮中日益被重塑。

（一）智能制造成为制造业发展的新方向

近年来，以信息技术、智能技术应用为核心的智能制造，日益成为世界各主要国家经济和产业发展的重点，新一轮经济与产

---

① 白雪曼：“新兴经济体的互联网技术前景”，《物联网技术》2011 年第 9 期，第 8—9 页。

② “英国农村超宽高速度宽带项目将延迟两年完成”，http：//www. c114. com. cn/news/17/a780548. html。

业变革已拉开帷幕。2012 年，美国发布《先进制造业国家战略计划》，明确提出实施美国先进制造业的战略目标，规定了每个目标的近期和远期指标，并指定了参与每个目标实施的主要联邦政府机构，展现出美国政府振兴制造业的决心和愿景。在此基础上，美国国防部于 2014 年 2 月成立了数控制造和设计创新研究所（DMDII），该机构聚焦衔接信息技术工具、标准、模块、传感器、控制器、实践及技能之间的数字化制造和设计，旨在促进其在美国工业基础中的广泛应用。

德国近年积极推动“工业 4.0”计划，通过运用信息通信技术的“智能工厂”，将生产过程数码化，从而提高产品质量、降低生产成本和提高工作效率。2013 年，德国三大行业协会——德国机械设备制造业联合会、德国电气电子行业协会以及德国联邦信息产业、电信和新媒体联合会共同主导推出了“工业 4.0 平台”。2015 年，在汉诺威工业博览会上，德国政府正式宣布启动“工业 4.0 平台”升级版。截至 2015 年 11 月，该平台已拥有 100 多家机构、7000 多家企业，成为世界上最大、最具多样性的工业网络。①

为了应对出生率下降和劳动力短缺问题，2015 年 1 月，日本政府举行促进会议，发布了面向未来五年的“机器人革命”战略（草案），提出日本政府与民间企业将在五年内投入 1000 亿日元资金，把日本机器人产业的市场规模扩大至 2.4 万亿日元（当时的四倍）。② 作为对这一战略的响应，日立制作所宣布，将本企业 2016 年度之后的年度研发费用增至能与其竞争对手美国通用公司（GM）和德国西门子公司相匹敌的每年 5000 亿日元左右，集中

① “德国工业 4.0 平台初具规模”，中国日报网，http://caijing. chinadaily. com. cn/2015-11/13/content_ 22451922. htm。

② “企业政府共同参与日本制度‘机器人革命’5 年计划”，人民网，http://japan. people. com. cn/n/2015/0126/c35466-26451908. html。

投向传感器、人工智能和机器人等领域。

（二）信息化促进经济社会不断转型

信息化是社会资源整合利用的利器。随着信息化的深入推进，经济社会的运转方式正出现新的调整变化。一方面，信息化可以帮助实现对社会资源最为充分的掌握和调配，提升各类资源的使用效率和优化资源配置，最大限度地释放资源的潜在价值和社会生产力，提升社会福利；另一方面，信息化催生出新型的交易与服务模式，使消费者同时也可以成为生产者，为创造社会财富开辟了新途径和新空间，开启了与传统“交换经济”截然不同的“协同经济”新范式，进而催生了共享经济的出现。普华永道调查结果显示，2014 年全球范围内共享经济中五大主要行业（P2P 借贷和众筹、在线雇用、住宿、租车、音乐和影视流）的市场规模已达 150 亿美元，美国、英国和加拿大作为三大共享经济大国，已经分别有 1.2 亿、3300 万和 1400 万人口参与了共享经济，占三国人口规模的 39%、41% 和 50%。[①]

（三）电子商务发展迅猛

信息化的发展促成了电子商务的出现，即消费者购物、商户之间交易以及各种商务活动、交易活动、金融活动的网络化、电子化，极大地改变了传统的商业运营模式。

2013 年全球电子商务规模达到了 12210 亿美元，同比增长 17%，到 2016 年其市场规模则升至近 20 万亿美元。[②] 从地域上看，全球电子商务的发展并不平衡，发达国家从总体上领先于发展中国家，但是地区差异近年来正在逐步减小，发展中国家在全球电子商务格局中的作用日益突出。

---

① “共享经济最深度的报告”，百度文库，http：//wenku. baidu. com/view/1b3b6ebedd36a32d72758121. html。

② “全球电子商务发展特点、规模及走势分析”，百度文库，http：//wenku. baidu. com/view/66b6f673c77da26924c5b036. html。

发展中国家作为网上商品和服务的重要买方/卖方，在全球电子商务发展过程中扮演着越来越重要的角色。联合国贸易和发展会议发布的《2015年信息经济报告：释放电子商务潜力，造福发展中国家》称，以网上的买家数量和收入为标尺进行衡量，中国实际上已成为全球最大的商对客（B2C）电子商务市场。一些较为落后地区的电子商务发展也成效明显。在非洲，随着整体安全环境的改善、经济的迅猛发展、信息化教育的逐步普及以及城市中产阶层人数的快速增加，通过手机上网交易的非洲人越来越多。美国麦肯锡咨询公司报告显示，预计到2025年，整个非洲大陆10%的市场交易额将通过电商平台完成，非洲的在线零售总额将可能突破750亿美元。①

四、大数据成为战略资源

数据是新的“石油”，是21世纪最为珍贵的资产。随着人类社会逐渐步入大数据时代，数据正在改变各国的综合国力对比，重塑未来国际战略格局。习近平主席2013年视察中国科学院时指出，“大数据是工业社会的‘自由’资源，谁掌握了数据，谁就掌握了主动权。”②

近年来，智能终端、具有感知能力的硬件的广泛应用，移动互联网等新技术的日益普及，以及云计算的不断发展，使海量数据的产生与流转成为常态。预计到2020年，全球数据使用量将达到约400亿TB，涵盖经济社会发展的各个领域，成为经济社会发展新的重要驱动力。

在大数据时代，世界各国对数据的依赖程度不断上升，国家

① “非洲互联网发展潜力巨大 电子商务正在起步”，中国财经网，http：//finance. china. com. cn/rou/20150901/331351. shtml。

② “国家大数据战略”，人民网，http：//politics. people. com. cn/n/2015/1112/c1001 -27809382 -2. html。

竞争焦点由资本、土地、人口资源的争夺转向了对大数据的争夺。习近平主席在中央网络安全和信息化领导小组第一次会议上指出："网络信息是跨国界流动的，信息流引领技术流、资金流，信息资源日益成为重要的生产要素和社会财富，信息掌握的多寡成为国际软实力和竞争力的重要标志。"可以说，大数据重新定义了各个大国博弈的方式和空间。未来一国拥有数据的规模、活性以及解释、运用的能力，将成为国家综合竞争力的重要组成部分，数字空间将成为继陆、海、空、天之后的另一个大国博弈空间，国家与国际治理架构和模式将因此而改变。

鉴于大数据潜在的巨大影响，很多国家或国家组织都将大数据视作战略资源，并将大数据建设提升为国家战略。2012 年 3 月，美国奥巴马政府宣布了"大数据研发计划"，并设立了 2 亿美元的启动资金，希望增强海量数据收集、数据萃取能力，认为这事关美国的国家安全和未来的国家竞争力。迄今为止，美国在大数据方面实施了三轮政策，开放了 50 多个门类的政府数据以确保商业创新。欧盟正在力推《数据价值链战略计划》，为 320 万人增加就业机会。日本积极谋划利用大数据改造国家治理体系，对冲经济下行风险。联合国推出的"全球脉动"项目，希望利用"大数据"预测某些地区的失业率或疾病爆发等现象，以提前指导援助项目。截至 2014 年 4 月，全球已有 63 个国家制定了开放政府数据计划，数据开放推动政府从"权威治理"向"数据治理"转变。中国需要加快形成大数据国家战略，着力规划"大数据战略"中长期路线图与实施重点、目标、路径，统筹布局，加快大数据发展核心技术研发，推进大数据开放、共享以及安全方面的相关立法与标准制定，抢占新的全球科技革命和产业变革制高点。

五、网络安全形势复杂严峻，“管控”成为网络空间安全的新重点

网络安全一直是世界各国面临的重大难题。近年来，随着移动互联网技术，以及第二代互联网（WEB 2.0）技术的发展，全球已经形成一个各种网络互联互通、网络空间与现实空间相融合、互动的多维度、多结点相互交错融合的新型网络空间。它在变革传统生产、生活方式的同时，也使网络安全出现了许多新情况、新风险、新挑战。

（一）网络与信息安全形势愈发复杂

现阶段，网络与信息安全正在遭受日益严重的威胁。一些国家的关键基础设施、跨国公司，还有政府机构的门户网站，均遭受到了不同程度的黑客攻击。对此，许多国家已达成共识，联手抗击网络攻击行为。

2015 年，德国境内的一家钢铁厂遭到网络黑客攻击，此次攻击让钢铁熔炉无法正常关闭，钢铁厂遭受到了“大规模物理破坏”。这是全球第二起因为黑客攻击造成的大规模物理破坏的案例。第一起是伊朗铀浓缩工厂的网络遭受“震网”病毒入侵。此前，极端组织“伊斯兰国”（ISIS）曾试图通过网络攻击美国电力公司，但未成功。为此，美国能源部 2015 年 10 月 9 日宣布将出资 3400 万美元，奖励电网安全研发团队。①

近年来，互联网成为恐怖组织煽动、策划和实施恐怖活动的重要渠道，社交媒体等在线通信网络已被恐怖分子及其支持者发展为直接从民众手中募集、接收资金的新途径。2015 年 11 月，“伊斯兰国”的支持者、黑客组织 CyberCaliphate 非法入侵了

---

① “美国能源部出资 3400 万美元奖励电网安全研发团队”，http：//www.easyaq. com/news/935469163. shtml。

54000 个推特账户，泄露了部分美国中央情报局和联邦调查局官员的数据。

在反恐目标之下，各国积极加强跨国交流合作。英国和美国联手对抗潜在的网络恐怖袭击，保护两国的银行、交通、能源供应系统等基础设施的网络安全；美国宣布将其网络防御保护伞覆盖至日本，帮助日本处理针对该国军事基地及基础设施（如电网等）的网络攻击；中国和俄罗斯签署备忘录，约定两国相互不发动网络攻击，并共同抵制可能“破坏国内政治和经济社会稳定”“扰乱公共秩序”或“干涉他国内政”的网络技术；俄罗斯和以色列也签署了打击网络恐怖主义合作协定，并提出了一系列合作措施。

（二）“管控”成为网络安全新重点

一国的信息化发展，尤其是网络安全状况与其他国家息息相关，而探索能够适应新时代特点的治理理念、管理办法和发展规律也已成为近年来各国政府着力应对和解决的重要课题。

当前，国际社会在维护网络安全领域主要存在三种趋势，一是重新认识网络空间和网络安全的战略价值，二是加强网络监管与控制能力，三是力争实现技术自主以摆脱对外依赖。全球数据流的日趋集中，开启了网络时代的重大转型，催生网络生态的重大变化。数据不仅成为一个新的生产要素，成为“未来的新石油”，更是国家竞争的焦点，是未来衡量一个国家综合国力不可或缺的重要因素。

2014 年 4 月，国际电信联盟专门举办了“衡量各国网络安全就绪性和相关能力建设论坛”，并且在论坛上推出了全球网络安全指数（GCI），国际电信联盟和 ABI Research 公司合作对各国网络安全工作情况和水平进行衡量，进而形成这一指数，旨在鼓励各国从国家层面加强网络安全相关建设，缩小不同国家在网络安全水平上的差距。该机构秘书长哈玛德·图埃指出：“大连通性亦带来了更大风险。随着网络世界与现实世界的重叠和交错程度不断提升，相关的挑战也越来越严峻，只有对这些挑战进行认真的处理，才能有效确保国家安全、有效治理和经济增长。”

第三节　信息化对国际政治的影响

社会形态在深层次上影响甚至决定着战争形态。信息化通过改变人类社会的生产、交换、流通、消费、交往、学习和生活等方式，以前所未有的深度和广度改变着人类社会的面貌，重塑着民族国家的政治、经济、社会、军事、文化形态。这势必对国际战略竞争带来重大而深远的影响。

一、信息化推动国家主权观念的深刻演变

传统意义上的主权概念是与土地、海洋和空域等物理空间密切相连的，主权是限定在一定地域内的权力。因此，保卫土地、海域、空域的完整性就成为维护国家主权的核心任务。不可否认，在主权的旗帜下，领土或版图之争仍是目前国际斗争的一个主要内容，但其频度与烈度同农业社会、工业社会相比，明显呈下降之势。当前传统的主权观念正受到日益严峻的挑战。主权观念正在衍化，尽管对主权观念的衍化程度有不同的认识。

在现代社会中，信息化、网络化使得世界成为一个整体，各国通过网络相联。先进的技术创造了多样化的全球性的传播工具，从而给社会带来各种各样的形象、思想、价值标准。对国家而言，一方面，先进的传播工具可以将一国的民族文化迅速传到世界的每一个角度而置他国的主权于不顾。另一方面，一个国家本身的民族文化将同时受到外来文化的巨大冲击与同化。信息化在拓展国家主权的同时又在削弱着国家主权。当然，在理论上国

家可以通过切断互联网割断与外部世界的联系，免受他国的影响和冲击。但在现实中，由于经济、政治、文化的全球化，这是难以想象的。在信息化、网络化快速发展的背景下，如何维护网络主权已成为各国面临的重大而严峻的挑战。

信息化推动了全球经济的形成，只有依靠世界市场，通过国际分工，国家才能发展。科学技术使生产国际化成为可能，在这一过程中，出现了许多巨大的跨国公司，对世界经济的发展起着至关重要的作用。在工业时代，A 国的公司只代表了 A 国的利益，但是在信息时代中，A 国的公司因为和 B 国紧密联系，从而也代表了 B 国的利益。除了 A 国，B 国也将对该公司表示关注。这样，对 A 国而言，有可能是主权的收缩，但对 B 国而言，却是主权的扩张。由此，信息化导致一个国家的主权与利益在受地理疆界影响的同时，也受信息化所驱动的网络空间及其他空间的影响。维护国家主权和利益变得更加多维和多元。

二、信息化为国际战略竞争注入了新的内容

与此前科技革命以能量和物质转移为主要内容不同，信息化革命以数据、信息的交互转移为主要内容。由于信息网络化的发展，可以及时、全面、精辟地了解情报信息，加快了各行为体之间交往的速度，缩短了人们之间的距离，一个国家发生的事情会瞬间传遍全球每个角落，人们可以在同一时间基本同步地了解世界，漫长的国境线和海岸线不再是障碍。这已成为理解信息化时代国际关系的关键因素。

在信息社会，国家实力很大程度上取决于其信息技术水平以及利用信息、管理信息的能力，国家拥有数据、信息的意义某种程度上已经超过了对土地、能源等资源的拥有，对数据、信息的竞争与合作、控制与反控制成为知识经济时代国际斗争的重要方面，信息优势成为一些国家开始追求的新的国家利益。信息时代

国际社会的竞争范围更加广阔。

信息化还改变了国际战略竞争的性质和方式。信息化推动着经济全球化的加速发展，国际社会相互依存度进一步加深，这使当今世界国家间的竞争在性质和方式上发生了很大的变化。以往国际竞争“零和博弈”特征明显，即“人之所得即我之所失”。竞争的一方为了提升自己的实力，不惜采取掠夺甚至战争的手段削弱竞争对手。竞争的内容主要表现在军事实力的强大以及对人口、资源和领土的控制，更多地表现为硬实力的竞争以及以暴力方式消灭对方。而当今世界的竞争，更多地不是表现为强力的“硬竞争”，而是非强力的“软竞争”。这种竞争一般都在国际规则所允许的范围之内。竞争的目的，主要是发展和提升自己，以取得优势地位，而不是消灭对手。在竞争的同时，合作也不断深化和发展。竞争的结果固然有彼此力量和地位的消长，但更多的是各方的共同发展，或者双赢。在信息社会中，竞争的方式出现了变化，竞争与合作相互转换，竞争中存在合作，合作中存在竞争，竞争引发新的合作，合作又促进新的竞争。这是对传统的竞争理念和模式的超越，是适应形势发展的必然选择。

三、信息网络空间成为国际战略博弈的新领域

随着信息化浪潮深入发展，世界各国对互联网的依赖程度不断加深，信息网络的国际战略作用在全球政治、经济、军事和文化领域日益凸显，争夺网络空间优势成为国际政治权力竞争的重要内容，国际战略博弈拓展至网络空间。各国以国家利益为核心，以信息网络安全为目标，围绕网络空间国际政治权力展开了激烈博弈。

美国凭借网络综合实力、网络空间话语权、网络空间国际机制建构的主动权，处于信息网络超级大国地位。通过控制互联网控制世界已成为美国国家战略的重要组成部分。目前，全世界用

来管理互联网的根服务器共 13 台，包括 1 台主根服务器和 12 台辅根服务器，而美国则掌控着唯一的主根服务器和 9 台辅根服务器，其余的 3 台辅根服务器分别在英国、瑞典和日本等美国的盟国手中。[①] 因此，美国在互联网管控方面占有绝对优势。实际上，美国近年来多次通过对根服务器的控制促进其政治目的实现。2009 年，微软公司根据美国政府的禁令，切断了古巴、叙利亚、伊朗、苏丹和朝鲜五国的微软网络服务（MSN），导致这五个国家用户不能正常使用该项服务。“信息制裁”由此成为一种新的国际制裁手段。在 2010 年底至 2011 年的中东、北非政局动荡中，美国政府通过在 Facebook 和 Twitter 两大社交平台上揭露贪腐、扩散舆论、组织游行来搅乱局势，为其插手地区国家政局创造条件。

与此同时，其他大国对信息网络的战略价值也日益重视，投资力度不断加大，网络实力不断增强。俄罗斯是继美国之后首个将网络战与常规战争结合并取得实效的国家。在 2008 年 8 月俄格冲突中，俄罗斯运用大规模“蜂群”式网络攻击手段，致使包括格鲁吉亚外交部网站在内的众多重要网站陷入瘫痪。近年来俄罗斯还积极推动国际网络安全规则制定，2011 年 9 月联手中国、塔吉克斯坦等国向联合国提交了“信息安全国际行为准则”。2015 年 9 月，日本内阁会议正式通过《网络安全战略（2015 版）》，提出网络化要为“提高经济社会活动并实现可持续发展、建设让国民安全放心生活的社会、确保国际社会和平稳定与我国安全”三个方面做出贡献。值得注意的是，新战略特别要求各项政策应尽可能符合下述三个方向：一是从后发制人到先发制人，二是从被动到主动，三是从网络空间到融合空间，提出网络安全的理念要实现由被动防御向主动防御的转变。英国早在 2009 年 6 月就出

---

① 百度百科，http：//wapbaike. com/item/根城服务器/5907519。

台了首个《国家网络安全战略》，宣布成立“网络安全办公室”和“网络安全运行中心”，2011 年 11 月又进行了为期五年的《国家网络安全战略：在数字世界中保护和促进英国的发展》计划，旨在强化英国对于网络威胁的恢复能力，同时建立以政府通信总部为中心的监测网络，并于 2016 年 11 月开启新一轮的五年《国家网络安全战略》。2017 年 2 月，英国正式成立国家网络安全中心，隶属政府通信总部。政府通信总部主管罗伯特·汉尼根在该中心成立仪式的发言中，将中心的启动赞誉为“开启了政府通信总部效力国家近百年历史的新篇章”。

随着科技能力和经济发展水平的大幅提升，中国的信息网络实力突飞猛进。目前，我国网民规模居世界之首，网民比例逐年提高，这使我国在网络空间国际政治舞台上的地位不断提升。但由于我国在互联网主目录的管理方面还没有自己的根服务器，IPv4/IPv6 地址和域名还租借于美国，互联网核心技术依赖于西方国家，我国在维护网络空间权益方面仍在相当程度上“受制于人”。近年来，我国在获取和捍卫网络空间合理利益、争取应有权利的举动，遭到了以美国为首的西方国家的敌视与压制。未来我国必须进一步加大信息技术的研发与投入，并联合俄罗斯等国，不断增强自主网络技术研发和网络安全防御能力，以适应新的战略博弈形势发展需要。

四、信息霸权成为威胁国际社会和平与稳定的新形式

在信息全球化、网络化的过程中，世界各国对信息技术的掌握和使用存在着巨大差距，这如同当年各国掌握工业化技术的巨大差距一样，既是普遍的存在，又现实地影响着各国在国际秩序中的地位。下面一组数字有助于更好地理解这一差距：全球互联网业务中有 90% 在美国发起、终结或通过；互联网全部网页中 81% 是英语网页，其他语种网页加起来不到 20%；互联网上访问

量最大的100个网络终端中有94个在美国境内；全球互联网管理中所有的重大决定仍由美国主导做出；负责全球域名管理的13个根服务器有10个在美国。[①] 这种差距被称为“数字鸿沟”。与“数字鸿沟”相对的则是“数字机遇”，但在这一“机遇”的捕捉和利用上，发达国家无疑处于主导性优势地位。

这一不对称格局发展的必然结果，势必是某些信息技术高度发达的国家利用对信息资源及其相关产业的垄断地位，对相对落后国家实行信息技术控制、信息资源渗透和信息产品倾销。前者被形象地称为“信息宗主国”。相应地，也就出现了被动接受信息、受发达国家信息控制、并且没有防范能力的“信息殖民地”国家。这种由高技术带来的实力差距已催生出一种新的霸权——信息霸权，其主要特点有：一是利用自身在信息技术方面的优势限制、压制他国对信息这种知识经济时代新的生产要素的自由运用，甚至通过垄断信息技术来控制别国的经济命脉；二是借助信息优势撬开别国大门，把信息当作是宣扬其政治、思想、文化、意识形态及价值观念的重要载体进行渗透，攫取别国涉及国家利益的绝密信息，影响甚至制造全球舆论，乃至发动心理战。信息制裁、信息威慑成为霸权主义、强权政治的一个新的内容。美国哥伦比亚大学国际事务学者罗斯科普夫撰文指出，“美国信息时代外交政策的核心目标应当是取得世界信息战的胜利，主导整个媒体，如同英国当年控制海洋一样。”[②] 事实也正是如此。信息技术垄断已成为一种非常重要的战略资源，成为一种控制别国的权力。这就给以技术为基础的信息霸权以广阔的发展空间。霸权者为所欲为，而技术落后国家根本无力限制这种霸权。

---

① 智库百科，http：//wiki. mbalib. com/wiki/数字鸿沟。

② 袁银辉：“互联网对企业思想文化建设的挑战与机遇”，《企业文明》2015年第7期，第36页。

五、国家对外政策受到网络舆论的影响和制约

网络为民众表达政治和社会诉求、影响政府决策，提供了一个重要的渠道和平台。网络已经成为“思想文化信息的集散地和社会舆论的放大器”，网民在网络上的言论和观点，会形成网络舆论，与现实舆论相互作用、相互响应，成为令任何国家政府和领导人都不能忽视的重要力量。网络舆论为政府了解民众的政治诉求提供了一个渠道，有利于政府决策的公开化、科学化、民主化。同时，网络舆论也在客观上对政府的决策形成压力，甚至在一定程度上影响、主导着政府决策的方向。而一国的对外政策，往往是网上舆论关注的重点和焦点。由此，网民对于国际形势和对外政策的看法和主张，在一定程度上影响着国家对外政策的制定，进而影响着国际战略环境的发展变化。

在中国，网民对国家对外政策的影响，比较典型地体现为网络上的民族主义情绪。这些情绪对政府处理对外关系既有积极影响，也有消极影响。如在2008年“3·14”事件发生后，网络舆论对政府举措大力支持，同时部分网民还以多种方式，揭露CNN等西方媒体的歪曲报道，还原事实真相。这是积极的一面。与此同时，如果网络民族主义情绪失控，出现激进化、极端化，又会对国家的对外政策带来不利影响。如在2012年日本钓鱼岛“国有化”事件中，网络民族主义情绪在一些地方演化成为极端言行甚至是暴力活动，严重损害了中国的国际形象，也给国家的对外政策造成负面影响。如何正确引导网络舆论，发挥其积极作用，抑制其消极影响，已经成为各国政府面临的重大挑战和重要课题。

六、加强信息技术、提升信息能力已成为各国国际战略的重要内容

科学技术是第一生产力，谁掌握了重要的科技成果，谁就能在国内经济发展中取得重大成就，极大地提高本国的经济水平和经济实力，在国际经济关系中的分工、贸易与金融等方面处于优势地位，从而在世界经济格局中增强自己的影响，最终提高自己在国际政治格局中的地位与作用。科学技术成为一国综合国力的重要内容。信息不仅是一种技术性或物质性的资源，还是一种权力性资源，国家在信息化过程中所处的地位将决定其在进一步全球化进程中的能动性和实力，没有独立的信息化开发能力将意味着在全球化进程中彻底丧失发言权。21 世纪前 30 年，是世界新旧格局转换、交替的重要时期，无论发达国家还是发展中国家都在加紧调整和确立面向新世纪的一系列国际战略，其中加强信息技术已成为各国国际战略的重要内容。各国竞相加大信息技术投资，努力推动信息产业发展，尽快提高国家信息处理能力，全面增强综合国力，力求在新世纪的激烈竞争中能处于更加有利的地位。

第五章

日益加剧的地缘政治竞争

近代以来，随着交通、通讯和战争技术的发展，地理因素对人类社会的影响有所下降。特别是进入 21 世纪后，世界多极化、经济全球化、社会信息化深入发展，国家间相互依存不断加深，世界日益成为你中有我、我中有你的命运共同体，国际关系的内涵和外延不断深化和拓展，传统的地缘政治似乎正逐步退出历史舞台。然而，进入 21 世纪的第二个十年，国际形势的新发展显示，地缘政治已经回归，传统地缘政治思维仍在深刻影响国际形势的发展演变，大国地缘战略争夺日趋加剧。本章主要分析当前全球地缘政治的基本态势和三大地缘战略板块中的两块——欧洲和中东的地缘政治局势。亚太板块可参考第六章美国“重返亚太”部分。

第一节　当今全球地缘政治演变的基本态势

冷战结束后，世界进入美国单极霸权时代。然而，美国霸权持续的时间并不长。近年来，受阿富汗战争、伊拉克战争拖累，以及 2008 年全球金融危机打击，美国综合国力和国际影响力已大不如前，对世界的领导和掌控力不断下降。而与此同时，中国、印度等新兴国家迅速崛起，带动全球战略重心向亚太地区转移。各大国力量对比发生重大变化，旧的地缘政治格局开始松动、瓦解，新的地缘政治态势逐步成形，一些地区战略失衡失序，动荡明显加剧，国际地缘政治格局进入深刻调整期。

一、亚太地区地缘战略地位上升，大国战略竞争加剧

亚太地区崛起是冷战后全球地缘政治最为深刻的变化。冷战后，亚洲国家抓住有利的地区和国际环境，致力于发展经济，推动地区一体化建设，综合实力不断增强。根据国际货币基金组织（IMF）统计，在过去 30 年中，亚洲占全球国内生产总值（GDP）的比重从 10% 上升至 30%。这一地区是当前全球经济最为活跃的地区，既有中国、印度这两大正在崛起的经济巨人，也包括日本、韩国等发达经济体。根据全球著名经济研究机构彼得森（PIIE）2017 年的一项实证分析，以全球 100 强公司为样本来看，在 2008—2016 年的全球金融危机后恢复阶段，老牌发达国家德国、法国、英国、加拿大进入全球 100 强的企业数量都在不同程度地减少，其中英法两国分别从 10 家锐减为 3 家、9 家锐减为 4 家；德国的数量较为稳定，仅减少 1 家，数量为 8 家；加拿大减少 1 家，数量为 3 家。与此形成鲜明对比的是，中国进入 100 强的企业数量从 2008 年的 6 家猛增至 2016 年 15 家，美国从 29 家增至 39 家，日本和韩国各增加一家。这表明，在全球竞争中，中国力量快速上升，全球经济重心向东亚转移。① 普华永道国际会计事务所 2015 年的一份研究报告预测，按购买力平价计算，到 2050 年中国和印度将分别是世界第一和第二大经济体，美国则降为第

① 余南平：“当下反全球化思潮的辨析与展望”，《欧洲研究》2017 年第 4 期，第 139—140 页。

三大经济体。着眼未来，亚太依然是世界最为稳定的地区之一，人口优势明显，发展优势突出，崛起态势依然强劲。

针对亚太特别是中国的快速发展，大国加大了对亚太的战略关注和战略投入，战略竞争明显加剧。美国奥巴马、特朗普政府先后提出“亚太再平衡”战略和“印太”战略，积极“重返”亚太，将战略资源向亚太集中。在政治和外交上，积极推动将原有的轴辐式双边联盟体系发展成为多边联盟体系。当前，美日澳、美日印、美日韩联盟不断深化，美日印澳四国安全合作正趋于成形。与此同时，美国积极发展与越南、马来西亚等地区国家的关系，努力构建联盟体系加伙伴国关系的地区安全网络。在经济上，推动“跨太平洋伙伴关系协定”（TPP）（虽然特朗普政府上台后宣布退出，但TPP谈判进程仍在日本的推动下继续，未来不排除美国重新加入的可能），排斥中国，经济议题中的政治与战略意图明显。在军事上，加强地区军事存在，强化对中国的军事施压，深度介入南海、钓鱼岛等地区争端，构建针对中国的军事包围圈。日本解禁集体自卫权，推动修改“和平宪法”，在摆脱战后体制上迈出实质性步伐，进一步将中国视为战略对手，与美国联手加强对中国的牵制、遏制。印度推行“东进”战略，在战略上配合美国和日本，利用有利的国际处境谋求对华战略优势。韩国同意美国在韩部署“萨德”反导系统，在战略上与美国捆绑得更紧。美朝实现有史以来的首次领导人会晤，半岛战略格局存在着发生重大变化的现实可能。当前，中国与地区大国总体保持既合作又竞争的关系，但与美日关系中竞争的一面明显上升。各大国关系调整中一致对华的一面较为明显，中国在地区战略格局中的处境有所恶化。受大国力量对比消长、亚太地区秩序调整等因素影响，亚太地区热点问题明显增多，台湾问题、朝鲜问题、钓鱼岛争端、南海问题等彼伏此起，紧张局势不时升温，亚太安全形势不容乐观。

二、三大地缘板块同时震荡，全球地缘战略格局面临重大调整

当前，中东、欧洲、东亚三大战略板块同时震荡，这在冷战后尚属首次，标志着全球战略格局调整进入新的历史阶段。中东地区自“阿拉伯之春”后持续动荡，社会转型、国内战争、教派斗争、恐怖主义、大国博弈等因素相互交织、相互作用，特别是美国急于从中东脱身，导致长期以来的地区战略格局逐步松动、瓦解，地区失衡失序日益明显，中东乱局将在未来一个相当长的时期内持续。与此同时，新的中东格局正在孕育形成。美国推翻萨达姆政权后，伊拉克什叶派力量上升，伊朗不仅东西两侧的威胁被解除，反而成为美国两场战争的最大受益者。再加上美国在中东的战略收缩，长期遭受制裁和战略围堵的伊朗将出现综合国力和地区影响力同时增长的局势，在地区格局中的地位将进一步上升。沙特为应对美国收缩带来的地区失衡，加强军队建设，大幅调整地区政策，组建地区逊尼派政权联盟，深度介入也门、叙利亚危机，改善与以色列的关系。未来，以伊朗为首，包括叙利亚、伊拉克、黎巴嫩真主党的什叶派联盟，与以沙特为首的逊尼派联盟两强对立的战略格局将在中东逐步成形。随着阿拉伯世界的分裂，以色列的地区处境将趋于主动。与此同时，两大阵营竞争加剧将导致地区碎片化趋势更加明显，失序更加突出，恐怖主义问题将长期存在。

欧洲在经历多年的稳定后，逐步进入调整期。乌克兰危机已进入相持阶段，乌克兰在心理上更加倾向西方，但面临着国家分裂的严峻考验。俄罗斯努力维护其地缘政治空间，但因发展道路不具吸引力，以及美欧制裁削弱了国力，俄罗斯在地缘竞争中很难占据优势。美欧自身也面临诸多困难，难以强力介入推动危机解决。在此形势下，乌克兰危机陷入僵局，难以在短期内解决，

未来发展存在较大变数。受乌克兰危机的影响，东欧国家在处理与俄罗斯和欧洲关系时将更为谨慎。中东难民问题给欧盟带来重大挑战，欧盟各国以及各国内部出现了严重分歧，保守主义、民族主义情绪有所上升，各国出现了不同程度的反移民、反全球化倾向。英国脱欧是冷战后欧洲一体化进程的最大挫折，对欧盟及英国带来多大影响还需要进一步观察，但欧盟实力和影响力下降不可避免。英国脱欧直接导致德国在欧盟中的地位进一步凸显，德国正调整政策，承担更多责任，进一步提升在欧盟的领导地位。这意味着德国自二战后长期坚持的在战略上的“低调”政策将发生变化。

美国在欧洲和亚太同时对俄罗斯和中国的战略打压与遏制，促使两国战略合作需求上升。为此，中俄加强了在国际与地区问题上的相互支持与协调。特别是2016年6月25日，中俄共同发布《关于加强全球战略稳定的联合声明》，标志着中俄战略合作达到了新的层次。这一定程度上反映了新的东西方地缘政治斗争态势初步显现。

三、地缘经济竞争成为大国地缘战略竞争的重要形式

当今时代，大国战略竞争越来越体现为综合国力特别是经济实力的竞争。经济不仅是大国战略竞争的目的，也越来越成为大国战略竞争的手段和途径。为此，各大国纷纷出台地缘经济战略，以此塑造有利的地缘战略态势。

为重构全球贸易规则，美国在奥巴马政府时期提出“跨太平洋伙伴关系协定”（TPP）和“跨大西洋贸易和投资伙伴关系协定”（TTIP）。“两个协定”将打造一个以高度自由化为堡垒的市场准入，使中国、俄罗斯、印度等新兴国家因无法高度开放本国市场而无法加入，在新规则的制定中无发言权，从而阻隔中国等国经济影响力在全球的扩展。一旦建成，美国即可形成以北美自

由贸易区为躯干、外加 TPP 和 TTIP 两侧联动、“一体两翼”的全球经济格局，进而主导欧亚大陆的经济和政治秩序。奥巴马政府上台后，在亚太地区积极推动 TPP，使这个 2005 年由新西兰、新加坡、智利和文莱四国提出、名不见经传的贸易协定有望成为亚太地区最为重要的贸易规则。自 2010 年 3 月举行第一轮 TPP 谈判，到 2015 年 10 月美国、加拿大、日本、越南等 12 个国家达成 TPP 协议，可谓进展迅猛。从根本上讲，美国积极主导 TPP 谈判与其亚太战略布局紧密相连，具有经济和政治双重意义，是美国以多边方式重塑其亚太权力的重要标志。一方面，美国希望借此执掌亚太经济合作新规则的主导权，拓展美国的经济和贸易利益；另一方面，凭借 TPP 催生的更具制度性和约束力的多边关系，美国还着眼于重新布局并提升美国在亚太地区的制度权力，构建“亚太再平衡”战略的多边制度平台，进而从战略维度对亚太格局进行深度整合，巩固美国的亚太领导地位。为此，美国从一开始就将中国等国排除在 TPP 谈判之外。特朗普上台后，退出 TPP 谈判，注重以双边经贸框架取代多边经贸安排，在国际上以及美国国内引起强烈反弹。从长远看，特朗普的经济政策并不符合美国的国家利益，美国未来仍将回归多边主义。

根据国际形势的变化和自身发展阶段，中国也提出了自己的经济发展构想，即“一带一路”倡议。中国出台“一带一路”倡议，目的是在国际金融危机深层次影响持续、世界经济复苏乏力的背景下通过全方位推进务实合作促进地区和全球经济的共同发展。“一带一路”倡议贯穿亚欧非大陆。其中，“丝绸之路经济带”重点线路有三条：中国经中亚、俄罗斯至欧洲；中国经中亚、西亚至波斯湾、地中海；中国至东南亚、南亚、印度洋。“21 世纪海上丝绸之路”重点方向是从中国沿海港口过南海到印度洋，延伸到欧洲；从中国沿海港口过南海到南太平洋。2015 年 3 月，中国政府正式发布《推动共建丝绸之路经济带和 21 世纪海上丝绸之路的愿景与行动》白皮书，标志着“一带一路”构想正式付诸实施。2016 年 1 月，与“一带一路”相配套的亚投行（AIIB）正式运行。值得注意的是，中国的“一带一路”倡议强调开放合作和互利共赢，与美国倡导的封闭、排他的 TPP 有着根本的不同。

为巩固传统势力范围，时任俄罗斯总理的普京于 2011 年也提出了俄罗斯的地缘经济战略——“欧亚联盟”计划。该计划以独联体作为实施平台，旨在实现后苏联地区经济一体化。尽管普京一再强调“欧亚联盟”是一个开放的体系，未来将吸收更多的亚洲和欧洲国家加入，甚至实现“大欧洲”体系，但现阶段其覆盖的对象仍是以俄罗斯、白俄罗斯、哈萨克斯坦等为主的前苏联加盟共和国。乌克兰危机爆发后，东欧及中亚各国对俄罗斯的重要性进一步提升。从地理上讲，俄罗斯的“欧亚联盟”计划与中国的“丝绸之路经济带”存在部分重叠，俄罗斯一度对中国的“丝绸之路经济带”计划充满疑虑。随着近年来中俄战略关系的不断深化，两国在两个计划的协调与互补方面达成了诸多共识。这两大计划的对接无疑会对中俄两国关系有着重大的促进作用。

第二节　美欧俄围绕乌克兰的地缘政治博弈

俄罗斯与美欧之间围绕东欧、中亚的地缘政治争夺从未停止过。冷战结束后，美欧抓住俄罗斯国力虚弱之机，加紧推动北约、欧盟东扩，不断压缩俄罗斯的地缘政治空间。俄罗斯奋力反击，努力维护传统“势力范围”。2013 年底开始的乌克兰危机标志着美欧俄之间的地缘战略对冲达到了冷战结束以来的最高峰。目前，危机还在继续，它对俄罗斯与美欧关系、大国关系，以及地区安全形势的影响重大而深远。

一、乌克兰危机的背景

乌克兰危机的爆发不是偶然的，而是内因和外因相互交织、共同作用的结果。既有乌克兰国内政治分裂和民族融合失败的原因，更是俄罗斯与西方地缘政治争夺的结果。

冷战后，俄罗斯面临的地缘政治困境日趋严峻。从地理上看，俄罗斯地处欧亚大平原，地势平坦，无险可守。这种地理位置与地位环境带来的不安全感早在沙皇时代逐步形成并延续至今。无论是拿破仑战争还是克里米亚事件，都充分暴露了俄罗斯在东欧的地缘困境。为此，俄罗斯（苏联）一直尝试改善自身地缘政治环境，如二战前夕的苏德秘密协定和苏芬战争，以及苏联对一些东欧国家的领土兼并。二战后，随着苏联红军向西推进，东欧出现了一批作为苏联盟友的社会主义国家，苏联的势力范围向西扩展到德国中部，自沙皇时代延续而来的地缘政治困境大大缓解。然而冷战的结束使俄罗斯的地缘政治困境骤然变得突出和严峻。乌克兰等原苏联加盟共和国纷纷独立，包括波罗的海三国在内的大批东欧国家“脱俄入欧”，俄罗斯自彼得大帝以来在东欧的扩张成果几乎损失殆尽。[①]“俄罗斯在高加索地区的边界退回到19世纪早期，在中亚退回到19世纪中期。更有戏剧性和令人痛苦的是在西部，俄罗斯的边界退回到1600年左右，即伊凡四世统治之后不久。”[②] 更为严重的是，沙俄和二战之前的苏联面对的是相互争斗的欧洲各大国。冷战时期的苏联虽面对内部高度协作的欧共体和北约，但地缘政治边界向西大幅推进。相比之下，冷战后的俄罗斯不仅地缘政治边界大幅向东后退，国家实力远不

① 柳丰华：“乌克兰困局：俄罗斯对乌克兰政策视角下的乌克兰危机”，《外交评论》2015年第2期，第126页。

② ［美］布热津斯基著，中国国际问题研究所译：《大棋局》，上海：上海世纪出版集团2007年第1版，第47页。

能与冷战时期的苏联相提并论，而且面对内部高度协作并且不断东扩的北约。[1] 可以说，近代以来，俄罗斯的地缘战略环境从未如此恶劣过。为此，面对西方的战略挤压，俄罗斯一直在奋力抗争，2008 年的俄格冲突就是一个典型的例子。

对俄罗斯而言，乌克兰具有重要的地缘政治意义。乌克兰是独联体地区的主要国家，是俄罗斯与西方进行地缘政治较量的首要对象。对俄罗斯而言，乌克兰具有重大战略意义。乌克兰是俄罗斯历史及宗教的发源地，是俄罗斯人历史和民族情感的归宿。正如俄罗斯学者谢·卡拉加诺夫所言，“就算是独立的乌克兰也依然是俄罗斯历史空间不可分割的一部分，是俄罗斯国家与文明的摇篮。”[2] 从地缘政治上看，乌克兰是地缘政治支点国家。没有乌克兰，俄罗斯的欧洲色彩将随着时间的推移，不可避免地减弱而日趋亚洲化，俄罗斯就不再是一个欧亚帝国。同时，乌克兰作为独联体中的大国，其行为对其他独联体国家具有重要的示范作用。苏联解体时，正是由于乌克兰坚决要求独立，其他独联体国家纷纷跟进，使得俄罗斯原计划的邦联化无果而终。因此，俄罗斯多年来一直极力拉拢乌克兰，防止其靠向西方。

乌克兰独立后，希望按照中东欧国家加入欧盟的模式加入欧盟。1994 年，乌克兰与欧盟签署《伙伴关系与合作协定》，两年后正式提出加入欧盟的申请。但此时欧盟对接纳乌克兰并不热心，其中就考虑到了俄罗斯因素。与此同时，1996 年，就在乌克兰提出加入欧盟的同一年，俄罗斯推动成立关税同盟，2001 年成立欧亚经济共同体，希望通过推动独联体一体化进程维护“后苏联空间”，乌克兰自然是俄罗斯重点拉拢的对象。在此情况下，

---

① 柳丰华：“乌克兰困局：俄罗斯对乌克兰政策视角下的乌克兰危机”，《外交评论》2015 年第 2 期。

② 黄登学：“新‘冷战’：臆想抑或是现实？——乌克兰危机背景下的俄美博弈透视”，《东北亚论坛》2015 年第 3 期，第 21 页。

乌克兰面对的，一面是希望加入欧盟但迟迟不能取得实质性进展，另一面是俄罗斯利益诱惑和强力施压“软硬兼施”。2003 年，乌克兰签署协议，与白俄罗斯、哈萨克斯坦等国一道加入俄罗斯主导建立的“统一经济空间”计划。

2004 年，乌克兰“橙色革命”爆发。亲西方的尤先科政权上台后，放弃长期奉行的东西方平衡外交政策，实行向西方的“一边倒”方针，谋求加入北约和欧盟。在“颜色革命”的影响下，西方对乌克兰的态度也变得积极起来。2005 年，乌克兰与欧盟签署“欧洲化行动计划”，并宣布只参加独联体“统一经济空间”架构下的自由贸易区。乌克兰的退出使普京的“统一经济空间”计划搁浅。2005 年，乌克兰出台新版军事学说，明确提出了加入北约的目标。2008 年 1 月，正式向北约提交加入“北约成员国资格行动计划”申请书。令俄罗斯更加难以接受的是，乌克兰还加强了与独联体地区反俄阵营“古阿姆”集团①其他国家的合作，与格鲁吉亚等国发起成立“民主选择共同体”，以促进与西方的一体化，进而成为独联体地区“西化”的急先锋。

“颜色革命”的爆发推动了俄罗斯对西方政策的整体转向，由“9・11”事件之后的与西方合作转变为与西方抗争。普京政府认为，“颜色革命”实质上是美国挤压俄罗斯在独联体传统影响的地缘政治行动。俄罗斯与西方关系的恶化反过来又加剧了双方在包括乌克兰在内的独联体地区的竞争。俄罗斯坚决反对乌克兰加入北约，同时由于乌克兰国内的分裂，这一时期乌克兰的西进进程并未取得大的突破。2008 年 4 月召开的北约峰会并未批准乌克兰的申请，但乌克兰加入北约的问题依然是俄乌关系和俄罗斯与北约关系中的重要议题。2010 年，亚努科维奇上台，重新将亲西方政策调整为东西方平衡政策。俄罗斯顺势而为，俄乌关系

① GUUAM，即格鲁吉亚、乌克兰、乌兹别克斯坦、阿塞拜疆、摩尔多瓦五国。

再次实现正常化。

2010 年 4 月，俄乌两国签订协议，规定俄罗斯黑海舰队租借乌克兰塞瓦斯托波尔海军基地的期限自 2017 年起再延长 25 年。7 月，乌克兰总统签署《内外政策原则法》，规定乌克兰外交遵循不结盟原则，即乌克兰放弃加入北约，但乌克兰仍然以加入欧盟为优先目标，在改善与俄关系的同时，2012 年同欧盟草签了《联系国协定》和自由贸易协定。为了将乌克兰拉回欧亚一体化进程，俄罗斯对其施展经济影响。但乌克兰只是批准了《独联体自由贸易区协定》，同意以“3 + 1”模式[①]与关税同盟建立自由贸易区，而无意放弃与欧盟一体化的目标。

随着乌欧商定的 2013 年 11 月签署《联系国协定》日期的临近，普京政府加大对乌克兰政府的施压力度。俄罗斯多次警告乌克兰，如果加入欧盟自由贸易区，将取消俄乌双边自由贸易协定，并将实行关税同盟对乌克兰的反制措施。2013 年，俄罗斯多次暂停进口乌克兰商品，8 月 14 日至 19 日则全面停止了乌克兰商品的进口，使乌出口遭受重创。由于乌克兰不能承受失去俄罗斯（俄罗斯是乌克兰最大贸易伙伴国，2012 年俄乌贸易额占乌克兰对外贸易总额的 29.65%）和关税同盟市场以及俄罗斯停止供应天然气的后果，再加上欧盟无意为乌克兰进行加入欧盟的政治经济改革提供大规模财政援助，还以准许亚努科维奇的政治对手、被判七年徒刑的乌克兰前总理季莫申科出国就医作为与乌签订《联系国协定》的前提条件，乌克兰政府 11 月 21 日宣布暂停与欧盟签署《联系国协定》，同时恢复与关税同盟及独联体国家关于加强经贸关系的谈判。在美欧支持下，乌克兰反对派随即组织支持者抗议这一决定，由此揭开了乌克兰危机的序幕。

回顾乌克兰危机的背景，可以看出：将乌克兰纳入俄罗斯主

---

① 即关税同盟三个正式成员国俄罗斯、白俄罗斯和哈萨克斯坦再加上乌克兰。

导的独联体地区和次地区一体化进程，使之成为俄罗斯维持大国地位的战略依托，一直是俄罗斯的核心目标。俄乌关系状况主要取决于乌克兰总统和主要执政党对俄罗斯的态度和政策，而不是俄罗斯的对乌政策和影响，根本原因在于俄罗斯不能为乌克兰国家转型提供一种有成效、有吸引力的发展模式。随着西方日益深入地介入乌克兰事务，西方与俄罗斯的竞争日益激烈，而俄罗斯发展模式及其主导的欧亚一体化在与欧盟和北约的竞争中日益失去吸引力。

二、乌克兰危机的发生发展

乌克兰危机以2014年2月克里米亚事件、4月乌克兰东南部地区动荡为节点大致可分为三个阶段。

第一阶段从亚努科维奇政府宣布暂停签署《联系国协定》、反对派街头抗议开始至克里米亚事件。抗议发生后，为了力挺亚努科维奇，2013年12月17日，普京决定向乌克兰提供150亿美元的优惠贷款，并将出口乌克兰的天然气价格下调三分之一。然而，俄方的力挺反而激化了乌克兰国内的抗议浪潮。2014年1月28日，乌克兰政府总理辞职，亚努科维奇政权遭受重创，其本人的执政地位也面临极大考验。随着抗议活动不断高潮，俄方开始考虑乌克兰领导人更迭以稳定局势，向欧盟领导人表示将与乌克兰所有政治力量会面。2月21日，在法、德、波兰三国外长调停和俄罗斯特使的见证下，亚努科维奇与反对派达成协议，同意不晚于2014年12月举行总统大选。俄罗斯以此希望以退为进，为政治运作赢得时间。然而，反对派随即违反协议，夺取了国家政权，亚努科维奇流亡俄罗斯。乌克兰过渡政府立即推动“脱俄入欧”，致使俄罗斯对乌克兰的多年经营付之东流。

乌克兰危机之所以爆发，其内因在于乌克兰经过长期的平衡和摇摆后已经到了十字路口，必须在靠向西方还是靠向俄罗斯之间做出选择。而外因则是俄罗斯与美欧的地缘政治争夺。俄罗斯通过各种手段对乌克兰利诱施压，欧美则向反对派提供支持。德国总理默克尔、美国副国务卿纽兰在乌克兰国内政治动荡之际高调访问乌克兰并出现在反对派抗议现场公开为反对派站台，还宣布将向乌克兰提供数十亿美元的贷款，以补偿乌克兰与欧盟签署协定造成的经济损失。俄欧不断加大干预和争夺力度，导致乌克兰国内政治陷入危机与动荡。

第二阶段是克里米亚事件。乌克兰新政权上台后，立即宣布签署与欧盟的《联系国协定》，加强与北约合作；提议废除2012年通过的赋予俄语官方语言地位的法案；限制俄语媒体在乌克兰的覆盖；对第二国籍为俄罗斯的乌克兰公民处以10年的重刑，防止乌克兰公民获得俄罗斯护照，等等。乌克兰的举动明显是与俄罗斯决裂，从深层次上消除俄罗斯的影响，彻底倒向西方，是对俄罗斯20多年来对乌政策的革命，其后果比之前的“橙色革命”要严重得多。

2014年3月16日，克里米亚举行全民公决。次日，结果显示96.77%的投票支持加入俄罗斯。3月18日，双方签署克里米亚加入俄罗斯的条约，五天后条约生效。4月至12月，普京签署和修订了13项法案和法令，完成克里米亚和塞瓦斯托波尔自治市加入俄罗斯联邦的一系列必要法律基础。

克里米亚事件发生后，美欧支持乌克兰过渡政府维护领土完整。3月16日，奥巴马表示，克里米亚公投是在俄罗斯“军事干预的胁迫下”举行的，“违反乌克兰宪法”，美国不承认公投结果。次日又宣布对俄罗斯政府七位高官实施制裁。西方七国集团集体抵制在俄罗斯索契召开的八国峰会，并宣布对俄罗斯进行经济制裁。

第三阶段是从乌克兰东部、南部地区动荡至今。2014年4月，乌克兰东部的顿涅茨克、卢甘斯克宣布组建“人民共和国”。

上述六州加上地理上相邻、政治上亲俄的第聂伯罗彼得罗夫斯克、扎波罗热州，占到了乌克兰领土的38%、国内生产总值的42.7%和已完成工业总产值的70%，是乌克兰的经济命脉所在。它们一旦独立，即意味着乌克兰作为一个国家的解体。为此，乌克兰临时政权发表强硬声明，宣布以武力捍卫东部边境及领土完整。4月25日，乌克兰政府军全面展开对分裂势力的“反恐行动”。

面对乌克兰内部冲突的扩大和东部不断升级的政治诉求，普京政府陷入了两难：一边是与乌克兰的直接军事较量，另一边是国内不断上升的民族主义。最后选择与乌克兰新政权缓和关系，通过乌克兰内部解决问题。6月6日，在法国纪念诺曼底登陆70周年庆典上，普京与新当选的乌克兰总统波罗申科会面，默认了新政府的合法性。6月24日，普京向联邦议会提议，取消此前通过的在乌克兰领土“使用俄罗斯武装力量”的决议。这意味着普京在乌克兰东部将会有新的方案。但波罗申科从巩固自己政权合法性的考虑出发，决定继续扩大对东部分裂势力的军事行动。到8月上半月，政府军将分裂势力赶回其最初控制领土的一半，彻底赶出乌克兰也是可期的前景。但8月25日分裂势力在乌克兰南部展开反攻，29日夺回伊洛维斯克，9月初夺回卢甘斯克机场。乌克兰政府军的“反恐行动”被迫转入防御。由此，双方在战事方面基本陷入僵持状态。

2014年9月，俄罗斯、欧安合作组织和乌克兰交战双方在明斯克签署停火协议。普京一度希望通过支持波罗申科换取乌克兰尊重俄罗斯在乌关切，但事与愿违，波罗申科的政党在乌克兰议会选举中大败，超过90%的新议员持亲欧立场，乌克兰的政治格局全面西倾，波罗申科也不得不重申与欧盟的紧密关系是自己执政的优先目标。由此，乌克兰局势逐步进入僵持状态，双方均难以取得重大突破。

三、乌克兰危机的影响与启示

乌克兰危机的爆发，从根本上说是两个进程的对冲。俄罗斯出于地缘政治的考虑，要求乌克兰加入其主导的独联体一体化进程，继续留在自己的政治空间内。而西方则希望通过乌克兰的“反水”推动欧盟和北约的东扩，进一步压缩俄罗斯的战略空间。乌克兰由于特殊的地理位置成为两方争夺的焦点。

作为乌克兰危机的两大外部因素，俄罗斯不仅拥有施加影响的地理毗邻之利、从内部影响乌克兰局势的俄罗斯族因素，还有强大的军事力量、对乌经济民生至关重要的能源资源及关税同盟市场等工具，更为重要的是普京政府维护战略空间的决心和策略，从而对乌克兰危机的走势有着深刻的影响。相对而言，美国由于战略收缩，不愿在乌克兰问题上涉足过深，欧洲鉴于与俄罗斯之间的能源贸易以及与俄对抗决心、信心不足，并没有向乌克兰提供其期待的直接支持。

就乌克兰危机的战术应对而言，普京政府无疑是成功的。但由于发展道路、发展模式不具吸引力以及总体实力的弱势，战术上的成功无法扭转俄罗斯在地缘政治上的被动局面。首先，乌克兰加入“欧亚联盟”几乎成为不可能选项。当前，乌俄关系的核心已是东部的分裂问题。这触及了乌克兰国家完整的底线和中央政府的威信，乌克兰国内的民族主义情绪势不可挡，致使乌克兰在心理上进一步靠向西方。失去欧亚战略中的关键伙伴，俄罗斯在欧亚地区的影响力和号召力将大为削弱。第二，乌克兰危机在一定程度上也波及到俄罗斯与中亚国家的关系。在联合国大会就克里米亚公投问题投票时，哈、乌两国弃权，吉、塔、土三国没参加投票，没有一个中亚国家支持俄罗斯，反映出中亚国家对俄的复杂心态。第三，对俄罗斯内部分裂力量的示范效应。俄罗斯1.43亿人口有四分之一是非俄族，其中2000万是穆斯林。89个联邦主体（不含克里米亚和塞瓦斯托波尔）中有 21 个非俄族共和国、10 个民族自治区、1 个民族自治州。有学者提出，西方完全有理由否认俄罗斯现在的边界安排，以子之矛攻子之盾。

乌克兰危机也深刻地影响了俄罗斯与欧美的关系。德国失去了对现任俄罗斯领导人的信任，严重地破坏了双边关系。对于德国政治精英来说，乌克兰危机就是俄罗斯的危机。而俄罗斯方面认为，德国总理默克尔与美国一起围堵、遏制俄罗斯。

在这次危机中，乌克兰无疑是最大的输家。不仅国内分裂进一步加剧，国家领土和主权完整面临严峻挑战，国家安全环境变得异常严峻复杂，国家也由危机前俄欧双方竞相拉拢的对象变为矛盾的焦点，国际处境骤然恶化。危机再一次证明，作为地缘战略支点的乌克兰，对外政策不可不顾及地缘政治现实而率性而为。唯有立足现有的地缘政治环境，采取现实的态度，在大国关系中保持微妙的平衡，保持战略耐心，才能维护国家安全和国家利益。着眼未来，俄罗斯、欧美、乌克兰只有采取现实的态度，才能从根本上缓和并最终化解危机。

第三节　深刻变革中的中东地缘战略格局

中东地处亚、非、欧三大洲的结合部和欧亚大陆的中心地带，地理位置重要，历来就是大国战略争夺的核心地带。特别是随着石油资源的发现，中东的战略地位进一步凸显，吸引了世界各大国的普遍关注。与此同时，中东国家为在地区竞争中维护安全、谋取优势，竞相拉拢或依附域外大国，使地区战略形势更加复杂。“阿拉伯之春”以来，中东整体进入了动荡期。再加上美国战略收缩所带来的地区战略失衡，中东地区大国竞争不断加剧，各类矛盾冲突日益激烈，中东地缘战略格局正加速调整演变。

一、美国在中东的战略收缩

冷战后，美国一直牢牢掌握着中东的战略主导权。特别是“9·11”事件后，美国将反恐作为首要战略任务，加大了在中东的投入，试图“改造整个穆斯林中东，将其一劳永逸地带入现代世界”。然而，令美国始料未及的是，不但未能成功改造中东，反而自己深陷泥潭。与此同时，以中国为首的一批新兴国家快速发展，带动世界经济重心向亚太转移。此外，2008 年开始的全球金融危机大幅削弱了美国的实力。在此背景下，奥巴马政府上台后推动战略重心向亚太转移，从中东战略收缩。2017 年，特朗普政府执政后，通过退出伊核协议、迁使馆到东耶路撒冷，展示了与奥巴马政府不同的中东政策，目的是安抚以色列和沙特等地区盟友。需要看到的是，特朗普政策的上述行动更可能是孤立的政策，虽然可能带来一定的影响，但目前看不出美国改变了从中东收缩的大战略。

（一）美国战略收缩的主要表现

首先，努力结束两场战争，摆脱中东战略泥沼。奥巴马政府认为，美国深陷中东两场战争，导致美国对亚洲尤其是日益崛起的中国缺乏应有关注，在中东与亚太两个地区资源配置严重失衡。由此，奥巴马政府对美国国防与外交的布局与重点进行了重大调整，分别推出中东战略收缩与“亚太再平衡”战略，以把资源投入到“最重要”的地方。为此，奥巴马上任后的第二个月就宣布，2010 年 8 月 31 日前作战部队撤离伊拉克，2011 年底前撤出所有驻伊美军。2011 年 6 月宣布正式启动从阿富汗撤军进程。

其次，在军事、外交、经济等方面减少对中东的资源投入。军事上，奥巴马放弃小布什政府的全球反恐战争提法，面对伊核问题和叙利亚危机，美国反应谨慎，力避轻言动武。在打击“伊斯兰国”极端组织问题上，也是半心半意。经济上，当前中东国家进入转型和动荡的关键时期，民主建设、政权稳定、经济重建等急需外部援助，但此时美国开始退缩，对阿拉伯国家的援助不增反降。特朗普政府上台后更是大幅减少对外经济援助。

第三，美国在中东事务上发挥领导作用、进行军事干预的意愿大大降低。奥巴马任内，美国的中东政策由理想主义让位于现实主义，以维持稳定、保护既得利益的守成外交为主要特征，以不陷入中东冲突为主要目标，采取由地区盟友、欧盟、北约打冲锋，而美国在背后发挥“幕后领导作用”（lead from behind）的干预模式。这充分体现在也门危机、利比亚战争、叙利亚内战等问题上。

最后，推动达成伊核协议。伊朗核问题是美国中东战略的风向标。在英、法、中、德等国斡旋下，2015 年 7 月 14 日，美国与伊朗达成核协议，以许诺“解除制裁”为条件，换取伊朗大幅削减核能力，在暂时遏制伊朗制造核武器的同时，从中东抽身从而更加从容地将战略重心从中东转向亚太。特朗普政府不顾国际社会特别是西方盟国的反对，执意退出伊核协议，但并未提出一个相对完整的解决伊核问题的主张。此举明显缺乏总体、系统、成熟的大战略筹划，更多是出于国内政治的考量以及个人性格使然。美国究竟如何解决伊核问题，伊核问题又将走向何方，值得国际社会持续关注。

（二）美国战略收缩面临的主要挑战

美国在中东的战略收缩面临的挑战和阻力，首先是来自美国国内的反对。以参议员麦凯恩为代表的保守共和党人批评奥巴马政府在中东处于历史性关键时刻不仅不加大投入、反而要远离中东的政策。还有一些学者对奥巴马在中东的撤退外交以及“少作为就是多做”（Doing less is more）思想进行了严厉批评，指出面对中东乱局，美国不采取行动的风险可能比采取行动的风险更大，将给美国实力和国际地位带来危险的后果。

其次，美国的地区盟友如以色列、沙特、土耳其对美国撤离中东、减少对中东投入不满，在伊核问题、叙利亚内战等问题上与美国存在尖锐分歧。以色列担心奥巴马在核问题上对伊朗妥协意味着将接受伊朗拥有一定限度的铀浓缩能力。奥巴马则担心以色列单独对伊朗采取军事行动，进而打乱美国的战略部署。特朗普在中东问题上则明显偏袒以色列。但这种偏袒在总体从中东收缩的大背景下能够在多大程度上影响地区形势的发展还是一个问号。

再次，从伊拉克到叙利亚、从阿拉伯半岛到马格里布地区，“伊斯兰国”等极端组织和恐怖势力在中东全面回潮，对美国在该地区的安全和利益构成全面挑战。同时，随着中东安全局势日益恶化，美国当前的中东政策不能应对挑战，在中东的影响力将进一步下降。

（三）美国战略收缩的地缘政治影响

从中东近代以来的历史看，主导该地区的大国每一次崩溃或撤离都不可避免地给中东地缘政治格局带来重大影响。如一战后奥斯曼帝国解体，阿拉伯国家纷纷独立。二战后英法殖民体系在中东结束，随之而来的是以色列的诞生和巴勒斯坦问题的出现、阿拉伯民族主义的兴起以及美苏主导中东的新格局。冷战结束后，美国建立中东新秩序，开始独霸中东。随着奥巴马政府从中东撤离，中东将不可避免地面临新一轮地缘政治体系大调整。

首先，美国的战略收缩势必削弱其在中东的影响力，动摇长期以来美国在中东的主导地位。近年来，由于美国在“阿拉伯之春”、巴以问题、伊核问题、利比亚战争以及叙利亚内战等问题上的态度与政策，美国的地区盟友对美国失去信任，地区民众对美国的不满情绪加剧，对美国的认可度不断降低。受其影响，美国对中东国家政局、地区发展方向、地区安全与稳定、地区秩序安排等问题上的影响力和控制力也将日趋弱化，而其他力量如俄罗斯、欧盟、沙特、伊朗等的作用在上升。一些人甚至宣称，中东正在进入“后美国时代”。

其次，美国在中东的战略收缩使地区现有的战略平衡被打破，地缘政治格局面临重组。随着美国的战略收缩，地区盟友日益认识到美国不可依赖，开始强化自身安全建设。以色列和沙特在此方面尤其明显。同时，地区大国，如土耳其、伊朗、沙特等跃跃欲试，企图在地区事务中发挥领导作用，扩大地区影响，从而导致地区大国竞争升级。

再次，美国的战略收缩客观上为地区外力量进入中东提供了空间。面对地区战略形势的变化，地区国家开始重新寻找新盟友、新伙伴，外部力量趁机扩大在中东的影响，欧盟、俄罗斯等在中东事务上的影响力在增大。特别是俄罗斯开始在中东重建影响力，加大重返中东步伐。同时，俄罗斯与伊朗、伊拉克的关系不断得到加强。在对伊朗导弹出口禁令取消后，两国即签署了S－300防空导弹系统的采购合同。伊朗还向俄罗斯开放领空使其实施在叙利亚的军事行动。

二、伊朗与沙特的地区主导权争夺

长期以来，中东地区一直是美国掌控下的多极并存和相互制衡，从而使地区格局维持着相对平衡的状态。但随着中东剧变、美国战略收缩，伊朗与沙特“两强并立”将成为未来中东地区地缘政治的显著特点，两国围绕地区主导权的争夺进一步上升。

（一）伊朗崛起态势日益明显

伊朗是中东举足轻重的地区大国，石油储量居世界第二，工业能力和综合实力在中东位列前茅，国内政治稳定，在当前中东整体动荡的背景下，伊朗的优势地位进一步凸显。

首先，地缘环境不断改善。在过去相当长的时期内，伊朗处在萨达姆政权和塔利班两大敌对政权的牵制之下，难以伸展。但美国2001年打垮塔利班政权，2003年推翻萨达姆政权，客观上帮助伊朗除掉了两大地区对手。特别是伊拉克什叶派得势，中东隐然出现了一个伊朗—伊拉克—叙利亚—黎巴嫩真主党构成的什叶派“新月地带”，为伊朗崛起提供了潜在盟友和外部支撑。

其次，阿拉伯世界的相对衰落凸显伊朗的“被崛起”态势。近几十年来，中东持续动荡，使阿拉伯世界元气大伤。中东传统强国埃及由于国内持续动荡、政局不稳，斡旋、介入地区事务的能力和意志大幅下降。相对而言，伊朗却保持了政治稳定，国力持续增长。凭借实力和战略传统，伊朗有能力与意愿在中东事务中扮演越来越重要的角色。

再次，美国的战略收缩为伊朗提供了更大的腾挪空间。美国在中东的收缩意味着其遏制伊朗的意愿和能力越来越弱，由此为伊朗“填补空白”、扩大地区影响力提供了更多空间。事实上，自中东剧变以来，伊朗在伊拉克、也门、叙利亚等地区问题上的影响力日益扩大。

（二）沙特努力巩固其在阿拉伯世界中的领袖地位

长期以来，沙特都是大国，在阿拉伯世界中拥有举足轻重的作用。沙特影响力的来源主要有以下三个方面：

一是石油出口。沙特是世界第一大产油国，有能力左右国际油价。自2014年下半年起，沙特主动发起石油战，导致油价暴跌，沉重打击了俄罗斯、伊朗等国家，凸显了沙特在国际战略博弈中的地位。凭借石油出口带来的财富，沙特有能力为地区国家提供帮助，影响地区力量组合和形势发展。

二是宗教影响。沙特坐拥麦加和麦地那两大伊斯兰圣地，以此构建宗教正统性，对外输出瓦哈比主义，打造伊斯兰盟主地位。沙特为此倡导成立了伊斯兰会议组织和伊斯兰世界联盟，将其作为进行伊斯兰外交和软实力建设的重要平台。

三是沙美关系。早在二战末期，沙美就确立了“石油换安全”的战略盟友关系。近年来，两国关系虽有所疏远，但从根本上讲，沙特在安全上依然依靠美国，美国要维持全球领导地位也需要沙特的配合，沙美关系的疏远是有限度的。特朗普上台后，沙特再次通过巨额合同拉紧了与美国的关系。

近年来，随着国际战略形势的变化，沙特外交政策发生了明显变化，由过去稳健低调变得越来越高调，发挥地区领导作用的愿望愈发强烈。这既是应对美国在中东战略收缩的必要举措，又是沙特塑造地区格局的主动之举。

（三）伊朗与沙特地区领导权争夺加剧

随着两国在各自阵营中的地位不断提升，伊朗与沙特的矛盾日趋凸显。特别是在美国地区影响力下降的背景下，两国竞争意识增强，博弈和较量日趋激烈。

在安全领域，伊朗争当地区大国，加紧研发和制造先进武器。虽然美伊达成核协议，但伊朗并没有彻底弃核。沙特对此高度警惕，始终担心伊朗借机发展核武。针对美国的战略收缩，2014年12月，沙特等海湾国家宣布成立共同的海军部队，并在沙特组建联合军事指挥部，其将与海合会在巴林的海军指挥部，以及位于沙特的空军指挥部协同行动，目的即是应对来自伊朗和“伊斯兰国”的威胁。

在地缘政治方面，沙特与伊朗都缺乏压倒对方的足够实力，因此双方在中东地区的争夺，更多是将实力相对较弱或动荡的国家作为博弈的战场。也门内战就是一个典型的例子。伊朗支持胡塞武装，希望借此控制曼德海峡进而提升在中东的影响力；沙特组织地区国家军事打击胡塞武装，以此打破伊朗的包围。

（四）伊沙地区主导权争夺带来的影响

一是教派冲突进一步凸显，地区矛盾更加错综复杂。沙特和伊朗分别是逊尼派和什叶派的领导国家。当前，两国之间的博弈明显带有教派对抗色彩。在此影响下，中东可能陷入两大教派之间的“冷战”，各国政治撕裂加剧，教派矛盾日趋升温，地区秩序更加混乱。当前，随着全球化的不断深化，世俗化成为世界发展的趋势和潮流。在此背景下，中东地区的宗教色彩上升和反世俗化趋向自然成为主流中的逆流。在此影响下，中东可能进一步脱离全球化的发展轨道，在全球化的大潮中更加孤立和格格不入。这一动向及其给世界带来的影响值得关注。

二是其他行为体从中渔利。首先是极端恐怖势力乘机作乱。中东剧变后，逐渐由转型变成乱局，以“伊斯兰国”为代表的各种极端恐怖组织乘机滋生，并连地成片。然而由于沙特与伊朗的地区博弈，相关国家内部政治撕裂甚至动荡失序，从而使“伊斯兰国”等极端势力日益肆虐。其次是以色列“渔翁得利”。中东剧变数年来，国家之间、教派之间、国家集团之间以及国家内部争斗加剧，使相关国家地缘版图碎片化趋势明显。特别是沙特为遏制伊朗，与以色列越走越近，已经达成战略默契，使以色列的地缘安全环境明显改善。

三、地缘政治视角下的叙利亚危机

叙利亚危机始于2011年3月南部城市德拉的抗议示威活动。危机的起初与发生在突尼斯、埃及的“阿拉伯之春”运动类似。然而，其后续发展却走上了完全不同的道路。抗议活动很快升级为蔓延全国、经年累月的内战，地缘政治博弈是深层次原因。叙利亚危机首先是叙本身的国内政治斗争，也是地区大国的争夺、什叶派与逊尼派两大教派的斗争，更是俄罗斯与美国等域外大国的博弈。特别是俄罗斯与美国因素始终影响甚至决定着叙利亚危机的发展和未来结局。

（一）叙利亚危机的背景

叙利亚位于亚、非、欧三大洲之间，地处阿拉伯世界的心脏地带和西亚新月地带的核心位置，战略位置十分重要。叙利亚是中东地区的政治、军事和外交大国，被视为阿拉伯人利益的坚定维护者和政治代言人，长期在中东和平进程中发挥着举足轻重的作用。正如以色列前总理本·古里安称，没有埃及，阿拉伯国家无力对以色列发动战争；没有叙利亚，以色列无法与阿拉伯国家实现和平。①

叙利亚对俄罗斯而言具有重要战略意义。早在冷战时期，叙利亚就是苏联的势力范围，冷战后成为俄罗斯在中东地区最重要的盟友。作为普京中东战略的重要支点，叙利亚对于恢复和扩大俄罗斯在整个中东地区的影响力具有重要意义。一旦失去叙利亚这个屏障，不仅极端宗教势力将趁势向北高加索地区渗透，美国也将进一步对俄罗斯形成战略合围的态势。同时，自俄罗斯撤出越南金兰湾后，叙利亚的塔尔图斯港就成为俄罗斯在独联体国家之外唯一的军事基地，也是俄罗斯海军在地中海的唯一立足点。此外，叙利亚还是俄罗斯的重要贸易伙伴，特别是在武器和能源领域。正如一位学者所说的，"叙利亚对于俄罗斯的重要意义，就如同以色列之于美国，无论在何种情况下，它都能对俄罗斯的利益起到保护作用。"② 对于俄罗斯的支持，叙利亚外长瓦利德·穆阿利姆曾表示，俄罗斯"最终不仅仅是保护叙利亚，也是自我保护"。③

美国则长期视叙利亚为"眼中钉"。冷战期间，叙利亚长期站在苏联一边，与美国对立。1990 年，叙利亚参加了美国发动的海湾战争，共同打击萨达姆，两国关系一度改善。但好景不长，

① 陈双庆："叙利亚：这是怎样一个国家"，《世界知识》2011 年第 10 期。

② Con Coughlin, "Syria is to Rassia What Zsrael is to America", Daily Telegranh, July 11, 2012.

③ 毕洪业："叙利亚危机、新中东战争与俄罗斯的中马战略"，《外交评论》2016 年第 1 期，第 65 页。

1996 年，美国以叙利亚支持巴勒斯坦激进势力为由将叙利亚列入“支持恐怖主义国家”名单。此后，两国关系日趋紧张，龃龉不断。“9·11”事件发生后，虽然叙利亚支持美国反恐，但在恐怖主义的界定上与美国存在重大分歧，特别是叙利亚支持巴勒斯坦激进势力，引起了美国的强烈不满。2002 年，美国将叙利亚列入“邪恶轴心”名单。2003 年，美国发动伊拉克战争后，总统布什在 4 月 13 日的记者会上公开威胁叙利亚，“现在我们在忙伊拉克的事。伊拉克战争结束后，下一步就是叙利亚的问题。我们期待它的合作。”① 次日，美国将叙利亚的威胁定位升级为“恐怖主义国家”。虽然叙利亚与美国进行了有限合作，但美国依然对叙利亚实施了经济和外交制裁。

同时，叙利亚危机还搀杂着错综复杂的教派斗争。在叙利亚的穆斯林中，逊尼派占 74%，是绝对多数，但政权长期被占少数的什叶派阿萨德家族控制。正如中东地区的许多事件一样，叙利亚危机发生后，马上充满了浓厚的宗教色彩。在地区层面上，相关各方表现为泾渭分明的两大阵营：一派是伊朗为首的什叶派阵营，支持阿萨德政权；另一派是以沙特为首的逊尼派阵营，为反对派提供了大量援助。

（二）俄罗斯与叙利亚危机

自 2011 年 3 月爆发以来，叙利亚危机很快成为域内外各种势力博弈的舞台，其形势发展处处体现着地区国家和域外大国的竞争与对抗。其中，俄罗斯在危机中数次力挽狂澜，将阿萨德政权从倒台的边缘拉了回来，始终影响甚至主导着叙利亚危机的发展。

美国和西方国家在叙利亚危机中的作用主要限于政治和外交

---

① 何志龙：“后冷战时代叙利亚与美国关系”，《西亚非洲》2006 年第 1 期，第 50 页。

领域。叙利亚危机发生后，奥巴马和西方国家政要纷纷表态，明确要求巴沙尔“必须走人”，推动联合国安理会通过决议制裁叙利亚和阿萨德政权，组织对叙利亚施加制裁。此外，美国还为反对派提供了军事援助，但仅限于提供质量并不高的军事装备和人员培训，并未直接军事打击叙利亚。原因主要有：一是在战略收缩的背景下，美国无意开辟新的战场。二是军事打击的后果充满不确定性，特别是在“伊斯兰国”极端组织猖獗的情况下，打垮叙利亚政权可能导致地区失序，恐怖主义泛滥。三是盟友不支持，特别是英国议会否决首相卡梅伦对叙利亚动武的提案，进一步弱化了美国对叙动武的决心。虽然特朗普政府曾对叙利亚进行导弹远程打击，但对叙利亚危机的进程并未发挥太大的影响。

与美国等西方国家相比，俄罗斯在叙利亚问题上对阿萨德政权的支持无论是意志还是能力均强于美国。

一是在政治和外交领域坚决支持叙利亚政府。针对西方国家在联合国安理会推动通过制裁、打击叙利亚政权的决议，俄罗斯坚决反对，并不惜在联合国安理会投票中多次运用否决权。针对美国威胁军事打击叙利亚，普京表示，如果叙利亚遭到打击，俄罗斯将给予叙利亚政府坚定支持，继续供应武器，开展经济合作，因为这既是出于国际公正，也是维护俄罗斯在中东的利益。同时，为了显示对阿萨德政权的支持，2013 年起，俄罗斯加强了在地中海的军事存在。同年 9 月，在化武危机的关键时刻，俄罗斯在地中海部署军舰达到 9 艘，超过了美国和法国在地中海军舰的总和，发挥了重要的军事威慑作用。

二是积极开展外交斡旋，阻止西方对阿萨德政权动武。危机中，俄罗斯在与西方国家对抗的同时，也加强了沟通与协调，避免西方国家的军事打击。2013 年 8 月 21 日，在叙利亚大马士革郊区发生了化学武器袭击事件，约 1000 人遇难。国际社会普遍认为不可能是叙利亚政府军所为，然而，美国一口咬定叙利亚政府对此事件负责。8月31日，奥巴马宣布，“我已经决定美国应该对叙利亚政权目标采取军事行动”。[①] 普京对此表示坚决反对，警告说单边动武等于侵略，同时加强了外交斡旋。普京利用圣彼得堡二十国首脑峰会之机与奥巴马就政治解决叙利亚危机进行了沟通，外长拉夫罗夫与美国国务卿进行了多轮磋商。9月6日，美国同意放弃对叙利亚动武，并重申将寻求和平解决叙利亚问题。9月9日，俄罗斯提出了解决叙利亚化武危机的方案，即叙利亚政府全面交出化武，置于联合国管控之下，并监督销毁，以免遭外部势力的军事打击。次日，叙利亚政府同意签署《禁止化学武器公约》。9月14日，俄美外长在日内瓦达成《销毁叙利亚化学武器框架协议》，规定叙利亚必须在2014年年中销毁或者转移其所拥有的全部化学武器。9月27日，联合国安理会一致通过销毁叙利亚化武的2118号决议。叙利亚政府不仅接受俄美框架协议，而且接受联合国决议，标志着叙利亚化武危机得到了和平解决。

三是直接军事支援叙利亚政府军。相对于美国，俄罗斯对叙利亚政府的军事支援可谓直接而有力。危机发生后，俄罗斯一直不间断地向叙利亚政府军提供军事装备，派出军事专家和作战部队为叙利亚政府军提供军事指导、军事培训等。2015年8月初，俄罗斯决心直接军事介入，并开始进行军事准备。2015年9月底，俄罗斯在叙利亚部署了强大的军事力量，包括苏－34新型轰炸机在内的50余架战机，形成了前方空军基地，具备侦察和空中打击能力。为保护基地安全，部署了T－90A主战坦克、BMP3步兵战车等先进武器，在基地外围还有S－300远程地空导弹和铠甲S－1防空系统，以及米－35武装直升机守护。这是苏－34

① “奥巴马决定对叙利亚动武但获国会同意才会开战”，中国新闻网，http://Chinanews.com/mil/2013/09－01/5229858.shtml。

新型战斗机和苏－30中最新的SM型多用途战机服役以来首次参加实战。俄罗斯空军战略轰炸机图－22M3、图－95MS和图－160从本土起飞，执行对地轰炸任务，共发射巡航导弹34枚。俄罗斯还使用海鹰－10无人机、伊尔－20侦察机以及10颗侦察卫星提供情报保障。俄罗斯空军一开始就采取了密集空袭的打法，在不到三个月的时间内，俄军战机出动5200余架次，摧毁恐怖组织目标近万个，有力改变了叙利亚战场态势。

通过叙利亚危机，俄罗斯实现了在中东的强势回归。不仅维护和扩大了在中东的利益，而且有效摆脱了乌克兰危机带来的政治孤立。俄罗斯不仅抓住了美国在中东战略收缩的有利时机，而且有着打击“伊斯兰国”极端组织的合法性与正当性，占领了国际舆论高地。

通过介入叙利亚危机，俄罗斯加强了与伊朗、伊拉克的合作。俄罗斯、伊朗、伊拉克与叙利亚决定共同在巴格达建立反恐情报中心，共同分享有关“伊斯兰国”的情报。伊拉克总理阿巴迪还表示，欢迎俄罗斯空袭在伊拉克境内的“伊斯兰国”目标，以美国为首的反恐联盟并没有向伊拉克提供充足的支持。俄罗斯外长则表示，将继续向伊拉克政府提供援助。此外，伊朗、埃及等国也对俄罗斯出兵打击“伊斯兰国”持欢迎态度。即使是叙利亚反对派和库尔德民主联盟党也发表声明表示欢迎，后者甚至还希望与俄进行军事合作。至此，在中东地缘政治中，俄罗斯主导和支持的俄罗斯、叙利亚、伊朗、伊拉克“四国集团”正接近成型，对美国在中东的战略地位形成挑战。

对于俄罗斯介入叙利亚危机，美国及其盟国进行了强烈的指责。美国国务院发言人约翰·卡比表示，俄罗斯在叙利亚境内90%以上的空袭目标根本不是“伊斯兰国”，而是叙利亚温和反对派。[1] 卡塔尔、沙特等国更是对俄罗斯的军事行动进行了指责，要求俄罗斯立即停止对叙利亚的空袭行动。这反映了美国及其主导的反恐联盟心态的失衡。如果俄罗斯将军事行动扩大到伊拉克，美国在中东的反恐地位将进一步受到挑战，其中东战略也将出现动摇。届时，俄罗斯在中东的地位将更加稳固。

① “美国务院发言人：90% 以上的俄空袭目标并非 IS”，腾讯新闻，http://news.qq.com/a/20151008/020136.htm。

第六章

美国“重返亚太”：从奥巴马到特朗普

冷战的终结开启了美国亚太战略的新阶段。美国亚太战略不再受制于冷战时期的全球遏制战略，而更多地反映美国在亚太地区的利益目标和战略关注。冷战结束后，东亚国家抓住有利的和平环境，不断深化地区合作和一体化进程，整体实力持续增强，特别是中国、印度等新兴国家长时间保持着高速发展态势，综合实力和在全球战略中的地位大幅提升，推动全球战略重心向亚洲转移。在此背景下，冷战后美国亚太战略总体反映出两个趋势：一是亚太在美国全球战略中的地位不断上升；二是中国在美国亚太战略中的地位不断上升，越来越成为美国制定亚太战略乃至全球战略的重要考量。克林顿政府任内出台两份《东亚战略报告》。小布什政府执政之初将中国定位为战略竞争者，推动战略重心东移，但“9·11”事件中断了这一进程。真正意义上的美国“重返亚太”开始于奥巴马政府的“亚太再平衡”。

奥巴马政府上台后，将亚太视为全球战略重点，在全球总体战略收缩的大背景下加大了对亚太的战略投入，在保持对华接触的同时，对华竞争与施压的一面明显加强，中美关系在保持总体稳定的同时风险与挑战不断上升。特朗普政府上台后，提出“印太”战略，在安全领域基本沿用了奥巴马政府“亚太再平衡”战略的主要内容，同时对华政策的进攻性、冒险性明显上升，对华发动史上最大规模的贸易战，不断在台湾问题、南海问题上采取挑衅性举措，中美关系面临着冷战结束以来最为严峻的风险与挑战。

第一节　“亚太再平衡”战略：动力、举措与困境

冷战结束后，美国的亚太战略主要受四个因素的影响。首先是美国的国家安全战略。它一方面决定了亚太在美国总体战略中的地位，另一方面也决定了美国在亚太的地区战略目标。其次是美国对亚太地区的认知。再次是中国因素。由于冷战结束后中国的综合国力快速提升，对华战略越来越成为美国亚太战略的重要组成部分，影响甚至在很大程度上主导了美国的亚太战略。最后是美国的国内政治。不同时期，美国政府及领导人的战略目标、思路和手段均有所不同。这些因素不仅塑造了克林顿、小布什政府的亚太政策，同样也体现在奥巴马、特朗普政府的亚太战略上。2009 年执政后，奥巴马政府根据美国现实状况及国际形势发展变化情况，对全球战略进行了全面调整，于 2012 年初正式推出“亚太再平衡”战略。

一、奥巴马政府“亚太再平衡”战略的主要背景与考虑

奥巴马政府是在美国处于冷战结束后最低点的时刻上台的。在国际上，阿富汗和伊拉克两场战争使美国在战略上筋疲力尽，国际影响力大幅下降；面对新兴大国的群体性崛起，西方综合实

力和国际影响力进一步下降，东西方战略态势对比发生重大变化；传统安全威胁依然存在，而新型安全挑战与威胁又层出不穷，美国掌控国际事务的能力面临严峻挑战。在国内，金融危机使美国经济面临空前的困难，贫富差距、国内政治、社会分裂、族群问题、就业等社会问题进一步凸显。

在此背景下，奥巴马竞选期间提出了“变革”的口号，谋求通过变革恢复美国的全球领导地位和国际影响力。奥巴马将国内经济振兴和社会变革置于首位，休养生息，把主要精力和资源放在国内，国防费用相应缩减。为此，奥巴马在 2010 年《国家安全战略》报告中明确提出，美国国际战略的基础在国内。这一时期，美国国内精英对于如何保持国内政策与国际战略的平衡上基本达成一致。在外交上提出“不干蠢事”，奉行经济优先原则，强调多边主义和“巧实力”，努力改善美国的国际形象，注重通过国际机制和全球治理解决问题。其外交原则的实质在于“克制”和“收缩”，通过动员联盟国家和伙伴国家采取集体行动，共同分担风险与责任。谨慎用兵，即便在已经或者可能出现军事冲突的地区，也主张控制危机而非解决危机，坚持使用外交、经济制裁、国际施压等手段，尽量不直接使用军事手段，避免开启新的战端。这决定了奥巴马政府亚太战略的战略目标与战略途径。

在认知层面，奥巴马政府认为，政治权力正在随着经济发展重心的变化出现由西方向东方的历史性转移，亚太地区正日益成为全球的权力中心。进入 21 世纪以来，东亚成为世界上经济增长最快的地区，亚太地区成为最具经济活力的地区和全球经济复苏的引擎。正如美国国防部长帕内塔在 2012 年 6 月香格里拉对话会上所提出的，“在 21 世纪，美国意识到，我们的繁荣与安全将更多地依赖亚太地区。全球经济增长最快的一些国家都在这个地区，只提几个，中国、印度和印尼。”[①] 与此同时，1997 年东南亚金融危机中美国没有施以援手令地区国家对美国失望，在其后的地区合作机制蓬勃发展过程中美国又长期缺席，致使其在东亚的影响力不断下降，面临着被边缘化的危险。在全球战略重心向东亚转移的大背景下，无论是出于抓住这一地区快速发展带来的机遇，还是通过提升在东亚的领导力维护全球霸权，美国都必须加大与东亚的接触和在这一地区的战略投入。

应对中国崛起是美国“重返亚太”的深层次考虑。2008 年经济危机后，与西方特别是美国综合国力下降形成鲜明对照的是中国经济继续保持高速增长。一升一降形成的巨大反差使中国大国崛起的讨论在美国国内不断升温。这一时期，美国部分学者认为，“中国在南海、人民币、贸易问题上立场日益强硬，在气候变化、朝核问题、伊核问题上采取不与美国合作的态度，在一些双边问题上出现了中国主导的情况”；还有学者认为，随着中国综合实力的上升，中国开始“自行其是”，“不再遵守、接受现有的国际规则”。[②] 为此，一些学者将奥巴马政府的亚太政策调整看作是一定程度上对中国“自信”（assertiveness）行为做出的“两面下注”（hedging）反应。[③]

最后是美国国内政治的影响。任何外交政策的制定和调整都有着深刻的国内政治背景。在外部看来，奥巴马政府的战略调整是针对亚太地区国家的，但在美国国内看来，这是一次政治、经济和军事的新布局，以此与小布什政府将美国的力量、资源过多地投入中东而成效甚微的反恐战略划清界限。“亚太再平衡”战

① Shangri-La Security Dialogue. Leon E, Panetta, Shangri-La Hotel, Singapore, June 2, 2012.

② David Shambaugh, “The Chinese Tiger Shows Its Claws”, *Financial Times* , February 17, 2010.

③ 王雅平：“领导人换届与中美关系”，http：//Chinese. Carnegieendowment. org/publications/？ fa =4504。

略在2012年初正式出台，但奥巴马政府亚太政策的调整实际上在上台之初就开始了，意在将国内对外交的关注从中东引向亚太、减少中东乱局对政府的负面影响，通过将战略重心指向亚太、“平衡”中国，回应共和党指责政府对中国“软弱”的批评。同时，在国防预算大幅削减的背景下，通过转向亚太、渲染大国军事竞争维持对军事创新和先进技术的投入、维持美国的军事优势，也是奥巴马政府出台“亚太再平衡”战略的重要考虑。

正是在上述因素的共同作用下，奥巴马在2009年上任伊始就提出“将我们在亚太地区的存在和使命列为重中之重。美国是一个太平洋大国，我们将留在这里”，[①] 着手调整战略重心。在2009年东盟地区论坛上，国务卿希拉里高调宣布美国要“重返亚太”。此后美国不断加强在亚太地区的军事部署，强化军事同盟。2011年10月，希拉里在《外交政策》杂志上发表题为《美国的太平洋世纪》的政策文章，对美国战略重心东移和未来十年美国亚太战略做出阐述和全面宣示，并强调，随着美军从伊拉克全面撤军及开始从阿富汗撤军，亚太地区已成为全球政治的一个关键驱动力，未来十年美国外交战略最重要的使命之一是将外交、经济、战略等方面大幅增加的投入“锁定在亚太地区”。2012年1月，美国政府高调出台了题为《保持美国全球领导地位：21世纪国防战略重点》的军事战略报告，强调美国将减少在欧洲的军事存在，把重心转向亚太地区。该报告认为，美国的经济与安全利益与西太平洋、东亚到印度洋、南亚的弧形地带局势发展密切相关，这里的复杂局势对美国形成挑战与机遇。据此，当美国军事力量继续着力于全球安全之时，有必要对亚太地区进行“再平衡”的力量调整。

---

① “Remarks By President Obama to the Australian Parliament”, the white house, http: //obamawhitehouse. archives. gov/the - press - office/2011/11/17/remarks - presidort - obama - australia - parliament.

二、“亚太再平衡”的主要内容

奥巴马政府的“亚太再平衡”战略是一个综合性、整体性战略，具有巩固美国全球霸主地位、拉动国内经济增长、应对中国崛起等多重目的，其战略措施也涵盖经济、政治、军事、外交等多个领域。

（一）在政治和外交上，全面参与地区多边机制，密切与地区国家关系

奥巴马上台后，从东盟地区论坛（ARF）到东盟“10+3”、东亚峰会等区域性多边国际组织和机构，美国全面进入，并力图形成主导。此外，美国还参加“太平洋岛国论坛”，彰显对南太平洋地区的关注与投入，发起一系列小多边倡议，如“湄公河下游行动倡议”。美国在不断深化与日本、韩国、菲律宾、泰国、澳大利亚等亚太传统盟友关系的同时，积极拓展与印度、印尼、越南等国的伙伴关系。2012 年 11 月，奥巴马在成功获得连任后立刻出访东南亚，高调出访泰国、缅甸、柬埔寨，并在柬出席东亚领导人峰会。其中，缅甸之行更被称为“历史性访问”。2014 年，美国继续全方位加强在东南亚的布局，奥巴马访问了马来西亚和菲律宾，国务卿和国防部长也数次访问东南亚，启动美国与东盟防长对话机制，双方互动密切，关系明显升温。2015 年 11 月，美国和东盟宣布结成战略伙伴关系。这是自 2005 年 11 月《东盟—美国加强伙伴关系联合构想声明》发表后，双方关系的又一次重大突破。

2016 年，美国总统奥巴马还历史性地访问了老挝。尤其值得一提的是，曾经的老对手美越实现双边关系的重大突破，双方实现了高层互访。2015 年 6 月，美国和越南签署《联合愿景声明》，该声明为两年前业已结成全面伙伴关系的美国和越南“开展更宽

广的军事合作敞开大门”。12 月，美新签署《加强防务合作协议》，为双方在军事、政治、战略、技术、共同应对非传统安全挑战五项关键领域开展合作提供了更为扎实的框架。2016 年 5 月，奥巴马对越南进行了为期三天的访问，期间宣布全面解除对越武器禁运，美越关系持续升温。上述成果，连同 2014 年 4 月和 8 月美国分别同菲律宾和澳大利亚签署的《加强防务合作关系》和《军力态势协议》，巩固了美国在亚太地缘政治格局中的优势地位。奥巴马政府密集出访亚太与小布什政府忽视亚太的做法形成了鲜明的对照。

（二）在经济上，通过构建“跨太平洋伙伴关系协定”（TPP），建立以美国为中心的泛太平洋经济区

“跨太平洋伙伴关系协定”最初由智利、新加坡、新西兰、文莱四个环太平洋国家于 2005 年 6 月发起，当时并没有引起外界的太多关注，影响力极其有限。2009 年 11 月，奥巴马宣布了加入 TPP 的意向，其后积极推进并主导该协定的谈判，旨在“将其打造成亚太地区范围最大、起点最高的自由贸易安排”。2011 年，奥巴马借亚太经合组织领导人峰会（APEC）之机宣布与有关国家达成 TPP 基础框架。2015 年 10 月，美国、加拿大、墨西哥、秘鲁、智利、日本、越南、马来西亚、新加坡、文莱、澳大利亚和新西兰等 12 个国家就 TPP 达成协议。2016 年 2 月，相关国家正式签署 TPP 文本。

在奥巴马政府看来，TPP 能为美国带来诸多好处。首先，大大促进美国对本地区的出口，创造更多的就业机会，推动经济复苏。其次，重新制定并主导经贸游戏规则。谈判过程中，美国将知识产权保护、劳工标准、环境标准纳入其中，以提高美国企业的竞争优势，更好地保护美国的知识产权。奥巴马在 2015 年 10 月与相关国家就 TPP 达成协议后曾直言，美国不能让中国等国家“书写全球贸易规则”。再次，牵制东亚合作。美国希望随着 TPP

的达成，美国主导的亚太合作将取代东亚合作主导这一地区，有助于巩固美国在亚太的主导地位。事实上，美国的这一意图一度达成。在 TPP 达成协议后相当长的时间内，区域全面经济伙伴关系协定（RECP）谈判一度停滞。TPP 是美国“亚太再平衡”战略的重要组成部分，该战略的核心是在世界上经济发展最有活力的亚太地区维护美国的影响力，阻止实力不断增长的中国对美国产生排挤效应。在“亚太再平衡”战略实施的过程中，大多数手段是在美国传统做法基础上的更新、修补和完善，而 TPP 则是全新的，奥巴马政府试图从“高标准”经贸规则入手，重塑这一地区的经济联系和秩序，带有鲜明的奥巴马特色，TPP 协议在美国甚至被称为“奥巴马协议”。对于 TPP 的作用，美国国防部长卡特2015 年4 月表示，就最广义的“再平衡”战略而言，达成 TPP 与再造一艘航母同样重要。对此，美国参议院军事委员会主席、共和党资深参议员麦凯恩则表示，TPP 相当于 10 艘航空母舰，如果美国能成功建立 TPP，将大大提升应对中国挑战的能力。[①]

（三）在安全上，进一步加强同盟与伙伴国关系，构建美国领导下的地区安全网络

二战后，美国在亚太的安全架构以双边同盟为主，迟迟未能建立起覆盖整个地区的多边安全网络。这与欧洲的北约存在明显的差距。如何整合地区同盟和伙伴国、构建覆盖整个亚太的安全网络是美国亚太战略长期面对的难题。2010 年“亚太再平衡”实施以后，奥巴马政府不断加强地区同盟体系和伙伴国关系，将现有的双边、三边关系整合为三边和多边关系，并在此基础上构建起完整的地区安全网络。

在美国的推动下，多对双边关系取得实质性进展。2015 年 4 月，奥巴马与日本首相安倍晋三签署《美日防卫合作指针》，实

① 麦凯恩：“TPP 相当于 10 艘航母”，凤凰网，http：//news. ifeng. com。

现了两国军事同盟由区域级别至全球级别的跃升。2016年，美国利用朝鲜频繁进行核及导弹试射，推进美韩同盟升级，特别是“萨德”系统入韩。2016年1月，《美菲加强防务合作协议》（EDCA）正式生效，标志着中断十余年后美军重新进驻菲律宾军事基地。5月，奥巴马访问越南，宣布全面解除对越武器出口禁运，为两国发展战略伙伴关系铺平了道路。10月，美澳就美军轮换进驻澳大利亚达尔文基地的费用分担问题达成一致，为美军按计划推动在澳驻军清除了障碍。在双边关系中，特别值得一提的是，美印防务合作实现重大突破。2016年8月，美印正式签署《后勤保障协定》。根据协定，两国军队可以相互使用对方的海陆空军事基地进行维修和补给。虽然这只是一个后勤协议，但对于注重战略自主的印度来说，此举无疑是外交上的重大突破，具有重要的里程碑意义。与美印防务合作同步快速提升的是两国之间的战略关系。2016年6月印度总理莫迪访美期间，美国将印度在军事贸易中的定位提升为“国防领域的关键伙伴”，使印度军工可以无需许可即可获得美国的军民两用技术。在此推动下，7月，印度即向美国波音公司购买四架P－8I海上巡逻机。为了推进与印度的关系，美国还不顾印度不是《核不扩散条约》缔约国的事实，支持其加入“核供应国集团”（NSG），并承诺为印度修建六座核反应堆。

在双边关系发展的基础上，美国在三边和多边安全关系方面实现了重大突破。2016年2月10日，韩军正式加入美军与日本自卫队使用的LINK－16情报传输系统，为三国军队情报共享提供了条件。与此同时，其他三边及多边安全合作也稳步推进，美国领导下的地区安全网络逐步浮出水面。值得关注的是，虽然美国一再强调推进地区安全网络化进程不针对中国，但从其安全网络的内容、领域、关注议题及其国家组成不难看出具有明确的指向性。中国因素也是相关国家加强与美国安全合作的重要甚至是主要考虑。2016年6月，美印日在距中国钓鱼岛不远的东海举行海上联合军事演习，这在历史上尚属首次。2016年3月，美国太平洋总部司令哈里斯提议，重启一个由美日澳印海军组成的非正式战略联盟。有专家指出，这几个国家之间的双边或三边合作已经形成，四国实际上已经向非正式联盟迈进。①

（四）在军事上，强化军事部署，提升军事能力，加强在地区的军事存在

一是加强前沿军事部署。2012年美国国防部长帕内塔在新加坡香格里拉对话会上宣布，到2020年美国海军60%的舰只将集中到亚太地区，这一目标已于2016年基本完成。此外，美国还调整优化前沿部署，将分散在东亚、西太平洋的美军相对聚集，将集中于日本冲绳的美军转为在澳大利亚、夏威夷、关岛和日本本岛多地分散部署，并加强在澳大利亚和新加坡的轮换部署，以多样化方式维持前沿军事存在。

二是大力推进“第三次抵消战略”。“第三次抵消战略”已成为美国军事能力建设的核心内容，亚太则是重要着力点。该战略以“创新驱动”为核心，重点发展能够“改变未来战局”的颠覆性军事技术，通过强化军事技术优势，巩固其与中俄等大国军事竞争中的决定性优势地位。“第三次抵消战略”的五个关键技术领域包括具有自主学习能力的机器、人机协作、人类作战行动辅助系统、先进有人/无人作战编组、针对网络（攻击）和电子战环境进行加固的网络赋能自主武器等。未来美国“抵消战略”将重点从三个方面切入：一是发展颠覆性先进技术武器，带动作战理论、部队组织形态和国防管理创新；二是构建多维一体的新型复合式威慑战略，提升核常之间的有效配合；三是构建基于“全

---

① “美印日澳向四国非正式联盟迈进?”，［新加坡］《联合早报》网站2016年3月15日，http：//www. zaobao. com/realtime/world/story20160315－593023。

球监视—打击网络”的作战能力体系。

三是提出“空海一体战”和“全球公域介入与机动联合”作战概念。将各军种纳入统一作战体系，提升网络作战规模和能力，增强战略威慑。美军高层多次强调军费削减问题不会影响在亚太的既定部署。目前，美国在日本部署了最为先进的“里根”号航母和“全球鹰”无人侦察机等尖端武器，在新加坡部署了最先进的濒海战斗舰，在亚太地区积极推进反导体系建设并取得一定进展。通过加强海空天军事力量的作战协同，整合亚太地区美军的作战能力，提升作战效能。

（五）频繁炒作，深度介入地区争端，渲染“中国威胁”，牵制中国崛起意图明显

炒作地区争端，渲染“中国威胁”，是美国“重返亚太”的重要抓手。2009年以来，美国不断改变在南海问题上的立场，深度介入南海问题。一是加强军事部署。2016年6月，美国“斯坦尼斯”号和“里根”号两个航母打击大队同时在南海部署。9月，美国国防部长卡特高调宣布，“亚太再平衡”战略的军事部分进入第三阶段，将把F－35型战斗机、P－8型反潜机和升级版的“弗吉尼亚”级核潜艇等最为先进的装备部署到亚太。为了增加在南海的军事力量，2016年美国太平洋舰队考虑取消第三与第七舰队以国际日期变更线划分的行政界限，并于同年10月进行了首次试验。二是进一步加大在南海执行“航行自由行动”的强度。2015年10月，美国“拉森”号驱逐舰进入我国南沙渚碧礁周边12海里，被普遍解读为美国对华新一轮施压的开始。2016年，美国政府明显加大了执行“航行自由行动”的力度。1月底，美国驱逐舰“威尔伯”号直接侵入我国西沙领海，10月下旬美舰“迪凯特”号再次进入西沙领海，美国轰炸机还直接飞越我国南沙岛礁上空，标志着美国在强度和范围上全面升级针对中国的海上施压行动。

此外，美国通过鼓动菲律宾发起“南海仲裁案”、鼓吹“南海自由航行”问题等从国际法上规制中国。美国一边宣称在南海问题上保持中立，一边要求中国接受“国际法庭”仲裁，企图用曲解的国际法向中国施压，迫使中国在南海做出让步。2015 年 10 月，就在临时仲裁庭接受菲律宾就南海问题诉华请求的同时，美国海军“拉森”号驱逐舰强闯渚碧礁 12 海里海域；2016 年 1 月，美国驱逐舰“柯蒂斯·威尔伯”号驶入属于西沙群岛的中建岛 12 海里领海；2016 年 5 月 10 日，美国“威廉·劳伦斯”号导弹驱逐舰驶入永暑礁附近海域；2016 年 7 月，“里根”号核动力航母打击大队进入南海开展所谓的“警戒行动”。美国此举一举两得，一方面挑战我国南海权益、宣示其对南海的“掌控权”，另一方面为菲律宾等地区国家撑腰打气，对中国的规制意味明显。

三、美国“亚太再平衡”战略的局限

奥巴马政府的“亚太再平衡”战略着重强调两个方面：一是在全球范围内重新调整力量与资源配置，将战略重心转移到亚太地区；二是控制战略成本，为美国国内经济复苏和休养生息提供条件。客观上，奥巴马政府部分实现了战略意图，美国在亚太的战略存在和地区影响力明显加强，牵制了中国与周边国家关系不断深化的势头，在针对中国的安全网络建设和军事能力提升上取得了新进展。与此同时，“亚太再平衡”战略至少存在以下三个方面的难题或困局。

首先，全球战略收缩、聚集亚太直接导致美国在欧洲与中东的地缘战略优势下降。奥巴马政府试图全球收缩，这对美国集中精力搞经济必不可少，但从全球安全及美国霸权角度看，效果并不理想。由于战略资源有限，将重心转移到亚太地区导致美国在欧洲和中东的战略投入明显不足，美国难以兑现对传统盟友的安全承诺更是引发盟友的广泛质疑。2013 年年底乌克兰危机爆发，这在西方眼中具有重大的地缘政治含义。在此背景下，西方战略界对奥巴马政府奉行的“克制”和“收缩”的政策提出强烈质疑，要求重新回归地缘政治。正如美国保守派评论家克劳萨默所说，“美国的撤退正在转变为溃败。奥巴马政府将留给其继任者一个新的争论不休的世界，美国的利益和价值观在其中将越来越遭到挑战。”[①] 在中东，美国撤出导致的权力真空造成了不可挽回的影响，“伊斯兰国”恐怖势力的崛起、逊尼派与什叶派的对立、地区大国的争斗、库尔德问题等被再次激发起来。2015 年俄罗斯借反恐之机强力介入叙利亚内战，极大地改变了中东的力量对比态势。

其次，美国国内对奥巴马的对外政策反弹强烈。在上台之初，奥巴马已清醒地意识到，“重塑美国领导力”的根基在国内，为此，他在国内事务上投入大量精力，试图解决和缓解各种内部矛盾，这包括强推医改法案、加强银行监管、实施再工业化计划、改革移民政策、推动新能源开发等等，同时在国际上打造所谓“高标准”的贸易体系，试图为美国赢得竞争优势。在奥巴马政府看来，TPP 不仅可以帮助美国进一步拓展亚太市场，也将为亚太地区制定新的贸易规则，确保美国在贸易规则制定中继续保持领导地位。奥巴马视 TPP 为美国“亚太再平衡”战略的核心支柱，也是他希望留下的重要政治遗产。然而这一协议并未顾及相当多美国民众的真实感受。美国面临的越来越突出的问题是，经济全球化带来的好处由美国政治精英和大企业享有，而所受冲击却主要由中下层承担，相当多的普通选民对贸易自由化的抵制和反感急剧上升。在 2016 年的大选中，几乎所有的两党参选人都对 TPP 表示反对。

---

① Gideon Rose, “What Obama Gets Right: Keep Calm and Carry the Liberal Order on”, *Foreign Affairs*, September /October 2015, p. 7.

再次，美国降低领导成本与掌控局势发展之间的矛盾进一步凸显，面临着局势失控的风险。奥巴马政府坚持构建“基于规则”的亚太安全网络，这在现实中确实可以节省战略资源，降低维持秩序的成本。然而，国际规则往往具有松散性和滞后性，虽然暂时可以维系国际秩序，但由于约束相关国家的能力下降，地区秩序很容易陷入危机。一方面，在亚太地区，美国应对中国的挑战时也是更加注重规则，对于实力对比发生变化后的地区秩序如何随之调整，奥巴马政府的思路并不是特别清楚，这使中美两国冲突和对抗的风险有所增加。另一方面，由于战略资源受限，奥巴马政府尤其需要盟友和战略伙伴的支持，因此在处理地区事务时过于偏袒它们，这在一定程度上又增加了地区紧张程度。

第二节　“印太”战略：内涵与演变

2017 年 11 月初，美国总统特朗普在其首次亚洲之行中提出了“一个自由开放的印太”概念，美国 2018 年《国家安全战略》对此进行了确认。结合 2017 年下半年以来特朗普政府多名高官，如国务卿蒂勒森、国防部长马蒂斯、国家安全事务助理麦克马斯特等多次使用这一概念，“印太”战略被普遍视为特朗普政府的地区战略。其实，“印太”战略在奥巴马政府时期已经大致成形。从目前看，特朗普政府的“印太”战略基本沿用了奥巴马政府时期的做法，并未超出奥巴马政府地区战略的大框架，其未来发展仍需进一步观察。

一、“印太”概念的提出及内涵

近年来，“印太”一词越来越多地出现在美国、日本、澳大利亚、印度等国官员的讲话和战略文件中，用以讨论印度洋和太平洋沿岸相关地区的地缘政治和地缘经济变化。据考察，早在20世纪六七十年代，澳大利亚学者就从国际安全及战略角度提出了“印太”概念，认为维持印度洋和太平洋的平衡将有助于确保澳大利亚的国家安全。但长期以来一直没有得到学界和决策圈的关注。2007年8月，日本首相安倍晋三访问印度时提出这一概念。然而，“印太”概念的真正兴盛是从美国“重返亚太”和推行“亚太再平衡”战略开始的。2010年1月，美国新美国安全研究中心发布题为《公域竞争：多极世界美国权力的未来》研究报告，提出鉴于印度洋不断上升的重要性以及中印在印度洋已经开始的战略竞争，美国应加强与印度、日本等国的战略合作，限制中国的海上军事扩张，同时避免与中国发生海上冲突，确保印度洋的海上安全。2010年10月，美国国务卿希拉里在美国的亚洲政策演说中首次提到“印太”概念，提出要加强与澳大利亚、新加坡、菲律宾及印度的海上安全合作。次年11月，希拉里在《美国的太平洋世纪》中对“印太”的战略意义及美国的“印太”政策进行了全面的阐述。由此开始，“印太”作为一个战略概念开始得到政策界和学术界的普遍重视。

“印太”概念近年来之所以兴盛，离不开以下四个方面的原因和背景。一是世界战略重心东移，印太地区战略地位上升。冷战结束后，特别是2008年国际金融危机后，全球力量格局总体呈现东升西降的态势，中国、印度等亚洲国家的崛起使全球战略重心向亚洲转移，吸引了越来越多的国际关注。二是印度崛起态势明显，国际地位不断增强。随着综合国力的不断发展，印度自20世纪90年代开始实施“向东看”政策，国际影响力不断上升。美国、日本、澳大利亚、东南亚国家等纷纷强化与印度的协调与合作。三是印度洋地缘政治重要性增强。随着海上贸易的发展，印度洋的战略通道价值得到了大国的普遍重视。四是美国推行“亚太再平衡”战略。印太概念的兴盛与美国“重返亚太”基本同步并非巧合。美国希望通过提升印度的战略地位、加强与印度的合作，将其纳入自己的战略轨道中，更好地维护在印太地区的主导权。由此可以看出，“印太”概念的兴起，是政策与概念相互作用的结果，概念促进政策设计规划，而政策宣示则推动概念被广泛使用和认同。[①]

随着“印太”的战略地位不断上升，相关研究成果明显增多。整体上反映出以下几个趋势：一是普遍认为“印太”正成为一个独立的战略体系。在此方面最具代表性的是澳大利亚学者罗瑞·梅德卡夫。他提出，“印太”概念的出现意味着承认西太平洋和印度洋地区之间日益增加的经济、地缘政治和安全联系正在创造一个单一的战略体系，这是一个包含了中国、印度和美国等主要大国之间相互交叉的利益的战略体系。[②] 二是普遍关注大国在“印太”战略体系下的互动。大国之间的竞争与合作是该领域研究的重点。这也反映了“印太”这一概念的战略性特点。三是普遍关注中国在“印太”的动向及其影响，但在如何看待中国的影响上存在着明显的分歧。部分西方学者以怀疑的眼光看待中国在该地区影响力的上升，同时不少学者也认为，“印太”概念的提出为多边主义发挥更大作用提供了广阔的空间，能够为合作而非竞争提供更多机会。暗示“印太”概念在某种程度上是为了排斥中国的想法实际上是不正确的。还有学者提出，尽管这一概念的批评者认为，它具有消极的以中国为中心、制衡中国的寓意，

① 赵青海：“‘印太’概念及其对中国的含义”，《现代国际关系》2013 年第 7 期，第 17 页。

② Rory Medcalf, “The Evolving Security Order in the Indo-Pacific”, in David Brewster ed., *Indo-Pacific Maritime Security: Challenges and Cooperation*, National Security College, July 2016, p. 8.

但这并不是这个概念内在的部分。①

对于中国学术界对这一概念的研究，有学者提出主要存在以下不足：第一，过于强调美国“印太”战略的军事、安全等高政治领域，对经济、社会文化等低政治领域关注不够；第二，过于强调美国战略实施的宏观方面的内容，对影响战略实施效果的具体内容和细节关注不够，而战略的成败在很大程度上取决于具体实施，战略思想只有通过具体实施才能得以更好地体现；第三，过于强调美国针对中国的战略意图，对其更广泛的战略意图或目标关注不足；第四，对美国战略的理解比较形式化和简单化，忽视了对其战略实施过程所体现的战略思想的分析和论述。②

二、奥巴马政府的“印太”战略

奥巴马政府执政后，自 2009 年底开始高调宣布“重返亚太”，其本人和政府高官及正式战略文本也大多使用“亚太”的概念，但国内战略界和学术界对“印太”的重视深深地影响着奥巴马政府，并不断地渗透到政策之中。事实上，奥巴马政府的“亚太再平衡”战略自形成之日起就一直包含着“印太”的内容。

2010 年 10 月，国务卿希拉里在夏威夷演讲时表示，“我们在扩大与印度海军在太平洋的合作，因为我们知道印太盆地对于全球贸易和商业有多么重要。”③ 在 2011 年 10 月发表的《美国的太平洋世纪》中，她写道，亚太地区已成为全球政治的关键推动

---

① Rory Medcalf, “Whose Indo-Pacific? China, India and the United States in the Regional Maritime Security Order”, http://www.lowyinstitute.org/publications/whose-indo-pacific-china-india-and-united-states-regional-maritime-security-order.

② 仇朝兵：“奥巴马时期美国的‘印太战略’”，《美国研究》2018 年第 1 期，第 42 页。

③ Hillary Rodham Clinton, “America’s Engagement in the Asia-Pacific Region”, Kahala Hotel, Honolulu, Hawaii, October 28, 2010, https://asean.usmission.gov/americas-engagement-in-the-asia-pacific-region/.

力。从印度次大陆扩展到美洲西海岸、跨越两大洋——太平洋和印度洋——的这一地区，越来越被航运和战略联系在一起。在谈到美国与澳大利亚的关系时，她表示，“我们还把与澳大利亚的联盟从太平洋伙伴关系扩展成印太伙伴关系，实际上也是全球伙伴关系。”虽然此文的题目是《美国的太平洋世纪》，但很明显，希拉里是将太平洋和印度洋作为一个整体进行战略规划的。并非只有希拉里如此，国防部长帕内塔在 2012 年香格里拉对话上在阐述“亚太再平衡”时表示，在 21 世纪，美国认识到其繁荣和安全更加依赖亚太地区了。这一地区有中国、印度和印度尼西亚等世界上发展最快的经济体。[①] 2013 年 3 月，美军太平洋总部司令塞缪尔·洛克利尔在国会众议院军事委员会作证时使用了“印—亚—太”（Indo-Asia-Pacific）这一概念，用以指代从加利福尼亚到印度的广袤区域。洛克利尔指出，“亚太再平衡”战略意味着承认美国未来的繁荣将在很大程度上取决于“印—亚—太”地区的事态和发展。[②] 2016 年 11 月，美军太平洋总部司令哈里斯表示，“印—亚—太”地区依然是对美国的未来而言最重要的地区，美国是一个太平洋国家，人们不应该怀疑美国保卫其领土、人民或利益的决心。[③]

奥巴马政府对“印太”的重视同样体现在官方文件中。2010

① Leon Panetta，“The US Rebalancing towards the Asia-Pacific”, The 11th IISS Asia Security Summit, the Shangri-La Dialogue, Singapore, June 2, 2012, http://www.iiss.org/en/events/shangri-la-dialogue/archive/sld12-43d9/first-plenary-session-2749/leon-panetta-d67b.

② Statement of Admiral Samuel J. Locklear, “U. S. Navy Commander, U. S. Pacific Command, before the House Armed Services Committee on U. S. Pacific Command Posture”, Washington, D. C., March 5, 2013, http://docs.house.gov/meetings/AS/AS00/20130305/100393/HHRG-113-AS00-Wstate-LocklearUSNA-20130305.pdf.

③ Jim Garamone, “Indo-Asia-Pacific Region Remains ‘Most Consequential’ to America, PACOM Chief Says”, http://www.pacom.mil/Media/News/News-Article-View/Article/1006313/indo-asia-pacific-region-remains-most-consequential-to-america-pacom-chief-says/.

年《四年防务评估报告》指出，作为一个整体的印度洋地区的稳定是美国至关重要的利益之所在，该地区在全球经济中将会发挥更加重要的作用，印度洋提供了对全球商业、国际能源安全及地区稳定都至关重要的海上交通线。2012 年 1 月，国防部在发布的《维持全球领袖地位：21 世纪美国国防优先任务》中指出，“美国的经济与安全利益与从西太平洋和东亚到印度洋地区及南亚的弧形地带的发展是密不可分的，这一地带的挑战和机遇都在不断发展。因此，尽管美军将会继续在全球范围内促进和平，但我们必须向亚太地区进行再平衡。我们与亚洲盟国及关键伙伴的关系对于该地区未来的稳定和增长至关重要。……美国还将投资于与印度的长期战略伙伴关系，支持其作为地区经济之锚和更广泛的印度洋地区安全提供者的能力。”美国海军、海军陆战队和海岸警卫队在 2015 年 3 月联合发布的《21 世纪海上力量合作战略》报告明确使用了“印—亚—太地区”这一概念。该报告表示，随着战略关注点转移到印度洋—亚洲—太平洋地区，美国将增加部署在该地区的舰船、飞机和海军陆战队。美国的目标是建立和维持区域能力，以应对海上安全挑战；通过深化该地区国家间的安全合作和多边机制，促进实现全球经济体系的长期安全。

奥巴马本人也不乏直接使用“印太”的概念。2015 年 1 月，奥巴马访问印度，美印共同发表的《美印关于亚太与印度洋地区战略愿景的联合声明》表示，美国和印度是连接亚太和印度洋地区的两个最大的民主国家，两国将建立伙伴关系，支持从非洲到东亚的广泛地区的可持续、包容性发展，并通过与其他相关伙伴合作增加地区互联互通，解决贫困问题，支持基础广泛的繁荣。奥巴马政府的“印太”思维还体现在相关部门架构和职能调整上。众议院外交委员会亚太小组在重组时就把南亚纳入其关注范围。2014 年初，美国国防部将原属中央司令部管辖的巴基斯坦和阿富汗划入太平洋司令部的管辖范围。这反映出“印太”在美国的战略思维中已被视为一个整体了。在实践方面，奥巴马政府的“印太”思维最突出体现为加强美印关系和强化多边对话上。

奥巴马政府时期，美国与印度的战略与安全合作取得了重大突破。2010年，美国与印度举行了首次战略对话。2012年，两国就国防技术与贸易倡议达成一致，美国同意向印度转让各种武器和技术，直至共同生产和共同开发武器，并支持高科技领域的合作。2015年1月，奥巴马总统访问印度，两国签署《防务合作框架协议》。2016年8月，美印正式签署《后勤交流备忘录协定》。奥巴马称美印关系是“21世纪具有决定性的双边伙伴关系之一”。2015年9月22日，美印两国举行了首届“战略与商业对话”（Strategic and Commercial Dialogue），这一新机制旨在扩大和深化美印在一系列重要的双边、地区以及全球议题上的合作。同时，美国积极推进美日澳、美日印及美日印澳多边安全合作，构建美国主导的地区秩序。首次美日印三边对话于2011年12月在华盛顿举行，对话涉及海上安全、经济合作、印度洋商业链等多个领域。2015年9月，三国举行了首次三边部长级对话，就共同关心的海上安全、亚太地区的架构以及三方合作交换了看法，强调了三国在印太地区利益的趋同、国际法和和平解决争端的重要性、航行和飞越自由，以及不受阻碍的合法的商业活动。这标志着“美日印”三边对话正式升级，三方对话已经制度化。

三、特朗普政府的“印太”战略

2017年2月特朗普政府上台后，以“让美国再次强大”为目标，以“美国第一”为原则，强调以实力求和平，无论是政治理念还是执政风格均与奥巴马政府迥然不同。这同样体现在亚太战略上。截至目前，特朗普政府仍未形成系统、完整和协调的“亚（印）太”政策，仍基本沿用奥巴马政府时期的地区政策，与此同时也深刻体现着特朗普的特点。其“印太”战略的主要内容和特点有：

（一）重视盟友与伙伴国关系建设，继续推进地区安全网络化进程

构建地区安全网络是奥巴马“亚太再平衡”战略的重要内容。特朗普政府上台后继续沿用了这一做法，突出体现在美日印澳四国合作（QUAD）上。特朗普上台之初，公开对地区盟国和伙伴国表示不满，引起了相关国家的疑虑与关注，但很快转变了政策，开始加强与日本、印度和澳大利亚的关系。特朗普政府从双边、三边和四边关系三个层面推进四国合作的发展。

在双边关系层面上，特朗普政府突出强调与日本和印度的关系。在 2017 年《国家安全战略》报告中，特朗普政府将日本定位为“关键盟友”，欢迎和支持日本发挥强大的领导作用。马蒂斯 2017 年访日时称日本是“成本与责任共担的模范”（a model of cost-sharing and burden-sharing）。[①] 这基本沿用了美国历届政府对美日同盟的定位。与奥巴马政府一样，特朗普政府十分看重印度在亚洲战略中的地位。2017 年 10 月 18 日，蒂勒森正式访问印度前在战略与国际问题研究中心（CSIS）发表演讲时表示，“美国和印度在和平、安全、航行自由以及自由开放的体系方面有着共同目标，必须作为太平洋—印度洋的西方与东方的灯塔”。[②] 2017 年美国《国家安全战略》报告明确提出，美国欢迎印度成长为一个全球领导型力量和一个更强大的战略与防务伙伴。[③] 同时，美国还鼓励相关国家间直接发展双边关系。2018 年 1 月 18 日，日本首相安倍晋三与澳大利亚总理特恩布尔举行会谈，探讨有关旨

---

① “James Mattis reaffirms US's Asia Policy”, Financial Times, http://www.ft.com/content/908fa7e0 - eab6 - 11e6 - ba01 - 119a44939bb6.

② Rex W. Tillerson, “Defining Our Partnership with India in the Next Century”, October 18, 2017, https://www.state.gov/secretary/remarks/2017/10/274913.htm.

③ *National Security Strategy of the United States of America*, December 2017, https://www.whitehouse.gov/wp-content/uploads/2017/12/NSSFinal - 12 - 18 - 2017 - 0905.pdf, p. 46.

在让自卫队与澳军在对方国家顺利实施联合演习的新协定。一旦达成，澳大利亚将是除美国外首个与日本签订《驻军地位协定》的国家，澳大利亚成为继美国之后日本最亲密的军事伙伴。[①]

在三边层面上，美国在多对双边关系的基础上推进美日印、美日澳三边安全合作。2017 年 9 月 19 日，美日印三国外长在纽约举行会晤，三方同意共同努力加大对“印太”区域的战略性港口和其他基础设施投资，并就三边海上安全合作等达成了共识。与此同时，“马拉巴尔”（Malabar）年度军事演习逐步使美日印三边军事合作制度化、常态化。

在四边关系上，特朗普政府在奥巴马政府的基础上继续推进美日印澳四边安全合作。在 2017 年 10 月 18 日的演讲中，蒂勒森表示，美日印三边合作已经收获了很多成果，“展望未来，可以邀请其他国家，包括澳大利亚，以建立拥有共同目标与举措的新机制”。蒂勒森还表示，通过地图可以更加直观地认识印度、日本、澳大利亚在“印太”地区的战略地位。他指出，印度、日本就像钉子一样钉在了“印太”区域，然后向南太平洋延伸，澳大利亚在该区域发挥了“铆钉”作用。[②] 不难看出，美国视印度、日本、澳大利亚为美国在“印太”地区的战略支点。11 月 12 日，美日印澳四国外交官员在菲律宾马尼拉举行了多年来的首次会晤，并一致表示将致力于深化基于共同民主价值观和原则基础上的合作，并就进一步加强“印太”地区规则型秩序继续展开讨论。12 月 12 日，蒂勒森在美国大西洋理事会（The Atlantic Council）发表的演讲中提出要进一步推动美日印澳合作关系。他指

---

① “日澳同意加快‘军事互访’协定谈判 澳将成美国之外日最亲密军事伙伴”，《参考消息》2018 年 1 月 19 日，第 2 版。

② “Remarks on Defining Our Relationship With India for the next Century”, US. Department of State, http://www.state.gov/secretary/20172018tillerson/remarks/2017/10/274913.htm.

出：“日本、澳大利亚和美国在印太地区很久之前就已经建立了三边关系。因为印度日益增长的经济重要性以及我们与印度之间存在着共同的国家安全关切，我们正努力推进建立将印度包括在内的一种四边关系。”[①] 特朗普政府首份《国家安全战略》报告明确提出：“我们将寻求提升与日本、澳大利亚、印度的四方合作。”可见，打造美日印澳四边关系已成为美国战略决策层的一种共识。

（二）基于“公平、互惠”原则发展与地区国家经济关系

如果说特朗普政府的“印太”政策在安全领域主要是延续的话，在经济领域则更多体现为变革。对此，特朗普直言不讳。2017 年 11 月，特朗普在越南参加 APEC 会议时表示，“我们谋求发展基于公平与互惠原则的强有力的贸易关系。从现在开始，当美国与其他国家或民族发展贸易关系时，我们期待我们的伙伴将像我们一样忠实地遵守规则。”[②] 为此，他上台后的第一件事就是签署行政令退出 TPP。2017 年 11 月，特朗普访问韩国时表示，《美韩自贸协定》是一个相当失败的协议，对美国非常不利，寻求与韩国重新谈判。实质上，特朗普的贸易政策就是利用自己的优势地位要求相关国家做出让步，变通过在经济上让利换取盟国的支持为直接渔利盟国，这必然引发地区国家的强烈不满。日本《读卖新闻》即指出，“贸易问题的国际规则是在有别于安全保障的框架内规定的，将两者混为一谈可能会招致盟国的不信任情

① “On ‘Meeting the Foreign Policy Challenges of 2017 and Beyond’ Remarks”, December 12, 2017, https://www.state.gov/secretary/remarks/2017/12/276570.htm.

② The White House, “Remarks by President Trump at APEC CEO Summit”, November 10, 2017, https://www.whitehouse.gov/the-press-office/2017/11/10/remarks-president-trumpapec-ceo-summit-da-nang-vietnam.

况，引发混乱。”①

（三）强调“以实力求和平”，强化地区军事存在

2017 年美国《国家安全战略》报告提出，美国将继续保持前沿军事存在，以有能力威慑并在必须时击败任何对手。特朗普政府上台后，在提升与地区盟国和伙伴国关系的同时，加强军事存在，将更多的先进武器装备部署到“印太”地区。2017 年 6 月，国防部长马蒂斯在香格里拉安全会议上声称，美国 60% 的海军战舰、55% 的陆军部队和 2/3 的海军陆战队部队已经部署到美军太平洋总部，60% 的空军战术资源也很快会部署到这一地区。② 11 月初特朗普总统访问亚洲期间，美国的三大航母战斗群在东北亚地区集结，这是冷战结束后极其少见的。在“自由航行”问题上，奥巴马政府比较谨慎，奉行个案处理的原则，即军舰每次行动前均需要向国家安全委员会报告，等批准后执行。但特朗普政府批准了此类行动，军方在此方面有了更多的自主权。2017 年以来，美军在南海的“航行自由行动”无论是在频率上还是强度上均明显提升。

总而言之，特朗普政府的“印太”战略在安全上明显有所加强。然而，需要看到的是，由于特朗普的战略重心是在国内振兴美国的经济，在国际问题上不愿投入太多资源，一方面削减对外援助，另一方面无意制造新的麻烦，在实质上仍然是奥巴马政府战略收缩通过另一种方式的继续。同时，特朗普政府的“印太”战略截至目前依然不完整、不系统、缺乏协调，最明显的表现就是经济与安全的脱节。这显然无法取信于地区国家。没有地区国

---

① “日本对川普的《国家安全战略》半信半疑 喜忧参半”，http：//www. meihuanews. com/news/n4085t4. html。

② “Remarks by Secretary Mattis at Shangri-La Dialogue，” June 3，2017，https：//www. defense. gov/News/Transcripts/Transcript-View/Article/1201780/remarks-by-secretary-mattis-at-shangri-la-dialogue/.

家的支持和配合，美国的所谓“印太”政策要取得成功基本上是不可能的。

小　结

客观地讲，美国的“重返亚太”战略是一个全面的、综合性的地区战略，并非全部针对中国、也并非只有安全一个维度。但不可否认的是，应对中国崛起是美国“重返亚太”战略的重要内容，并且这种重要性在美国的地区战略中呈不断上升的趋势。在此背景下，中美互动及其互动中的竞争性均大幅上升，这反过来又进一步强化了美国“重返亚太”的决心，进而使中美关系进入一个相当负面的螺旋之中。奥巴马政府时期，中美在竞争不断上升的同时，注重通过机制管控分歧以及在国际问题上加强合作，竞争得到了一定的中和和管控，维护了中美关系的总体稳定。特朗普政府上台后，明确将中国列为“修正主义国家”和要战略竞争对手，对华政策中的零和性和对抗性明显增加。同时，特朗普政府无视多边主义，接连退出《巴黎气候变化协定》、伊核协定等多边机制及组织，致使中美之间的国际合作明显减少。这反过来又进一步凸显了两国之间的分歧与竞争。在此影响下，未来一个时期中美关系中的不确定不稳定性将明显增加。同时需要看到的是，中美关系越来越取决于两国互动、越来越多地受到国际形势的限制，而非一方的单方面选择。两国在竞争的同时也存在着广泛的共同利益，“和则两利、斗则俱伤”。共同演进仍是中美关系的必由之路。

第七章

安全新议题：改变国际安全的新动力？

国际战略形势是国际关系中影响国际与国家安全的全局性、长期性发展趋势。其主要内容包括国际重大问题、重要因素、主要力量、关键事件、主导潮流的发展过程和趋向。国际战略形势具有较强的时代性，在不同的历史时期影响国际战略形势的因素及其发挥的作用也有所不同。传统上，国家与国家集团一直是影响国际战略形势的主要行为体，国际安全与国家安全是主要议题，战争与和平、大国关系、地缘政治、军控与裁军、核问题等则是主要关键词。近年来，恐怖主义、气候变化、网络安全、人工智能、能源问题、传染性疾病等引起了全球的普遍关注。这些议题无论在性质上还是作用机理上都与传统因素存在着明显的不同。恐怖主义不仅直接影响国际安全，更重要的是它作为一种意识形态具有很强的渗透性和扩张性，从而对社会、国家和地区的各个领域、各个方面带来深刻影响。网络与人工智能技术则在深层次上改变人类的生产、生活方式和社会形态，进而导致国家间关系和竞争方式、战争形态发生深刻变化。气候变化轻则影响各国居民生产和生活方式，重则导致部分国家和地区由于海平面上升、旱涝、飓风等自然灾害频发出现动荡和大规模移民问题等，同时推动全球地缘政治的深刻变化，如冰川融化可能使北冰洋地区成为新的地缘政治中心，从而导致全球战略重心转移等。近年来应对气候变化的国际治理也渗透着越来越重的国际政治色彩。在某种意义上，由于上述因素大都是通过影响社会而影响国际战略形势的，因此更具深层次、根本性和长期性的特点。为此，分析国际战略形势必须将新的安全议题考虑在内。本章主要分析恐怖主义、气候变化、网络安全和人工智能及其对国际战略形势的影响。

第一节　恐怖主义

当前，恐怖主义是国际安全的重大威胁和最为热门的国际议题之一。其实作为一种历史现象，恐怖主义可谓由来已久，但其成为一种全球性安全威胁还是进入 21 世纪后。2001 年 9 月 11 日，“基地”组织对美国发动恐怖袭击，致使近 3000 人死亡。这是美国本土自建国以来遭受的最为严重的攻击，也向国际社会显示了恐怖主义巨大的破坏力。事件发生后，美国将恐怖主义列为国家安全的头号威胁，先后发动了阿富汗战争和伊拉克战争。世界各国及国际社会纷纷加大反恐力度，并就打击恐怖主义进行了广泛合作。然而全球反恐形势非但没有得到根本好转，部分地区反而出现了“越反越恐”的态势。当前，恐怖组织和恐怖分子利用信息化、网络化和全球化带来的便利，频繁在全球范围内发动恐怖袭击，造成了严重的人员财产损失和社会恐慌，给国家安全和国际安全带来了广泛而深刻的影响。在未来一个相当长的时间内，恐怖主义仍将是国际社会面临的重大安全威胁。

一、恐怖主义及其发展

对于恐怖主义的历史，国内外学者进行了详细的溯源。如认为公元前44年古罗马统治者尤利乌斯·恺撒被刺，以及中国的荆轲刺秦王，就是最早的恐怖主义事件。[①] 然而，作为现代意义上的恐怖主义，学术界大多认为开始于19世纪70年代。其中著名恐怖主义研究者戴维·拉波波特提出的“浪潮”式恐怖主义发展理论具有重要的参考价值。他提出，国际恐怖主义活动不仅存在着扩张与收缩的阶段性变化，而且不同时期恐怖主义的演变还遵循着特定的模式，显示出一定的周期性特征。这些特征其实是现代恐怖主义呈“浪潮”式发展的体现。[②] 基于学者们的研究[③]，可以看出自19世纪70年代以来，现代恐怖主义大致经历了四个波次的发展浪潮。

第一波次的恐怖主义开始于19世纪70年代的俄罗斯，随后扩散到欧洲、美洲以及部分亚洲国家，延续至第一次世界大战前，主要包括俄罗斯、意大利、西班牙、法国、美国、塞尔维亚等国，比较典型的恐怖组织有俄罗斯的“人民意志”、塞尔维亚的“黑手社”等。很大程度上，这一波次的恐怖主义浪潮是对帝国的专制统治及民主化进程过于缓慢做出的反应，在意识形态上受到无政府主义文化观念的影响，旨在通过发起恐怖行动，“唤

---

① 王逸舟：《恐怖主义溯源》（修订版），社会科学文献出版社2010年第2版，第1—3页。

② David C. Rapoport, “The Four Waves of Modern Terrorism”, in Audrey Kurth Cronin and James M. Ludes, eds., *Attacking Terrorism: Elements of a Grand Strategy*, Georgetown University Press, 2004, p. 47.

③ 参见 David C. Rapoport, “The Four Waves of Modern Terrorism”, in Audrey Kurth Cronin and James M. Ludes, eds., *Attacking Terrorism: Elements of a Grand Strategy*, Georgetown University Press, 2004；曾向红：“全球化、逆全球化与恐怖主义浪潮”，《外交评论》2017年第3期；张家栋：“现代恐怖主义的四次浪潮”，《国际观察》2007年第6期。

醒民众、摧毁现存秩序”。除了思想观念变迁带来的影响外，铁路网络的建设、新闻报纸的传播、炸药的广泛使用等技术层面的革新与普及，也在恐怖主义的扩散过程中发挥了重要作用。就攻击方式而言，主要是刺杀政要，比较出名的有1881年俄国沙皇亚历山大二世被刺杀、1892年西班牙首相被刺杀，以及直接引发第一次世界大战的奥匈帝国皇位继承人斐迪南大公夫妇被刺杀等。

第二波恐怖主义浪潮始于第一次世界大战结束，止于20世纪60年代，与全球范围内的反殖民统治、民族独立运动基本同步。一战、二战结束后，战后的国际秩序安排均提出了民族自决的原则，引发了世界范围内民族独立的浪潮。但在某些国家和地区，由于多方面的原因导致民族独立运动受挫，恐怖主义遂成为追求独立的抗争手段。一战后，爱尔兰、以色列、塞浦路斯、阿尔及利亚在争取独立的过程中曾采取了恐怖主义的手段。二战后，则出现了西班牙的“巴斯克祖国与自由党”（即“埃塔”，“ETA”）、英国的“爱尔兰共和军”等组织。与第一波次不同的是，这一时期的恐怖主义即“反殖民恐怖主义”的攻击目标不再限于来自殖民国家的统治者和政治高官，平民开始成为攻击目标。在手法上，暗杀明显减少，游击战、炸弹袭击、武装攻击成为主要的攻击方式。就外在表现而言，这一时期的恐怖主义更加带有现代恐怖主义的特征，如攻击目标的无区别以及攻击范围的扩大等。需要指出的是，第36届联合国大会通过的第109号决议明确指出，一切处于殖民主义和种族主义政权及其他形式的外国统治下的人民享有自决和独立的不可剥夺的权利，并确认他们按照《联合国宪章》的宗旨和原则所进行的斗争，特别是民族解放斗争，都是合法的。一切主持正义和爱好和平的国家应不遗余力地支持这一斗争。因此，这一时期大部分袭击活动属于正义的革命斗争，与通常意义上的恐怖主义存在着性质上的不同。之所以将其划为第二波次，强调的是行动的方式与手段，而非性质。

第三波次的恐怖主义浪潮始于20世纪60年代，到冷战后期逐步走向低潮，基本特征是服从、服务于美苏两个超级大国的全球争霸。这一时期的恐怖主义大致可分为两种：一是拉波波特所说的“新左派恐怖主义”，受左派激进主义的影响，在国内和国际上开展恐怖主义活动，如秘鲁的“光辉道路党”、哥伦比亚革命武装力量等。另一派则是在一个超级大国的支持下反对另一超级大国的军事统治，如1979年苏联入侵阿富汗后，当地游击队在美国的支持下快速发展并频繁对在阿的苏联势力及其代理人发动恐怖主义活动，拉登领导的“基地”组织就是这一时期发展起来的。这一时期恐怖主义的共同点是得到了美苏其中一个超级大国的支持，带有浓厚的冷战背景。随着冷战逐步缓和，这一波次的恐怖主义逐步走向低谷。

当前即第四波次的恐怖主义，因带有较为浓厚的宗教色彩，被拉波波特称为宗教恐怖主义，开始于冷战结束后。其实，早在冷战期间，这种恐怖主义就已经出现，如阿富汗的“基地”组织，但由于当时的国际背景，美苏争霸明显掩盖了其宗教色彩。随着冷战的结束，国际体系变得日益松散、失控，宗教恐怖主义不断发展壮大。冷战后，国际社会经历的一系列恐怖袭击多带有宗教特征和宗教色彩，如1995年日本“奥姆真理教”制造的东京地铁案，1995年美国基督教极端主义分子制造的俄克拉荷马市联邦大楼爆炸案、犹太极端分子刺杀以色列总理拉宾案，2000年美国海军“科尔”号驱逐舰在也门遭受爆炸袭击，2001年的“9·11”事件等。这一时期，恐怖组织广泛利用全球化带来的便利，在信息化、网络化手段的支持下，国际化程度大大提高，作案手段与作案方式更加先进，带来的人员和财产损失也是前所未有的，国际影响大幅跃升。他们广泛采用自杀式袭击的手法，其狂热、残忍程度和破坏力远远超过前三个波次。需要注意的是，上述对恐怖主义发展阶段的划分，主要基于袭击活动的外在表现和作案手段，并不做性质上的界定。

“9·11”事件后，恐怖主义成为全球性重大安全威胁和国际社会的重要议题。然而，各国并未能在如何定义恐怖主义问题上达成广泛一致，这直接影响了全球反恐的努力与效果。美国政府提出，“恐怖主义”是亚国家组织或秘密团伙人员对非作战目标采取有预谋的、有政治动机的暴力行动，通常意图以此对某些方面施加影响。“国际恐怖主义”指涉及一个以上国家的公民或领土的恐怖主义。“恐怖组织”指任何从事国际恐怖活动或有相当数量下属组织从事这类活动的组织。可以看出，美国界定的恐怖主义的主体既包括个人和团体，也包括国家。除了打击通常意义上的恐怖组织和恐怖分子外，美国还提出“支持恐怖主义国家”名单并对其进行施压、制裁和打击。然而，无论是对恐怖主义的认定还是现实表现，美国均存在着明显的双重标准。如只将对自己构成威胁的组织定性为恐怖组织，而对他国提出的恐怖组织视而不见，在恐怖组织的认定上具有选择性。长期以来，美国在军事行动中滥用武力，如在越南战争中为了有限的作战目的无区别地大量使用被国际公约明令禁止的化学试剂，在阿富汗和伊拉克战争中多次造成了大量无辜平民伤亡。以色列军队和警察对巴勒斯坦实施的“定点清除”行动，常常造成大量平民死亡。尤其是以色列政府公开宣扬“以牙换牙”，强力部门不惜使用某些被国际公约明令禁止的武器及方式进行报复；而美国却视而不见。

其他国家也大多根据自己的需要来定义恐怖主义。例如英国主要考虑打击“北爱尔兰军”的需要。为此，英国政府在1982年的《反劫持人质法》中，将恐怖主义定义为“为了政治目的使用的暴力，包括任何为了使公众或其任何部分陷入恐怖使用的暴力”。[①] 以此将“北爱尔兰军”界定为“恐怖主义”。法国、德国、俄罗斯、意大利、以色列、印度、日本等国政府同样如此。特别是在历史上奉行殖民主义、种族主义和帝国主义政策的国家，对“国际恐怖主义”的定义与美国大致相同。由此带来的是，不同国家、民族、族群及个人对同一组织、同一事件的认定完全不同。被一方认为是恐怖活动的某种行为，可能被另一方认为是正义的斗争；被一方认定是恐怖分子，却会被另一方颂扬为“自由战士”和“英雄”。如在伊拉克，美国及其支持的政权认为反美武装为恐怖分子，必须剿灭；而反美武装则认为自己是爱国者，美国是占领者，其支持的政府为“叛徒”“美国的走狗”，必须推翻，实现民族和人民的解放。可见，由于利益与需要不同，要在国际上达成一个统一的恐怖主义定义基本是不可能的，甚至某些国家将恐怖主义视为谋求国家利益的手段。这直接导致国际社会无法团结一致打击恐怖主义，为恐怖主义的生存和发展留下了空间。

然而，即便如此，各国对恐怖主义的认识仍具有一定的共性，如实际使用或威胁使用非常规暴力，具有政治动机，其伤害对象具有很大的随意性，等等。这是各国进行反恐合作的基础。根据《中华人民共和国反恐怖主义法》，中国对恐怖主义的定义是“通过暴力、破坏、恐吓等手段，制造社会恐慌、危害公共安全、侵犯人身财产，或者胁迫国家机关、国际组织，以实现其政治、意识形态等目的的主张和行为”。

---

① 李世安：“恐怖主义的历史考察”，《烟台大学学报》（哲学社会科学版）2008 年 10 月，第 111 页。

二、恐怖主义的影响

政治性、暴力性、国际性以及浓厚的意识形态色彩是当前国际恐怖主义的基本特点，这决定了国际恐怖主义在深层次上影响着社会、国家以及国际安全。特别是当前，恐怖主义充分利用全球化带来的便利和科技的进步，逐步实现了人员招募、资金征集、思想传播、行动策划、袭击行动的网络化与全球化，无论是破坏能力还是国际影响力均取得了实质性增强，给国际安全和国际政治带来重大而深刻的影响。

（一）造成严重的人员与财产损失，在深层次上影响着社会发展

近年来，恐怖主义在袭击的地域、频率与强度上均大幅上升。据英国 HIS 安全报告，2015 年全球共发生恐怖袭击 18987 起，2016 年为 24202 起，同比增长 27.5%。重大恶性恐怖袭击事件高发频发，因恐致死人数不断上升。2000 年至 2013 年间，因恐怖袭击致死人数增加了 5 倍，达到 17958 万人，2014 年升至 32658 人，2016 年为 25621 人。自 2013 年以来，因恐怖袭击致死人数超过 500 人以上的国家数量增长了 120%。① 长期以来，恐怖袭击大多发生在中东、北非、南亚等相对较为动荡的地区，但近年来欧美恐怖事件快速增多。统计显示，自 2000 年以来，经合组织（OECD）国家发生的恐怖袭击事件占全球恐怖袭击事件的 7%。尤其是 2015 年以来，经合组织成员国遭恐怖袭击数量激增，34 个成员国中有 21 个遭受恐怖袭击。2015 年因恐怖袭击致死人数比 2014 年增加 650%。2016 年，经合组织国家因恐袭致死人数达 265 人，超过全球因恐袭致死人数的 1%，而 2010 年这一比例

① 唐志超："当前国际恐怖主义演变趋势及中国应对策略"，《中国人民公安大学学报》（社会科学版）2018 年第 1 期，第 2 页。

仅为0.1%。[1] 特别是频繁发生的“独狼”式恐怖袭击更是引起了欧洲各国的社会恐慌。2016年12月，俄驻土耳其大使安德烈·卡尔洛夫在安卡拉遭极端分子刺杀。2017年4月，圣彼得堡发生地铁炸弹袭击事件，造成10人死亡、40余人受伤。

恐怖袭击的频繁发生，给各国社会带来了广泛而深刻的影响。在政治上，反恐、反移民发展成为各国国内政治的重要议题，保守主义明显上升。在经济上，恐怖主义在造成直接经济损失的同时，也严重打击了投资热情，旅游业日渐萧条。世界经济论坛（WEF）发布的2017年度《全球风险报告》，12年来首次将大规模恐怖袭击列入全球五大风险之一（极端天气事件、大规模非法移民、重大自然灾害、大规模恐怖袭击和大规模数据失窃事件）。[2] 在社会管理上，各国加强安全防护的做法导致安全开支明显增大，社会效率下降。“9·11”事件发生后，美国加强了对电话、网络和媒体的监听和管控，对美国长期以来开放、自由的社会带来了深刻的影响。恐怖袭击导致的安全优先，使人们的不安全感上升，幸福指数大幅下降。

（二）推动国家安全内涵与外延的深刻演变，反恐在国家安全中的地位明显上升

传统上，国家安全主要指军事安全，国家安全的挑战与威胁主要来自其他国家或国家集团，国家安全的议题主要包括战争与和平、大国关系、地缘政治、军控与裁军、核问题等。而近年来恐怖主义的快速上升给国家安全的内涵与外延带来深刻而复杂的影响。恐怖主义成为国家安全的重要甚至是主要威胁，威胁的方

---

① Institute for Economics and Peace, Global Terrorism Index 2017 [R/OL], http://visionofhumanity.org/app/uploads/2017/11/Global-Terrorism-Index-2017.pdf.

② B. KOLLMEYER, The Biggest Global Risks in 2017 - From the World Economic Forum [N/OL]. Marketwatch, 2017-01-12. https://www.marketwatch.com/story/the-world-economic-forum-says-this-is-what-you-need-to-worry-about-in-2017-2017-01-11.

式不同于传统的军事安全决定了传统的军事能力与作战方式无法有效应对恐怖主义威胁，各国不得不在军事能力之外另行建设反恐部队、研发反恐装备、发展反恐能力。由于恐怖主义等非传统安全威胁的上升，国家安全更加强调综合安全、共同安全、合作安全与可持续安全。

在实践上，恐怖主义深刻影响了相关国家和国家集团的安全战略。“9·11”事件前，小布什总统将中国定位为“战略竞争者”，计划通过在战略上转向亚太加强对中国的防范与施压。事件发生后，美国国防部长拉姆斯菲尔德称，必须根据新的形势修改军事战略，应将“清除恐怖网络”列为首要任务。美国遂将国际恐怖主义列为国家的头号安全威胁，在全球实施反恐战争，先后发动了阿富汗战争和伊拉克战争。时至今日，恐怖主义仍是美国的重大安全威胁之一。特朗普政府上台后，重新将反恐列为中东政策的主要内容和首要目标。美国新版《美国国家安全战略》报告中明确提出，击败“圣战”恐怖分子是美国至关重要的国家利益，美国中东政策的目标是不让中东成为恐怖主义的安全天堂和培育基地。为应对恐怖主义和分裂主义威胁，俄罗斯政府发动两次车臣战争、出兵叙利亚，打击国内外的恐怖主义，同时加强反恐立法，如通过《网络反恐修正法案》《反恐法修正案》《刑法修正案》《国家秘密法修正案》《反极端主义活动法修正案》等。2016 年 6 月，俄罗斯国家杜马通过新的反恐法。2016 年俄罗斯政府修改《国家秘密法》，扩大国家秘密范围，把与反恐行动有关的信息补充在内，以提高反恐效率。2017 年 11 月，俄罗斯甚至要求国内 4700 万网络游戏用户必须实名制，以防止利用网络游戏软件从事恐怖活动。

（三）驱动国际关系调整、变迁，给国家间的冲突与合作带来重要影响

通过回顾现代恐怖主义的发展演变，可以看出国际体系的变

迁对现代国际恐怖主义的发生、发展有着直接而深刻的影响。冷战时期，恐怖主义在全球范围内快速发展，原因之一是美苏两个超级大国的争夺造成了世界的动荡、战争与贫困，从而为恐怖主义的滋生提供了国际大环境。之二是美苏均将恐怖主义作为打击对方、谋求竞争优势的工具，因此在恐怖主义问题上采取双重标准，不同程度地鼓励和支持各自所需要的恐怖主义。冷战结束后，美国成为唯一的超级大国，霸权主义和强权政治明显上升，频繁在中东开启战端，致使地区长期陷入动荡与冲突之中，同时无底线地支持以色列，更是招致阿拉伯民众的不满与仇恨，在正面无法解决的情况下只有采用极端手段发泄不满。反过来，恐怖主义又推动着国际体系的变迁和国家间关系的调整变化。

以“9·11”事件为例。在此之前，小布什政府国家安全战略的基点是应对大国竞争和大国挑战，视中俄为主要竞争对手。恐怖袭击发生后，俄罗斯总统普京、中国国家主席江泽民第一时间与小布什总统通话，向其表示慰问并表示支持美国打击恐怖主义。恐怖袭击也促使美国对大国关系进行反思。之前，美国动辄炫耀自己的力量优势，之后则强调合作的重要性。美国国务卿鲍威尔表示，全球反恐“可以为我们加强和重新塑造国际关系、扩大和建立合作领域打开大门，俄罗斯和中国为这一空前的全球努力做出了贡献，在反恐行动中建立的磋商与合作惯例，能为加强我们与这两个国家在其他领域的关系创造机会。”他还表示，“在一系列广泛议题上进行国际合作的前景从来没有如此光明”，“我们就抓住这样的机会”。[①] 由此带来了美中、美俄等大国关系的全面改善。客观地讲，很大程度上正是由于恐怖袭击的发生，使得小布什政府在任的八年成为冷战结束后中美俄大三角关系乃至全

① 王逸舟：《恐怖主义溯源》（修订版），北京：社会科学文献出版社 2010 年第 2 版，第 123 页。

球大国关系最为稳定的八年。时至今日，打击恐怖主义仍是中美关系中的合作领域和积极因素。出于打击恐怖主义的需要，上海合作组织不断发展壮大，不仅提升了反恐能力，国家间互信也明显增强。近年来，出于共同打击恐怖主义的需要，各国纷纷加强合作，建立了一系列双边、多边合作机制，加强了国家间互信。

（四）促使西方国家保守主义上升，全球化面临重大考验

2016 年以来，以英国脱欧、美国特朗普上台为标志，欧美等西方国家的反全球化思潮明显上升。这种情况的出现有诸多原因，但恐怖主义在欧美的蔓延和恐怖袭击的频繁发展是重要因素。在欧洲，2014 年以来恐怖主义威胁达到十年来最高水平。伦敦、布鲁塞尔、柏林、巴黎、尼斯、巴塞罗拉、斯德哥尔摩等欧洲主要城市近年来相继发生严重的恐怖袭击事件。一向安全指数很高的国家如德国、瑞典、芬兰和瑞士也多次发生恐怖袭击。近年来，恐怖威胁与移民问题、难民危机、欧盟内部矛盾、经济危机以及中东动荡相互叠加，使危机不断加深。有专家认为，恐怖主义威胁是推动英国脱欧最主要的原因之一。特朗普上台后，强调国内安全优先，进一步收紧移民政策，上台后即颁布针对七个伊斯兰国家的“禁穆令”。

出于防范恐怖袭击的需要，各国纷纷采取各种措施维护自身安全，如强化边界控制和安全检查、加强对公民信息的审查、限制军民两用技术的扩散、筛选甚至屏蔽涉恐信息、增强对资金跨国流动的监管、削减特定地区移民或难民的申请等。这些措施势必阻碍资本、人员、货物、信息等生产要素的跨国流动。更为重要的是，恐怖主义对西方国家的影响不会只停留在安全层面上，而是与贫富差距拉大、失业等问题相互交织、相互作用在深层次上影响着社会与民众对全球化的态度。从近年来，由反对恐怖主义到反移民、反人员的自由流动，保守主义由安全领域向经济、

政治、文化等领域蔓延，由具体问题、具体矛盾上的冲突上升到对全球化的态度，是欧洲部分国家社会变迁的基本逻辑和基本规律。法国“国民阵线”、意大利“五星运动”党、丹麦人民党、瑞典民主党等极右翼政党正是利用民众对社会现状特别是日益上升的恐怖主义威胁的不满，迅速发展壮大的。在此需要说明的是，国际恐怖主义利用了全球化，但在本质上是反全球化的，一个健全、良性、稳定、平衡的全球化将不断促进人类社会的发展与进步，进而压缩恐怖主义的空间，最终从根本上消除恐怖主义。恰恰是逆全球化更可能使贫困、动荡和封闭的国家和地区长期处于人类社会的发展进步之外，成为恐怖主义滋生和蔓延的土壤。

三、打击恐怖主义任重道远

虽然国际社会普遍意识到了恐怖主义的危害和合作打击恐怖主义的重要性、紧迫性，但全球反恐的前景依然不容乐观。首先，中东、北非、南亚等地区发展乏力、持续动荡，为恐怖主义滋生、发展提供了土壤。恐怖主义的根源在于生活贫困、政治动荡，以及民众中普遍的绝对情绪。经济发展、政治稳定对于根除恐怖主义具有至关重要的意义。20 世纪 90 年代初“基地”组织分支一度在东南亚活动频繁，但随着地区政治经济形势逐步好转，特别是地区经济一体化和人民生活水平不断改善，恐怖活动相对于中东而言大幅减少。相反，近年来，中东、北非成为恐怖主义的沃土，根本原因就是伊拉克、叙利亚、利比亚长期处于动荡与冲突之中，生活困苦，部分民众被逼无奈，最终走上恐怖主义的道路。当前，世界经济复苏乏力，西方国家保守主义、孤立主义上升，致使部分发展中国家经济发展更加困难，不仅原有恐怖主义泛滥的地区难有改观，更可能有新的地区和国家由于经济停滞以及由此引发的政治动荡坠落成为恐怖主义滋生的温床。

其次，大国竞争和对抗上升导致国际反恐合作效果有限。实践证明，大国关系的状况对恐怖主义有着重要影响，大国对抗将使恐怖主义有机可乘，大国合作将大大压缩恐怖主义的空间。“基地”组织的迅速壮大正是得利于冷战期间美国出于美苏争霸的需要对恐怖主义的大力支持。“伊斯兰国”恐怖组织最终土崩瓦解，直接原因是各国最终认识到其严重危害不得不选择合作应对。当前，美国特朗普政府宣称世界重回大国竞争时代，处理大国关系中的竞争性、对抗性明显上升，势必影响打击恐怖主义中的国际合作，甚至在大国矛盾比较突出的地区可能催生新的恐怖主义。以美国为首的西方国家在乌克兰危机、叙利亚问题、中东问题上与俄罗斯、伊朗对抗，是当前这一地区恐怖主义猖獗的重要原因。美国为了维护全球霸权地区，在相关地区的反恐行动掺杂着政治目的，甚至利用恐怖主义损害他国利益，难免遭到其他国家的抵制，进而对国际社会的反恐带来重大负面影响。

再次，以美国为首的西方国家的强权政治迫使部分反政府组织发展成为正式的恐怖主义组织。客观地讲，当前恐怖主义的不断壮大与西方国家狭隘的利益观、意识形态上的优越感、认识上的自以为是以及国际政治上的霸权主义紧密相关。正是由于西方国家在恐怖主义问题上的双重标准，一些不符合西方价值观和利益的组织极易在西方国家的推动下被国际社会界定为恐怖主义，进而遭到打压，最终走向国际社会的对立面。北非的马格里布和索马里的“伊斯兰青年党”就是很好的例子。前者的前身是反政府组织“拯救阵线”，原本并非恐怖组织，但在西方国家的推动下被划为恐怖主义，最终成为阿尔及利亚的“基地”组织分支。后者的前身是索马里的政党，曾一度参与执政，但在西方国家的持续打击下无路可走，最终选择与“基地”组织合作，成为其在当地的分支。

最后，重治标、轻治本的反恐政策导致打击恐怖主义效果有限。由于西方国家的傲慢与偏见使其无法全面、正确地认识恐怖主义产生的根源。西方国家普遍将当今恐怖主义的根源过多地归因于宗教与文明。亨廷顿的“文明冲突论”就是一个典型的例子。就连美国前总统国家安全助理、知名国际问题专家基辛格也在《国际秩序》一书中将恐怖主义的根源归因于伊斯兰教，而对恐怖主义产生的政治、经济原因视而不见，更不愿通过解决相关国家和地区的政治、经济和文化问题消除恐怖主义的土壤，一味采用以暴制暴的反恐方式，最终只能是导致矛盾进一步激化，问题更加复杂和难以解决。

第二节　气候变化

气候作为人类生存最为重要的外部环境和条件之一，不仅直接关系到人类的生产和生活，而且对国家和文明的兴衰存亡、国家间的战争与和平有着重大而深刻的影响。历史上，古埃及、古印度、古巴比伦四大文明古国中的三个的消亡被认为和气候变化密切相关。而中国在汉、唐、宋、明等多个朝代受到游牧民族的袭扰，战事不断，深层次原因也与气候变化导致游牧民族的生产和生活条件受到破坏、被迫迁徙密切相关。有专家还提出：战争发生频率和人口的变动，在百年尺度上与平均气温的变化周期有关。[①] 近年来，随着负面影响进一步凸显，气候变化已经成为最为重要的全球性议题之一。2014 年 11 月，中美两国政府在签署的《中美气候变化联合声明》中首次确认，气候变化是“人类面

① “气候：人类历史中不可忽视的角色”，《中国气象报》2015 年 3 月 22 日，第 3 版。

临的最大威胁”，“应对气候变化同时也将增强国家安全和国际安全”。[①] 2016 年 4 月，175 个国家的领导人共同签署《巴黎协定》，标志着国际社会在应对气候变化问题上取得广泛共识。然而，需要看到的是，应对气候变化依然面临重重困难，存在着重大不确定性。同时，气候变化已经成为当今热门国际政治议题，问题本身已经给国际关系带来重大影响。未来，气候变化有可能成为威胁人类生存的最大外部挑战之一和驱动国际战略形势演变的重大外部因素。

一、气候变化的主要表现与影响

当前，气候变化的主要表现和直接后果包括海平面上升、极端气象现象增加、气温上升等。这些因素在给人类的生产、生活和生存环境带来深刻、复杂变化的同时也给国家安全和国际安全带来新的挑战，给国际政治增加了新的议题。

（一）海平面上升

海平面上升是由全球气候变化导致的海水增温膨胀、陆源冰川和极地冰盖融化等因素共同造成的。有数据表明，1961 年至 2003 年全球平均海平面每年上升 1.8 毫米，1993 年至 2003 年间卫星观测为每年 3.1 毫米。到 21 世纪末，全球平均海平面将上升 0.18 米至 0.59 米。[②] 在全球气候变暖的背景下，中国沿海海平面总体上呈上升趋势，特别是自 20 世纪 90 年代以来，海平面上升趋势更加明显。中国沿海验潮站海平面监测和分析结果表明：1980 年至 2014 年，中国沿海海平面上升速率为 3.0 毫米/年，高于同期全球平均水平，2012 年海平面为 1980 年以来最高位，

---

① “中美气候变化联合声明”，中央政府网站，http：//www. gov. cn/gzdt/2014－02/15/content_ 2604423. html。

② 秦大河、陈振林、罗勇：“气候变化科学的最新认知”，《气候变化研究进展》2007 年第 2 期，第 63—73 页

2014 年仅次于 2012 年。预计未来 30 年，中国海平面将比 2008 年升高 80—130 毫米。[①]《第二次气候变化国家评估报告》预测，未来中国海平面将继续上升，到 2030 年，全海域海平面上升幅度将达到 80—130 毫米。研究结果表明，中国全海域 2030 年将比 2009 年上升 80—130 毫米，同时存在显著的区域差异，天津、上海、广东沿海海平面的涨幅最大，分别将达到 76—145 毫米、98—148 毫米和 83—149 毫米。2050 年珠江口绝对海平面将上升 90—210 毫米。[②] 到 21 世纪末，东海海平面将上升 22—40 厘米。[③]

海平面不断上升将带来严重后果。首先是沿海地区和小岛屿国家居民将被迫迁移。最突出的是马尔代夫、图瓦卢、基里巴斯等一些小岛屿国家，面临着被淹没的危险，大部分或全部人口将被迫迁移。据估算，到 2050 年，全球因气候变化引发的移民数量大概在 2 亿到 2.5 亿之间，这意味着世界上每 45 人中就有 1 人因气候相关因素迁移。[④] 早在 2001 年，太平洋岛国图瓦卢的领导人就发布声明，称“他们对抗海平面上升的努力已宣告失败，并宣布他们将放弃自己的家园，举国移民新西兰”。[⑤] 而各国目前明显没有接受气候难民的意愿和心理准备。大量的人口迁移不仅影响移民的生命权、健康权等基本人权，也给世界的稳定与安全带

---

① 《2008 年中国海平面报告》，中国海洋信息网，http://www.coi.gov.cn/gongbao/nrhaipingmian/nr2008/201107/t20110729_18944_2.html，2015 - 05 - 06。

② 《第二次气候变化国家评估报告》编写委员会编：《第二次气候变化国家评估报告》，北京：科学出版社 2011 年版。

③ 陈长霖等：“IPCC 气候情景下全球海平面长期趋势变化”，《海洋学报》2012 年第 1 期，第 29—38 页。

④ Julia Toscano, “Climate Change Displacement and Forced Migration: An International Crisis”, Ariz. J. Envtl. L. & Pol'y 457, p. 474. http://docs.wixstatic.com/ugd/952f0_9918fa1c8b604daaa55042c5ca932043.pdf.

⑤ “50 年后永远从地球上消失 岛国图瓦卢被迫全民迁移”，2001 年 11 月 23 日，http://news.sohu.com/53/88/news147248853.shtml，2016 年 9 月 18 日。

来严重威胁。近年来欧洲的难民危机就是一个明显的例子。此外，海平面上升不仅会淹没沿海低地，还将对海岸带生态系统，特别是珊瑚礁、红树林、河口和湿地生态系统产生巨大影响。

（二）极端天气现象

由于气候变化，近年来全球范围内的自然灾害无论是频率还是强度均呈明显上升之势。联合国经济与社会事务部 2008 年的报告指出，自然灾害对经济造成的威胁正在加大，2000 年至 2006 年间自然灾害每年对经济安全的威胁已为 20 世纪 70 年代的四倍，每年造成的损失增加了七倍，受灾人数上升了四倍。[①] 2003 年法国酷暑致使 1.3 万人死亡，2007 年严冬横扫整个欧洲地区，不仅严重影响了正常的经济和社会秩序，而且导致大量人员伤亡。仅以 2010 年至 2012 年为例，即可看出极端气象现象对人类的影响大幅上升。

2010 年全球最大的极端气象事件莫过于俄罗斯森林大火和巴基斯坦水灾，前者是由于异常高温天气引起的，莫斯科当年 7 月份的最高温度达到了惊人的 38.2℃，比往年平均值高 7.6℃，比在此之前的最高纪录也高出了 2℃之多。巴基斯坦水灾则是由创纪录的降雨导致的，那次暴雨的降雨量是巴基斯坦 80 年来最大的一次，导致的洪水致使 1384 人丧生。同年，中国也是自然灾害不断，先是云南大旱，很快是广州出现了一周连下三场特大暴雨的恶劣天气，仅 5 月 6 日一天广州市区就在三小时内降下了 231 毫米的雨水。而三场暴雨的总降雨量高达 440 毫米，相当于广州历史平均年降雨量的 1/4，一举打破了广州市的百年纪录。8 月 8 日，甘肃舟曲爆发泥石流，造成至少 1434 人死亡、331 人失踪。根据事后调查，造成这次重大自然灾难的主要原因是在前一天突然而至的大暴雨。那次暴雨的降雨量为 97 毫米，单从绝对

① 李崇银：“关于应对气候变化的几个问题”，《生态环境与保护》2011 年 3 期。

数值来说并不显得特别突出，但在甘肃这个常年干旱少雨的地方却已是十分罕见。更为奇特的是，这 97 毫米的降雨量全部集中在三眼峪沟和罗家峪沟上方的一小块区域，而且是在 40 多分钟里降下来的，正是这种奇特的高强度“点降雨”导致了泥石流的爆发。

2011 年全球最引人关注的极端气象事件发生在美国，仅在头五个月全美国就发生了 1400 余次龙卷风，导致 536 人死亡，以及 320 亿美元的经济损失。这个死亡数字是 1936 年以来死亡人数最多的。事实上，根据美国国家海洋和大气管理局（NOAA）所做的统计，2011 年是有史以来因极端气候造成经济损失最大的一年，全年一共发生了 14 次损失超过 1 亿美元的天灾，无论是频度还是强度都创了历史纪录。[①] 2012 年 3 月，美国经历了有记录以来最热的 3 月，被美国媒体称为“3 月盛夏”。这期间美国各地多项高温纪录被刷新。高温之后是严重的干旱，美国主要粮食产区遭受严重的旱情，粮食大幅减产，导致下半年全球粮食价格大幅上涨。与此同时，位于大西洋东岸的欧洲大陆却经历了一个极端寒冷的冬天，不少雪场因为气温太低被迫关闭，地处北非沙漠的利比亚首都的黎波里竟然下起了雪。近年来，极端天气事件不断增多，给人类生存和国家安全带来了严峻而复杂的挑战。

（三）气温升高

近年来，全球变暖已经成为世界各国的普遍共识。联合国政府间气候变化专门委员会（IPCC）第四次评估报告认为，1906—2005 年，全球平均地表温度上升了 0.74°C。[②] 我国学者认为，近

---

① 袁越：“极端气象事件的极端应对”，《精神文明导刊》2012 年第 9 期，第 47 页。

② 秦大河、陈振林、罗勇：“气候变化科学的最新认知”，《气候变化研究进展》2007 年第 2 期，第 63—73 页。

100 年来中国大陆年平均气温上升了 0.79°C。[①] 世界气象组织 2011 年 1 月 20 日表示，1998 年、2005 年和 2010 年共同成为全球有记录以来最热的年份。当然，全球气温升温只是一个全球、长时间段内的总体趋势，不同地区、不同国家在不同年份情况又有所差别。

气温升高对农业生产、工程建设以及人的健康都有着直接而重大的影响。全球变暖导致水资源更为匮乏，病虫害发生的频率增加、危害程度加剧，粮食大幅减产，沙漠化加剧，以及森林大火的风险上升等。研究发现，气温升高对人类健康也有着直接而重大的影响。有的学者将气温升高对健康的影响划分为直接影响和间接影响。[②] 直接影响是气温升高带来的高温热浪，使人体超过耐受极限，从而导致心脑血管、呼吸道疾病、精神疾病、肿瘤、肾病的发生、加重甚至是死亡。[③] 间接影响包括媒介疾病、海洋来源疾病、空气污染、气候灾难、海平面上升以及臭氧层缺失等对人体健康造成的影响。气温升高有利于虫媒传播性疾病的发生，如疟疾、血吸虫病、登革热、乙型脑炎、恙虫病；有利于水源性传染病的发生，如霍乱、致病性钩端螺旋体病、肠道传染病；有利于食源性传染病、呼吸道传染病，甚至再发或新发传染病。[④] 因此，气温升高直接威胁人类健康和生存，未来有可能成为国家安全和国际安全的头号威胁。

此外，气温上升还将对现有的地缘政治格局带来深刻影响。

---

① 任国玉、徐影："气候变化的观测事实与未来趋势"，《科技导报》2004 年第 7 期，第 10—16 页。

② 曾毅、常学奇、高增林："未来气候变化对人类健康的潜在影响"，《环境与健康杂志》2001 年第 5 期，第 312—315 页。

③ 钱颖骏、李石柱、王强："气候变化对人体健康影响的研究进展"，《气候变化研究进展》2010 年第 4 期，第 241—247 页。

④ 杨国静、杨坤、周晓农："气候变化对媒介传播性疾病传播影响的评估模型"，《气候变化研究进展》2010 年第 4 期，第 259—264 页。

一个典型的例子就是北冰洋。随着全球气候变暖，北极航道上的海冰逐渐消融，按当前的气候变化趋势，北极海域将最早在 2050 年达到夏季完全无冰状态、2100 年达到全年完全无冰状态，这将大大提升北极的地缘战略价值。首先是航道价值。北极航道直接连接欧洲与远东、北美与远东、欧洲与北美等世界主要贸易区，能够极大缩短海运距离、降低成本，对原有的途经好望角、苏伊士运河、巴拿马运河、马六甲海峡的航线形成分流甚至替代，势必对全球贸易格局与经济发展产生重要影响。其次是资源价值。北极的能源蕴藏量十分可观，石油蕴藏量占世界的 13%，天然气占世界天然气储量的 30%，是可与中东相媲美的油气资源战略储备仓库。北极与南极不同，不存在国际条约的限制，油气资源开采有 40 多年历史，已进入大规模开发的前夜。俄罗斯、美国、加拿大、挪威等国都对开发利用北极资源高度重视，纷纷出台战略规划。总体上看，极地已经越来越直接地关系到世界各国资源和能源安全，成为影响多数国家长远发展的重要因素。三是军事价值。由于世界主要大国均集中在北半球，北极这一“航空要冲”的战略价值尤其明显。部署在北极的洲际弹道导弹可以在最短时间内覆盖美、欧、中、俄等大国的战略腹地。一旦在北极成功部署战略核潜艇，将明显提升在大国战略竞争中的地位。随着北极地区价值的不断凸显，大国围绕这一地区的战略竞争势必加剧，进而给全球地缘政治带来重大影响。

二、围绕气候变化的争论

自 20 世纪 70 年代以来，人们对气候变化的关注不断增多，应对气候变化正成为各国的共识。与此同时，气候变化“怀疑论”一直存在，甚至在某些国家成为官方立场。特朗普上台后退出《巴黎协定》就是一个典型的例子。事实上，围绕气候变化的争论从来没有停止过，背后除了理论、理念与科学之争外，更反映了不同国家、不同群体不同的利益诉求。

1988 年，世界气象组织和联合国环境规划署联合成立政府间气候变化专业委员会（IPCC）。从 1990 年起，IPCC 先后四次发布评估报告。其核心内容是：全球变暖是“毫不含糊”的事实，而且主要是由人类活动引起的[①]，化石能源燃烧和森林破坏等导致大气中温室气体浓度大幅上升，从而引起全球气候变暖。全球变暖将会带来海平面上升、灾害天气增加等，直接威胁人类的可持续发展。为此人类应该尽快行动起来，大幅减少温室气体排放。IPCC 评估报告是由全球上千名知名科学家共同提出的，因此具有很高的权威性，受到了国际社会的普遍认可。

然而，一些科学家、学者对于 IPCC 结论和全球变暖理论仍持保留甚至怀疑态度，他们一方面通过全球变暖在论证过程中存在的不足和漏洞对其结论进行反驳。另一方面指责气候威胁论通过控制主流媒体绑架了各国政府和主流民意，认为气候变化问题已经被政治化了。2007 年 3 月 8 日，英国广播公司（BBC）电视台播放了名为《全球变暖的大骗局》的纪录片，提出“全球变暖说”其实是由狂热的反工业化环保分子创造出来的，背后是一个高达数百亿美元的产业。同时，S. 弗雷德·辛格等人还于 2007 年针对政府间气候变化专业委员会领导成立了一个“反政府间气候变化专业委员会”（即 NIPCC），并推出题为《重新思考气候变化》的报告，全面质疑 IPCC 报告的观点。2009 年底，就在哥本哈根气候大会前夕，气候变化怀疑论者在布鲁塞尔的欧洲议会召开了“全球变暖怀疑者大会”。哥本哈根气候变化大会期间，一批来自世界各地的怀疑论者组织各种类型的反对与抗议活动。此后，气候变化大会也成了气候变化怀疑论者的大会，两种观点相

---

① ［英］安东尼·吉登斯著，曹荣湘译：《气候变化的政治》，北京：社会科学文献出版社 2009 年版，第 21 页。

互指责、激烈对抗。

目前，持气候变化怀疑论的人群主要包括气候、天文、物理等自然科学领域的科学家，经济、社会等人文学科的学者，以及社会活动家和政界人士等。其观点也是相对繁杂而多样，综合分析主要包括以下四个方面。一是质疑全球变暖现象的真实性。有看法认为，目前判断全球“变暖”或“变冷”都为时尚早，近30年来地球的平均温度是在上升，但是并没有超过历史上的最高温度，并且势头已经在1998年之后出现减缓。也有观点认为，地球气候变化具有周期性，变暖与变冷交替进行，全球气候变化本身就是个伪命题。还有人认为，全球并非在变暖而是在变冷，近年来气温上升只是暂时性和过渡性的。如俄罗斯科学院天文观测总台宇宙研究室主任阿卜杜萨马托夫认为，过去全球变暖是事实，但在1998年到2005年度过了全球变暖的高峰期，从2012年至2015年起，气温开始缓慢下降，严寒将不可避免地出现在2055—2060年前后。俄罗斯科学院西伯利亚分院地质和矿物学研究所专家多布列佐夫提出，地球正在发生的气候变化并非全球变暖，而是进入全球变冷前的一个过渡阶段。①

二是认为人类活动对气候变化影响有限，并非主要原因。IPCC的第四次报告认为全球变暖有90%是由人类活动造成的，人类活动所导致的温室气体排放量约占全球温室气体排放总量的99%。对此一直存在不同的声音和观点。美国学者弗雷德·辛格、丹尼斯·艾沃利于2008年出版《全球变暖——毫无来由的恐慌》,② 提出了完全不同的结论。就报告中提出的人类排放占温室气体总量99%的问题，美国国家航空航天局（NASA）在2008

---

① 赵宏图：“气候变化‘怀疑论’分析及启示”，《现代国际关系》2010年第4期，第58页。

② S. 弗雷德·辛格、丹尼斯·T. 艾沃利著，林文鹏译：《全球变暖——毫无由来的恐慌》，上海：上海科学技术文献出版社2008年版。

年提出，自然因素才是主要因子。另外，一直有学者认为太阳活动通过各种过程也可以使全球增暖：美国学者 R. 威尔逊（R. Willson）通过资料分析认为1980年以来的全球平均温度升高有一半应归因于太阳活动异常。2009年丹麦科学家 M. F. 努德森（M. F. Knudsen）等指出地球磁场与气候变化有关，这实际上也证明了太阳活动异常的影响，因为地球磁场的变化与太阳活动关系密切。2007年科学家 M. I. 米奇恩克（M. I. Mishchenko）等还指出，近20年至30年的全球变暖与地球火山活动减弱从而使到达地球表面的太阳辐射能增加有关。

三是提出全球变暖的后果并不像普遍认为的那么严重。弗雷德·辛格和丹尼斯·艾沃利指出温暖期气候将比寒冷期的气候更好、更稳定，在现代变暖期地球有可能重新回到以前百万年间最适宜气候的时期。在1500年的气候循环中，最后两次变暖阶段，对人类来说都是繁荣时期，罗马帝国和中国都是在2000年前的温暖期处于繁荣时期。在地球过去的温暖期里，并没有像全球变暖论者所说的令人恐慌的情景发生。而全球变冷却会导致农业减产、饥荒和民族大迁徙，每年与寒冷有关的死亡几乎是与炎热有关的死亡的10倍还多。在中国历史上，大部分战争的最高潮和王朝变更都发生在严寒时期。密歇根理工大学副教授、美国国立气候变化研究所中西部地区研究中心主任安德鲁·伯顿提出全球气候变暖以及大气污染物带来的更多氮元素提高了森林生产率，更长的生长期将使木材业受益。罗伯特·蒙德尔森和詹姆士·纽曼在合著的报告《全球气候变化对美国经济的影响》中指出，假设空气中二氧化碳倍增会使气温上升2.5摄氏度，降水量增加7%，这会使农作物产量大幅增加、木材产量小幅增加，其他经济领域所受的负面影响很小，总体来说美国经济可从全球变暖中获得轻微增长（GDP 增加 0.2%）。①

四是认为人类应该适应气候变化而非改变气候变化的趋势。部分怀疑论者认为当前国际社会采取的措施难以改变气候变化的大趋势。美国著名时事评论家法里德·扎卡里亚指出，即便全球制定最雄心勃勃的计划，未来几十年温室气体的浓度仍将继续上升，国际社会应在适应全球变暖方面做出更多努力。②《持怀疑态度的环境论者》作者、丹麦“哥本哈根共识”中心主任比约恩·隆伯格认为碳减排代价昂贵、效率低下，③ 大量碳减排本身造成的损害甚至超过了全球变暖所造成的损害，人们应该把主要精力放在发展清洁能源上。《增长的极限》一书作者、美国科学家丹尼斯·梅多斯认为，人类已经无法避免全球变暖趋势，减少二氧化碳排放不能解决气候变化根源，人类唯一可以做的就是调整心态，找到方法来适应它。

三、围绕气候变化的国际合作及面临的挑战

虽然长期受到气候变化怀疑论的干扰，但世界各国在气候变化问题上的共识不断增多。合作应对气候变化已成为国际社会的普遍共识。同时需要看到，认知不足、利益博弈、成本高昂等问题仍将在相当长的时间内阻碍着国际合作的深化。

（一）围绕气候变化的国际合作

1979 年第一届气候大会在日内瓦召开，标志着国际社会气候变化合作的开始。在以后的几十年里，国际社会既达成了广泛共

---

① ［美］S. 弗雷德·辛格、丹尼斯·T. 艾沃利著，林文鹏译：《全球变暖——毫无由来的恐慌》，上海：上海科学技术出版社 2008 年版，第 259 页。

② Fareed Zakaria，“Global Warming：Get Used to It”，*Newsweek*，February 19，2007. http：//www. newsweek. com/id/68417.

③ 赵宏图：“气候变化‘怀疑论’分析及启示”，《现代国际关系》2010 年第 4 期，第 59 页。

识，取得了《联合国气候变化框架公约》《京都议定书》《巴黎协议》等一系列具有里程碑意义的成果，又多次遭受挫折，陷入低谷，呈现出波浪式前进的态势。

1992年《联合国气候变化框架公约》的达成是国际社会合作应对气候变化的第一个重大成果。该公约明确了气候变化的目标、国际合作应遵循的原则、依据责任和能力对国家分类等。1997年，作为落实《框架公约》的具体成果，各缔约方达成了《京都议定书》。它确立了发达国家自上而下强制减排机制，成为首个具有法律约束力的国际气候协议。《议定书》落实了《公约》"共同但有区别的责任"原则，为不同类别的国家设置有差别的减排承诺。由于《议定书》必须经55个缔约方批准才能生效，直到2004年底俄罗斯完成核准后，《议定书》才于2005年12月正式生效。但在此期间，小布什政府2001年宣布拒绝核准《议定书》。由于美国是世界上累积排放量最大的国家，它的退出给国际合作带来重大影响。2007年底，巴厘会议达成的《巴厘路线图》确定了《议定书》第二阶段谈判的时间表，并通过了《哥本哈根协议》、建立了"德班平台"，在《框架协议》和《议定书》的基础上迈出了重要一步。

2015年，各国达成《巴黎协定》，这是迄今为止围绕气候变化国际合作的最具代表性的成果，标志着2020年以后全球应对气候变化总的制度性安排和气候秩序的建立。《巴黎协定》确认了《框架公约》所确定的"公平、共同但有区别的责任和各自能力原则"，提出了三个目标：一是将全球平均温度上升幅度控制在工业化之间水平的2度以内，并力争不超过1.5度。二是提高适应气候变化不利影响的能力，并以不威胁粮食生产的方式增强气候适应能力和促进温室气体低排放发展。三是使资金流动符合温室气体排放和气候适应型发展的路径。同时还提出，2020年后，所有缔约方将以自主贡献的方式参与全球应对气候变化行动；在适应气候变化带来的损害方面，提出了确立提高气候变化适应能力、加强抵抗力、降低脆弱性的全球适应目标。由此，从各个方面看，《巴黎协定》在国际社会合作应对气候变化问题上都具有标志性意义。然而，2017 年 6 月，美国总统特朗普政府宣布退出《巴黎协定》，再次为国际合作蒙上了一层阴影。

（二）全球应对气候变化面临的挑战

自 2017 年特朗普上台以来，特朗普政府退出了包括《巴黎协定》在内的多个全球多边合作机制。事实上，随着保守主义的上升，欧洲多个国家也出现了这一趋势。近年来，受世界经济复苏乏力、英国脱欧、欧洲难民危机、恐怖主义威胁上升等因素影响，西方国家政府普遍将关注放到了应对近期挑战、谋求短期利益上，而对全球治理的积极性明显下降。应对气候变化的国际合作面临诸多挑战。

首先是对气候变化的认知还存在重大分歧。如上所述，气候变化怀疑论在国际上仍有很大市场。如特朗普提出气候变化是“人造的恶作剧”。再加上气候变化问题特殊复杂，治理周期长、投入多、难度大、见效慢，甚至可能出现逆转，自然难以成为各国政府的优先事项。

其次是利益分歧严重。各国经济、社会、文化情况不同，客观现实条件、发展道路与发展模式各异，致使不同国家在气候变化问题上的利益诉求也不尽相同，进而对应对气候变化的重要性和紧迫性的认知也存在很大差异。2008 年金融危机后，世界经济受到很大冲击，加上失业高涨、难民问题、英国脱欧及对恐怖袭击的普遍担忧和焦虑，西方主要发达国家因国内经济增长、就业等现实问题而无暇顾及全球气候治理。特朗普政府退出《巴黎协定》，深层次原因更可能是协定会对美国的工业发展、能源政策以及就业带来不利影响。尽管气候变化国际合作已就“共同但有区别”的减排责任达成一致，但发达国家和发展中国家之间依然存在较大分歧。从近年来历次会议情况看，减排的责任划分一直是各国关注的焦点和争论的核心问题。2013 年华沙气候大会上，各国在设定 2020 年之后的减排目标和责任问题上展开激烈争论，甚至对是否坚持“共同但有区别的责任”原则提出严重质疑。2017 年 6 月，美国宣布退出《巴黎协定》，认为“《巴黎协定》将给美国带来苛刻财政和经济负担”，这又将会导致一些国家对已经认定的减排责任重新提出异议。

再次是减排能力严重不足。参与减排的国家主要是发展中国家。由于大多数发展中国家的经济基础薄弱、发展水平低、人口基数大、产业结构单一且多以劳动密集型产业为主、技术匮乏，实现由高排放到清洁产业的转型既缺乏资金、技术又面临失业的重大压力，单靠自身力量难以完成减排目标。其中，资金问题是发展中国家的重要关切。虽然 2009 年哥本哈根气候变化大会提出了这一问题并取得了一定进展，但发达国家就如何分摊出资并未达成共识，发展中国家面临的转型问题依然面临重重困难。

第三节 网络安全

进入 21 世纪以来，随着信息化的快速发展和深入推进，网络已广泛应用到世界政治、经济、国防、科技、文化、教育等多个领域，成为各国最为重要的基础设施之一。伴随着普及率和依赖度的不断上升，网络安全已不仅关系到互联网用户的切身利益，而且越来越成为国家安全的核心内容。习近平同志明确指出：“没有网络安全就没有国家安全”。[①] 近年来，一系列重大网

① 习近平：“在中央网络安全和信息化领导小组第一次会议上的讲话”，《人民日报》2014 年 2 月 28 日第 1 版。

络事件的发生，如爱沙尼亚和格鲁吉亚的政府和主要基础设施网络被攻击、伊朗核设施遭到网络攻击，以及美国“棱镜门”网络监视计划被公布于世，显示网络空间已经成为国家间冲突和博弈的新的领域、新的变量。

一、网络安全及其发展

根据国际标准组织（ISO）的定义，网络安全是保护计算机网络系统中的硬件、软件和数据资源不因偶然或恶意的原因遭到破坏、更改、泄露，使网络系统连续可靠地正常运行，网络服务正常有序。网络安全包括实体安全、软件安全、信息安全和运行安全等。网络安全问题的存在，就技术而言在于其先天的脆弱性。互联网 TCP/IP 协议的先天不足及安全漏洞的大量存在，网络服务器、路由器、芯片等硬件中存在的隐患，为病毒、蠕虫、垃圾邮件、木马程序等的泛滥提供了可乘之机，使得各种行为体恶意利用网络成为可能，进而造成各种各样的网络安全问题。

作为国家安全的新型领域，网络安全首先是整体安全。在信息时代，网络安全涉及国家安全的各个领域、各个方面，具有牵一发而动全身的影响。其次是动态安全。当前，信息技术日新月异，网络安全面临的威胁与挑战不断变化，网络安全不存在一劳永逸、永远有效的解决办法，网络防护必须树立动态防护的理念。再次是开放安全。开放性是网络的根本属性，网络安全也必须在开放的环境中、基于开放的理念，通过加强对外交流、合作、互动与博弈得以实现。[①] 当前，网络安全面临的威胁主要包括黑客攻击、有组织网络犯罪、网络恐怖主义以及国家进行的网络战等。就行为体而言，既可以是个人和组织等非国家行为体，又可以是国家行为体。

---

① 张仕波：《未来战争新高地》，北京：国防大学出版社 2017 年版，第 61 页。

由于网络本身固有的缺陷，网络安全问题基本与网络同步出现。但真正作为一项重要议题受到世人的关注大致始于 20 世纪 90 年代。1991 年美国发动的第一次海湾战争被普遍认为是现代战争的开端，除了美军强大的远程、精确打击能力和快速机动能力外，美军基于网络的信息战能力也吸引了世界各国的普遍关注。1993 年，美国兰德公司专家约翰·阿尔奎拉（John Arquilla）和戴维·龙费尔特（David Ronfeldt）首先明确提出“网络战即将来临”的重大命题。① 计算机、信息、网络与国家安全迅速被联系起来并成为安全领域的热门话题，网络及网络安全由此正式进入国家安全的范畴。2000 年，美国总统国家安全事务助理克拉克表示，“数字珍珠港”时代已经到来。他的这一判断并非空穴来风。此前，兰德公司进行了一场网络战争模拟演习，结果证实了网络安全面对攻击的脆弱性。

到了 2007 年，网络战真正变成了现实，也使各国真正意识到网络战的强大能力。同年 4 月，就在俄罗斯与爱沙尼亚发生激烈争端之际，爱沙尼亚遭到不明来源的大规模网络攻击，政府、金融、媒体等行业的网络系统大面积陷入瘫痪。这是人类历史上第一次整个国家的网络遭到攻击。无独有偶，2008 年俄罗斯与格鲁吉亚武装冲突期间，格鲁吉亚包括媒体、通信和交通运输系统在内的官方网站全部瘫痪，不仅对格鲁吉亚的军事行动造成了重大影响，而且直接影响到了格鲁吉亚的战争动员与支援能力。两次事件使国际社会深刻认识到网络战的巨大威力。两次事件被视为国家间网络战的开端。此后，类似情况还出现在乌克兰危机和叙利亚危机中，这意味着网络正成为国际政治博弈的新空间。

2010 年 9 月，伊朗核设施遭到代号为“震网”（Stuxnet）的

---

① John Arquilla and David F. Ronfeldt, “Cyberwar is Coming!” *Comparative Strategy*, Vol. 12, No. 2 (Spring 1993), pp. 141 – 165.

病毒攻击，伊朗总统内贾德随后证实位于布什尔和纳坦兹的伊朗核设施浓缩铀离心机被病毒破坏，数千台离心机因技术故障“停工”。这被认为是网络安全中又一个具有里程碑意义的事件。这次网络攻击的特殊之处在于伊朗的核设施并没有直接联接互联网，这意味着网络攻击的目标不再局限于联网系统，即使是物理上断网的设施依然存在着被攻击的可能性。同时，此次攻击也开了以网络武器破坏军事设施的先例，这引发了一个重要的问题：以网络武器攻击对方的军事设施算不算战争行为？伊朗核设施遭攻击也再次显示了网络武器的强大的攻击力。“震网”病毒之后出现的“火焰”病毒具备选择攻击目标的能力，在一定程度上提升了攻击的准确性并避免了附带破坏，意味着网络病毒的武器属性进一步增强。①

网络攻击的快速发展与广泛应用，使各国的网络安全面临着前所未有的风险，“网络珍珠港”越来越可能成为现实。首先，网络武器成本低、效率高。在网络攻防中，关键是发现并利用系统存在的漏洞。当前，系统漏洞与相关的病毒武器均可能在黑市买到，使不具备网络战能力的国家、组织和个人也可以获得一定的网络战攻击能力。其次，网络攻击具有极强的隐蔽性，难以追责。目前，追踪网络攻击的来源及攻击者极其困难。因此，攻击者可以隐藏在遥远的地方发动网络攻击而不被发现。伊朗核设施被攻击虽然普遍认为是美国和以色列所为，但时至今日伊朗仍然不能提出足够的证据。再次，打击目标广、效果明显。由于网络已经成为各国的公共基础设施，网络攻击可以对对方的政治、经济、军事等目标发动迅速而全面的打击，使对手的局部甚至整个国家系统瘫痪。这是传统的军事打击难以做到的。以上原因使得

① James Farwell and RafalRohozinski, “The New Reality of Cyber War”, *Survival* , Vol. 54, No. 4, 2012, pp. 107 – 120.

网络攻击的门槛明显降低，除了个别国家、组织和个人铤而走险外，恐怖组织也有可能将其用作敲诈、勒索的手段和工具。

二、网络安全的重要意义

随着普及率和依赖度的不断上升，网络空间已经成为各国政治、经济、军事、科技等各领域的公共平台，不仅直接关系到个人、组织和社会的正常运行，而且对国家的安全和发展有着根本性影响。简而言之，网络安全已经成为国家安全的基石和核心。

（一）网络安全与经济安全

当前，越来越多的公司、银行、商业及政府机构将网络作为日常运行的平台，对网络的依赖日益加深。网络在给各国经济发展带来效率、效益和便利的同时，也给各国经济安全带来巨大的风险。网络安全直接影响甚至决定着经济安全。对此，习主席指出，“金融、能源、电力、通信、交通等领域的关键信息基础设施是经济社会运行的神经中枢，是网络安全的重中之重，也是可能遭到重点攻击的目标。”①

自2010年伊朗核设施遭“震网”病毒攻击以来，针对金融等重大基础设施的网络攻击活动频繁发生，给各国经济带来了重大风险和严重损失。仅以2016年为例，上半年接连发生了以孟加拉国中央银行为代表的一系列发展中国家中央银行或大型国有银行被盗事件，受害者损失高达数千万美元。下半年又发生了以中国台湾第一银行自动取款机吐钞事件为代表的一系列取款机遭攻击事件。随着金融业务与互联网及新技术的深入融合，金融领域面临的网络攻击威胁在不断增加。即使是非经济领域的网络犯罪也会给国家的经济与金融秩序带来重大影响。2013年4月，黑

---

①　习近平：“在网络安全和信息化工作座谈会上的讲话”，《人民日报》2016年4月26日第2版。

客盗用美联社的官方主账号，发表了白宫发生两次爆炸、奥巴马受伤的假消息。在该消息发布短短的两分钟内，道琼斯工业平均指数下跌150点，紧接着原油价格下跌、美国政府10年期债券遭遇抛售、投资者将资金转入低风险的投资项目，整个动荡过程持续了五分钟。网络安全对金融市场和经济秩序的重要性由此可见一斑。

（二）网络安全与政治安全

网络技术的快速发展及普遍应用，从根本上改变了传统的信息传播模式。它极大地扩大了信息的传播范围，传播速度近于实时，在地球的这一端可以同步了解地球另一端的情况。以自媒体为代表的信息生产和传播方式使信息来源更加复杂多样，信息管控与追踪更加困难。这一方面极大地推进了人类社会的交流、沟通，另一方面也给国家的政治安全带来了深刻的影响。

2010年前后中东、北非以及东欧爆发严重的社会和政治动荡，多个国家的政府倒台，甚至领导人入狱，事态发展之迅速、规模与影响之大，超出许多国家的预料。以突尼斯为例，事件的起因就是一个青年自焚，然而经过推特（Twitter）、脸书（Facebook）等社交软件在网络上的广泛扩散，激起了国内民众强烈的不满情绪，迅速发展成为全国范围内的大规模游行示威，最终导致政府下台。在东欧各国的“颜色革命”中，西方国家通过社交软件大量制造、传播对政府不利的信息，攻击他国政治制度、抹黑领导人、煽动社会动乱，严重损害了他国的政治安全。网络不仅可以影响中小国家的政治安全，即使是大国也难以幸免。在2016年美国大选中，希拉里“邮件门”事件一波三折，直接影响了美国的选情。时至今日，“俄罗斯干预美国大选”事件仍是影响美俄关系的重大问题。

（三）网络安全与军事安全

随着军事信息化、网络化的发展，网络空间已经成为继

“陆、海、空、天”之后的第五维战场空间。然而，网络战场空间与其他战场空间存在着根本的不同，它不仅是一个独立的战场空间，又是其他战场空间的基础，影响甚至决定着其他战场空间。换句话说，陆战场的失利，影响可能只限于陆战场，不至于给海战场、空战场带来直接影响。但网络空间并非如此。由于未来军队是以网络为基础的，陆、海、空、天等战场空间都是以网络空间为平台，一旦网络空间战场失利，其他战场也将受到重大影响。事实上，冷战结束后美国发动的历次战争都是从网络空间开始的。海湾战争、科索沃战争、伊拉克战争等，均是如此。在陆海空战场发起攻击之前，美军先通过网络攻击摧毁对方军队的通信联络与指挥控制，演变对手，瓦解对手的反抗意识，“不战而屈人之兵”，进而为其他战场作战奠定基础、提供条件。通过俄格冲突，我们也可能得出类似的结论。未来战争中，网络空间的地位与作用只会进一步上升。

为此，主要国家均高度重视网络战能力建设。美国最早提出网络战概念，最早建立网络部队，最早制定网络联合作战规则。[①] 1989 年开始，美军相继提出计算机病毒战、计算机战、计算机网络战、网络空间作战等概念。美国 2005 年版《国防战略》首次将网络空间定位为与陆海空天并列的第五大作战空间。2010 年成立网络司令部。2014 年 3 月，美国国防部《四年防务评估报告》提出将网军作战能力列为七大军事能力之首。2015 年 4 月，美国国防部公布《网络空间战略》，首次把网络空间作战作为今后军事冲突的战术选项之一，将网络攻击列为核心任务。2016 年 4 月，美国国防部长阿什顿·卡特第一次正式赋予网络司令部作战任务，下令网上打击“伊斯兰国”等恐怖组织。2017 年 8 月，特

---

① 王桂芳：“大国网络竞争与中国网络安全战略选择”，《国际安全研究》2017 年第 2 期，第 29 页。

朗普总统宣布将网络司令部升级为与战略司令部平级的第十个联合作战司令部。

英国、日本、俄罗斯、法国和印度等国也纷纷组建网络部队，加强网络攻防能力建设。2013 年，英国成立隶属于联合作战司令部的联合作战网络小组，统一整合与网络作战相关的力量。2016 年，又投入 21 亿欧元启动新的国家互联网安全战略，打造世界级的网络安全力量。2014 年 3 月，日本成立网络空间防卫队，负责网络空间的情报收集、攻击检测、病毒分析和应对演练。7 月又组建网络救援队，将应对网络攻击纳入自卫队主要作战任务。2014 年 10 月，俄罗斯成立反黑客部队，加紧推进网络实战力量建设。2016 年，法国成立首支网络作战部队，计划在 2019 年建立起 2600 名的专业人员队伍。①

（四）网络安全与社会安全

随着社会对网络的依赖不断上升，网络已经成为人类社会日常生活不可或缺的空间，与此同时也日益成为网络犯罪、网络恐怖主义的新领域。近年来，网络犯罪已经成为主要的犯罪类型，未来绝大多数犯罪可能借助网络实施。当前，网络诈骗已经形成非常完整的产业链条，从开发制作、批发零售，到诈骗策划、诈骗实施，再到分赃销赃，细分工种多达 20 余个。仅在中国，网络钓鱼诈骗黑产的年产值达到上千亿，甚至超出我国网络安全行业的产值。② 在此方面，以 2017 年 WannaCry 勒索病毒事件最具代表性。该病毒导致全球 150 多个国家的 30 多万台电脑遭到攻击、感染，经济损失高达 80 亿美元。不但破坏了大量高价值数据，还导致很多公共服务、基础设施无法正常运行，严重威胁社

---

① 王桂芳：“大国网络竞争与中国网络安全战略选择”，《国际安全研究》2017 年第 2 期。

② 周鸿祎：“新时期全球网络”，《中国信息安全》2017 年第 11 期，第 50—51 页。

会稳定。可以预见，未来此类网络犯罪还将大行其道，甚至成为常态。近年来恐怖主义也出现了网络化的趋势。恐怖组织利用网络实施恐怖活动、攻击政府及公共设施平台，破坏政治稳定、经济安全、扰乱社会秩序、制造恐怖气氛等，严重影响各国的社会公共安全。

三、围绕网络安全的国际治理

国际性与无国界性是网络空间的基本属性。无论是防止国际网络犯罪还是打击网络恐怖主义，均需要国际社会的合作和共同努力。同时，大国在围绕网络空间优势激烈争夺的同时，也需要建立互信和竞争规则，以避免误判，防止“网络珍珠港”事件的发生。相对于核领域，网络安全由于行为体更加多样、更难以判断攻击来源且具有平战结合的特点，自然更加需要建立互信机制。2012 年 2 月，美国著名中国问题专家李侃如（Kenneth Lieberthal）在题为《网络安全与美中关系》的报告中提出，如果不妥善处理与网络安全相关的议题，它们将成为国际关系尤其是美中冲突的一个主要源头。“这个领域的新兴性尤其增加了问题的复杂程度，使网络安全成了全球安全问题中最重要而最少被人掌握的燃点之一”。[①]

近年来，随着网络安全问题快速凸显，加强网络安全领域的国际治理变得越来越重要、迫切。2003 年，国际电信（ITU）联盟在联合国授权下召开“信息社会世界峰会”，正式将网络治理纳入了国际议程。即使如此，网络安全仍然属于“低级政治”议题，并没有得到国际社会的普遍重视，[②] 基本停留在社会治理的

---

① Kenneth Lieberthal and Peter W. Singer, “Cybersecurity and US-China Relations,” 21st Century Defense Initiative at Brookings, February 12, 2012.

② 朗平：“国际互联网治理：挑战与应对”，《国际经济评论》2016 年第 2 期，第 130 页。

层次。2007 年、2008 年爱沙尼亚与格鲁吉亚先后遭到大规模的网络攻击，整个经济和社会秩序几乎全部瘫痪，2010 年伊朗核设施因网络攻击而无法运转……这些事件证实了网络具有武器的功能，可以直接威胁他国的主权与安全，网络战具有传统战争的效果，由此得到了世界各国的高度关注。网络安全治理也由“低级政治”议题上升为“高级政治”议题。

2013 年，美国中情局前特工斯诺登将美国的“棱镜”网络监视计划大白于天下，直接引发了国际社会要求改革现有全球网络安全治理体系的高潮。俄罗斯、印度向美国提出了严厉指责和抗议。俄罗斯表示，斯诺登事件充分表明网络世界的安全与控制完全缺失。法国、德国等美国的传统盟友也明确提出网络安全的重要性，力争分享网络治理权。2014 年 2 月，德国总理默克尔与法国总统奥朗德共同倡议建议独立的欧洲互联网，以代替由美国主导的网络基础设施。同月，欧盟与巴西达成协议，共同铺设连接拉美和欧洲的海底光纤电缆，避免网络信息被美国监控。互联网名称与数字地址分配机构（ICANN）、互联网工程组、互联网协会等全球互联网机构也共同谴责美国国家安全局对他国的网络监视计划。围绕国际网络治理的权力与规则之争不断高涨。这标志着网络空间已经成为大国战略竞争与博弈以及国际秩序变革新的领域。

当前，全球网络安全治理面临的主要矛盾是美国与新兴经济体之间的矛盾。美国试图凭借强大的技术优势和影响力巩固自身在全球网络空间的主导权，而以新兴经济体为代表的其他国家希望打破美国在网络空间的霸权，在平等的基础上享有网络主权。[①] 然而，在未来一个相当长的时间内，美国在网络安全治理中的优

① 郎平：“国际互联网治理：挑战与应对”，《国际经济评论》2016 年第 2 期，第 131 页。

势地位还将继续。这是因为，首先，美国一方面仍控制着网络领域的核心技术与核心资源，另一方面美国将网络安全治理领域的主导权视为全球领导权的基础和重要组成部分，不会轻易做出让步。2015 年 6 月 23 日，美国众议院通过了《2015 年持续审视域名公开事务法案》，将国会对法案批准程序的介入合法化，以便确保美国的国家利益不受损害。7 月 8 日，美国众议院召开了关于“ICANN 第 53 届会议之后的互联网治理进展”的听证会，要求确保 ICANN 的改革符合美国政府的利益，确保美国的话语权。其次，其他国家虽然在反对美国网络霸权方面存在共同利益，但在全球网络安全治理的具体方案甚至是理念上还存在着深刻的分歧，难以以一个统一的声音对美国施加压力。未来全球网络安全秩序的变革也和政治、经济秩序一样将随着力量、能力日趋均衡而逐步趋于公平、合理。

为此，有专家指出，当前，国际互联网治理进程刚刚处于“提出规范”的早期阶段，大多数国家并没有形成成熟的网络安全战略以及明确的国际立场，国际互联网治理的格局仍然处于演变分化之中。①

第四节　人工智能

2016 年 3 月 9 日至 15 日，谷歌人工智能“阿尔法围棋”（AlphaGo）与韩国职业围棋高手李世石之间展开了一场“人机大战”，最终以 4∶1 的大比分击败李世石。这使人们再一次为人工智能的强大能力惊叹不已，与此同时也引发了人们对人工智能安

① 郎平：“国际互联网治理：挑战与应对”，《国际经济评论》2016 年第 2 期，第 138 页。

全问题的普遍忧虑。

一、人工智能的快速发展

现代意义上的人工智能研究最早出现于 20 世纪 40 年代。1950 年，英国著名科学家图灵在《计算机器与智能》一文中首次提出了“机器能够思考吗?”这一重大问题，同时提出了测试机器是否拥有智能的方法。1956 年，在达特茅斯夏季学术研讨会上，计算机专家约翰·麦卡锡提出了人工智能（AI）的概念，得到了与会人士的普遍关注。在随后的几十年里，虽然也出现了“专家系统”“深蓝”等具有标志性意义的成果，人工智能对明确的问题也表现出了较强的推理和判断能力，但由于始终不能有效解决人们的现实需求，技术发展无法在产业层面落地，对于现实社会的影响非常有限。

人工智能出现新的突破是 2006 年“深度学习”（Deep Learning）算法的提出。该算法以建立套嵌式的多层次模式识别系统组成的“神经”架构为基础，通过组合低层特征形成更加抽象的高层属性、类别或特征，借以发现数据的分布特点。新算法的提出为人工智能的发展提供了一条新的路径，让人工智能拥有了从海量且复杂的信息中提取、识别和构建体系的能力，可以让机器学习新的技能，制定有效策略，从而在短时间内提出超过人类学习能力的问题解决方案。这一算法一经运用，就在语音、图像的智能认识和理解等方面取得了惊人成果。谷歌公司构建的“谷歌大脑”神经网络系统，在没有任何外界干预的情况下，从大量图片中提取出猫的特征，并找出了猫的照片。Facebook 开发的面部识别技术，对两张照片是否同一个人的识别准确率达到 97% 以上，①

① “Facebook 推面部识别软件 精准度高达 97.25%”，凤凰网，http://tech.ifeng.com/internet/detail_2014_03/18/34892431_0.shtml。

已经接近甚至超过人类的识别水平。英国科学家马修·莱设计的“长颈鹿”深度学习系统，只需要两天的学习即可达到国际象棋大师的水平。2013 年 4 月，《麻省理工学院技术评论》杂志将深度学习列为“2013 年十大突破性技术”之首。这一系列成就显示了人工智能的巨大潜力和广阔前景，很快成为资本市场追捧的新热点。迈过产业化的门槛意味着人工智能技术真正走出了实验室，开始对社会生产和人类生活产生直接影响。近年来，全球人工智能公司快速发展，特别是 2017 年美国的亚马逊、谷歌、脸书和中国的阿里巴巴、腾讯和百度等多家从事人工智能研发的企业进入全球 500 强即说明了这一点。

近十年来人工智能的快速发展，和人类在多个领域技术的积累和突破密不可分。人工智能技术在 20 世纪 50 年代起步后未能取得突破，根本原因在于长期以来缺乏技术支持和物质条件。进入 21 世纪后，这一问题得到了明显改观。首先是计算机的计算能力明显增强、计算方式更加先进。进入 21 世纪后，计算机的中央处理器（CPU）性能得到了指数级跃升，云计算技术出现并趋于成熟。前面提到的“谷歌大脑”识别猫图片之所以成为可能，原因就在于此。为建立实验所需的学习模型，该系统基于 1.6 万台计算机仅用三天时间就完成了对 1000 万张图片的训练。① 建立这样一种能够训练大规模数据的神经网络在以前是不可想象的。与计算能力同步增长的还有每 15 个月翻番的存储能力、每 9 个月翻番的无线容量、每 12 个月翻番的光容量和互联网主干网带宽等。

其次是大数据的形成和发展。随着信息技术的广泛应用，数字化数据急剧增长。特别是近年来，随着信息基础设施不断完

---

① “盘点谷歌内部如何使用深度学习技术”，腾讯科技，http：//tech. qq. com/a/20170812/006822. html。

善、以手机为代表的移动终端的普及以及移动互联网的发展，大数据逐步形成。2000年，数字化存储信息只占全球数据量的四分之一，但到了2013年，这一比例上升到98%。[①] 据专家估算，数字化的数据的数量大约每三年就翻一番。大数据为机器学习和训练提供了丰富的资源，极大地推动了人工智能的发展。计算能力的增强、计算方式的改进、大数据的形成为人工智能的发展提供了坚实的技术和数据基础。

再次是国家、企业和社会的普遍关注和巨大投入。随着人工智能技术不断取得重大突破，主要国家、研究机构和产业界均看到了人工智能的巨大潜力和广阔前景，纷纷将其作为产业发展的重中之重给予高度关注和巨大投入。如美国2012年出台的《先进制造业国家战略计划》、德国2013年《实施“工业4.0”战略建议书》、英国2013年《英国工业2050战略》、日本2016年《日本再兴战略2016》以及中国的“中国制造2025”均将人工智能作为优先发展的产业。

由此，发展人工智能的内部、外部条件已全部具备。可以预见，未来一个时期，人工智能将更快速地发展、更广泛地运用到经济、社会、军事、政治等各个领域，进而带来社会和世界的深刻变革。

二、人工智能的深刻影响

历史证明，每一次科技革命都将推动经济、政治、社会、军事等领域的重大变革。不过人工智能与人类历史上的历次科技革命存在着根本的不同。过去的科技革命，在实质上仍是生产工具和生产手段层面的革新。而人工智能则有可能是具备与人类同等

---

① 维克托·迈尔、肯尼思·库克耶著，盛杨燕、周涛译：《大数据时代：生活、工作与思维的大变革》，浙江：浙江人民出版社2013年版，第11—13页。

甚至是超过人类的智能的劳动工具/劳动者（早期主要是劳动工具属性，随着不断发展，劳动者的属性就越来越强，并无限趋近完全意义上的劳动者），在生产甚至是生活中存在着相当的主动性和创造性，能够以合作者甚至竞争者的角色参与改造世界的活动，某种意义上人类与人工智能之间不再是单纯的劳动者与劳动工具的关系，虽然人工智能仍是人类发明和制造的。这种变革在人类历史上尚属首次，对世界的影响之广泛与深刻也将是前所未有的。

（一）在经济和社会领域，人工智能在大幅增加人类财富的同时也将给世界经济和社会带来复杂的影响

使生活变得更美好既是科技发展的目标也是其任务。随着人工智能技术的发展和应用，让机器代替人类劳动正逐步成为现实。目前，在制造业领域，机器人生产已经获得行业的广泛认可和普及应用，美中德日等制造业大国将其列入发展战略优先发展的项目势必进一步加速这一进程。未来，随着无人驾驶、智能决策等人工智能技术的不断成熟，仓储、交通运输、医疗、教育、养老等领域将越来越多地注入人工智能的元素。人工智能的广泛应用无疑将大幅提升劳动生产率，创造出更多的财富。据埃森哲的预测，到 2035 年，应用人工智能技术的企业利润将平均增长 38%，在 12 个主要发达经济体的 16 个行业中实现 14 万亿美元的经济增长。[①] 然而，在看到人工智能积极影响的同时，也必须对其对现有经济和社会的巨大冲击有充分的认识。

首先是大规模失业问题。机器人取代人类劳动，换句话说就是机器人与人类争夺就业机会。客观地讲，相对于机器人低成本、高效率、可以长时间工作等特点，在以制造业为代表的大多

① “埃森哲：AI 使经济发达国家成为最大受益者”，http：//tech. 163. com/16/1013/07/C388K55N00097U80. html。

数行业中人类是没有竞争力的。这意味着一旦人类进入机器人时代，大量人口失业就成为必然。2016 年，美国国家科学技术委员会曾经预测，在未来 10—20 年时间内，9%—47% 的现有工作岗位将受到威胁，平均每三个月就会有约 6% 的就业岗位消失。[①] 而失业的原因是在资本的驱动下以机器人取代人类，这意味着失业将是行业性的、永久性的，失业人员可能不会再有重新就业的可能，除非改变行业。然而，要多个行业的大多数就业人口集体改变行业是不可能的。大规模的失业问题就成为人工智能时代到来之前各国必须要关注和解决的重大问题。

其次是国家之间、行业之间、阶层之间的贫富差距将进一步拉大。人工智能是高科技产业，需要强大的科技储备、人才基础和资本支持。这是一般国家无法具备的。发达国家可以凭借自己的人才、科技和资本优势形成在人工智能领域的主导甚至垄断优势，以人工智能技术驱动下的生产方式与发展中国家传统的生产方式竞争，结果必然是发达国家与发展中国家之间的差距将更为悬殊。同时，在国家内部，不同阶层之间的贫富差距也将进一步拉大。作为资本挤压劳动力的重要进程，人工智能所带来的劳动生产率的提升并不会转化为工资收入的普遍增长，换言之，自动化生产所创造的经济繁荣并不会惠及更多劳动人口。[②] 人工智能创造社会财富的绝大部分将流向资本和尖端技术一方，而从事简单劳动的群体将被严重边缘化。这一点还将体现在行业之间。未来，人工智能行业的资本回报率可能会大幅超过传统行业。

---

① Executive Office of the President, “Artificial Intelligence, Automation and the Economy”, December 2016, https://obamawhitehouse.archives.gov/sites/whitehouse.gov/files/documents/Artificial-Intelligence-Automation-Economy.pdf. p. 2.

② Executive Office of the President, “Artificial Intelligence, Automation and the Economy”, p. 2.

（二）在政治领域，人工智能将对传统的权力格局带来深刻影响

在根本上，国家权力的分配方式是由社会、经济和生产方式的特点所决定的，不同时代的生产力水平决定了特定时段最为合理的政治组织模式。[①] 随着人工智能对经济的渗透和影响不断上升，社会结构和权力分配格局也将逐步发展变化。一方面，同时控制技术和资本的人工智能企业的权力将不断增大。在未来的信息社会、智能社会中，由于人工智能尖端科技和资本的稀缺性，人工智能企业未来在积累更多财富的同时也将汇集越来越多的权力。总的来看，人工智能领域的重大突破均是由该领域的大型企业创造的，未来这一趋势将更加明显。结果就是强者愈强，谷歌、微软、IBM、脸书、百度、腾讯、阿里巴巴等巨头将逐步在各自具体领域内形成主导和垄断。小型企业与个人也有可能实现重要突破，但最终更可能以各种形式被纳入各大型企业之中，由此带来的是信息权逐步向人工智能大型企业汇聚。

由此，国家内部传统的权力分配模式将发生新的变化。一方面，大型企业通过长期投资和技术研发，能够更加经济、更加有效地在很多领域提供社会公共产品，并从中获取更多潜在的利润。在新的经济形态下，维持旧的公共产品供应格局的成本大幅提高。因此，在经济及社会管理等部分领域，政府所掌控的传统政治权力会在一定程度上向资本和技术权力让渡公共产品的供应权，并充分利用其在数据和技术方面的优势为政府的行政工作服务。与此同时，政府会进一步强化自己在军事、安全、金融管理等领域的管辖权，并为资本和技术权力扩张划定边界。[②]

---

① 封帅："人工智能时代的国际关系：走向变革且不平等的世界"，《国际政治》2018 年第 3 期。

② 封帅："人工智能时代的国际关系：走向变革且不平等的世界"，《国际政治》2018 年第 3 期。

（三）在军事领域，人工智能的发展将推动武器系统、军事指挥和军队组织形式深刻变革

战争具有目标相对明确、敌我关系相对清晰的特点，与人工智能的特点与优势高度吻合，这决定了军事领域是人工智能理想的应用空间。近年来智能武器的快速发展和广泛应用已经充分证明了这一点。人工智能在军事领域的应用主要体现为两个方面。

首先是推动智能化武器装备的发展和应用。军事是最具竞争性和对抗性的领域，自然也是对技术创新最为敏感、需求也最为强烈的领域。长期以来，世界各主要国家一直试图通过人工智能发展武器装备，提升作战能力。进入21世纪后，特别是随着阿富汗和伊拉克战场主要战事结束、逐步进入维稳阶段，而美军的伤亡却大幅上升，美国对无人作战系统的需求大幅上升。在此情况下，侦察打击一体无人机、机器人战士、便携式侦察系统等大量出现并投入战场。据称，美国在阿富汗和伊拉克战场，无人机承担了大部分侦察、情报、监视等作战保障任务，并担负了1/3的空中打击任务。据美国国防部2015年5月底的统计数据，自2014年8月对“伊斯兰国”恐怖组织发起军事行动以来，美国及其盟友在伊拉克和叙利亚共发动超过3800次空袭行动。其中有875次由“捕食者”和“死神”无人机担负，占总任务量的23%。即使是在有人驾驶飞机发动的袭击中，无人机也发挥了重要的支援作用。① 这表明，经过长期实战的检验，无人作战系统已经成为美军作战能力的重要组成部分。2014年2月，美国国防部公布2015财年国防预算，决定从2016年起逐步淘汰功勋卓著的U-2型高空侦察机，以“全球鹰”无人侦察机取而代之。这意味着无人作战装备取代传统装备已成为美国未来军事装备发展的重要方向。除美国外，智能武器在其他国家也得到快速发展与

① 张仕波：《未来战争新高地》，北京：国防大学出版社2017年版，第260页。

广泛运用。在2006年以黎冲突中，以色列无人机执行的飞行任务达到整个以色列空军飞行任务的约一半。近年来，俄罗斯也多次在叙利亚战争上使用无人侦察机、机器人战士等武器装备。2015年9月，印度在引进200多架无人机的基础上，再次批准购买10架以色列无人机。目前，无人机在全球正加速扩散，使用无人机的国家和非国家组织已超过90个，拥有武装无人机或研制武装无人机的国家已有30个。[①] 无人系统越来越多地进入各国军队已是大势所趋。

其次，大幅提升军事指挥的效率。除了直接成为武器装备外，人工智能还可以通过加强军事指挥的准确性和有效性提升作战能力。相对于人类社会，战争和战场是相对简单且封闭的空间。人工智能能够较为完整地还原战场信息，模拟双方兵力部署和作战能力，完成相对精确的战场沙盘推演。在战争开始前，通过人工智能支持下的兵棋推演可以进行战争进程模拟，检验和完善作战方案，发现不同方案的优缺点，为指挥员进行战争决策、确定作战计划提供依据，在此基础上进行战争准备。战争进程中，人工智能在军事指挥方面同样拥有人类无法比拟的优势。比如，人工智能系统可以快速处理战场信息，其速度和效率是人类无法比拟的。人工智能具有多进程处理能力，能够同时处理多项军事行动和多个进程，并实现相互之间的有效协调。这是人类难以做到的。

人工智能对军事的影响不仅体现在武器装备和军事指挥上，还将改变现有的作战方式、编制体制、保障方式等。未来，发达国家对发展中国家的战争将是人工智能驱动的军队对传统军队的战争，其差距可能比工业化的军队对农业军队的差距还要大。战争将呈现出更大的不对称性。

---

① 张仕波：《未来战争新高地》，北京：国防大学出版社2017年版，第262页。

（四）在国际上，大国围绕人工智能优先地位的竞争将进一步加剧

为了能够在人工智能领域占据主动，世界主要大国都在积极布局，结合自身特点提出本国的人工智能科技和产业发展规划，努力占据技术与产业的制高点，以在新的国际体系中获得有利的战略位置。

作为唯一的超级大国，美国在20世纪90年代就意识到了人工智能巨大的战略价值，不断出台相关发展规划。自2000年发布《无人机路线图2000—2025》以来，美国防部每2—3年即对未来25年无人系统发展路线图进行一次修订、更新，迄今为止已发布七份。[①] 近年来，美国更是将人工智能技术上升到国家战略层面。2009年和2013年，美国先后发布两版《机器人技术路线图：从互联网到机器人》。该路线图将机器人作为颠覆性革命技术，认为未来十年机器人将成为新的经济增长点，甚至可能改变国家的未来。为此，美国从国家层面对国防等五个领域的相关战略、挑战、技术和路线进行了明确规划。2014年11月，美国防部正式提出“第三次抵消战略”。该战略旨在通过技术创新抵消主要作战对手军事现代化的成果，核心技术主要包括学习机、人机协作、辅助人类行动装备、无人/有人系统战斗编组、自主武器等五大领域，可以看出均以人工智能为基础或密切相关。由此可见，人工智能是美军“第三次抵消战略”的基础。

在美国的刺激和带动下，其他国家纷纷出台各自的人工智能发展规划，以期在未来的战略竞争中占据有利地位。2001年，德国、英国、法国、意大利、西班牙、瑞典等六国联合提出了《未来欧洲空战系统》，明确了2020年后欧洲空战系统优先发展的核心技术、作战平台，并提出各国须根据该规划进行无人机建设。

① 张仕波：《未来战争新高地》，北京：国防大学出版社2017年版，第266页。

2003 年，法国又单独提出了“地平线”计划，并于 2004 年改名为“神经元”计划，目标是打造欧洲第一种全尺寸无人作战飞机验证平台。英国早在 1997 年就开展了无人机平台研究。2005 年 5 月，英国首次对外公布以无人作战飞机为基础的“战略无人机试验”计划。在“英国新工业战略”白皮书中，英国明确提出 F－35 型机（英国版本）是其最后一个有人战斗机项目，从 2006 年起将全力以赴支持无人作战飞机技术验证项目，并由此启动了代号为“雷神计划”的下一代无人作战飞机研究。近年来，俄罗斯以新一轮军事改革为契机，恢复了无人航空兵中心的诸兵种训练中心地位，并将其置于武装力量总参谋部的直接指挥之下。为了确保无人机部队的稳步发展，俄罗斯特意出台《2011—2020 年俄罗斯国家武器装备发展纲要》等。在叙利亚战场上的广泛应用和优秀表现也证明了俄罗斯在无人机研发方面取得的长足进步。

三、人工智能发展面临的争议与挑战

近年来，人工智能的飞跃式发展在显示出无限潜力的同时，也引起了世人的普遍忧虑。首先是发展速度超出大多数人的预料。1997 年，IBM 研制的“深蓝”国际象棋程序战胜了国际象棋冠军加里·卡斯帕罗夫。但对于变化要复杂得多的围棋，人们根据计算机和人工智能的发展情况，普遍认为计算机要战胜人类可能需要数十年的时间。然而 2016 年人机大战的结果表明，这一时刻已经大大提前。其次是人工智能的智能发展有可能很快超过人类进而导致发展失控，人类社会面临灭顶之灾的危险。

为此，2014 年底，英国著名理论物理学家霍金表示：“人工智能的全面发展可能导致人类的灭绝。”霍金担心，人工智能也许会在将来的某一天赶上甚至超过人类。在霍金看来，人工智能的广泛使用具有极高的风险性，一方面人工智能带来的收益是巨大的，人类或许可以借助这一强大的工具，减少工业化对自然的伤害。但是“我们不确定我们是会被智能无限地帮助，还是被无限地边缘化，甚至毁灭”，人工智能的崛起可能是人类文明的终结。因此，人类必须建立有效机制尽早识别威胁所在，防止人工智能对人类带来的威胁进一步上升。① 被微软公司创始人比尔·盖茨誉为“预测人工智能未来最权威的人”的库兹韦尔（Roy Kurzweil）坚信，人工智能会超越人类智能，而且超越的速度会比人们预想的快得多。他认为，2045 年是奇点到达的时期，这将是极具深刻性和分裂性的时间点，非生物智能在这一年将会 10 亿倍于今天所有人类的智慧。② 虽然库兹韦尔的观点受到一些学者的批评，但他的论证并非空穴来风，而且他的著作产生的广泛影响至少说明他所思考的问题的极端重要性。

目前，国际上对人工智能的态度主要有两种。一是谨慎悲观派。这一派的基本依据是人工智能带来的风险可能超出人类的控制，为此主张以稳健的态度对待人工智能技术的发展。针对人工智能可能带来的负面影响及风险，如在失业问题上，谨慎派主张各国政府通过政治手段限制人工智能技术在劳动密集型行业的应用速度，使绝对失业人口始终保持在可控范围内，为新经济形态下的新型就业岗位的出现赢得时间。不难看出，其基本考量是以控制人工智能技术进步的速度为代价尽可能长地维护原有体系的稳定、推迟潜在风险的到来。但在当今激烈竞争的国际环境中，这一理念明显很难被接受。任何国家放缓对人工智能技术的研发和应用都有可能导致自己在激烈的国际竞争中处于不利的境地。据报道，在“阿尔法围棋”与李世石之间的“人机大战”之后不久，韩国政府即宣布了一项总投资约 8.4 亿美元的专项计划，用

① 黄志澄：“如何看待霍金对人工智能的警告”，《中国青年报》2017 年 6 月 5 日第 2 版。

② 库兹韦尔著，李庆诚、董振华、田源译：《奇点临近》，北京：机械工业出版社 2014 年版，第 80 页。

于加快人工智能产业的发展。这从反面证明了谨慎派的理念很难成为现实。当前，世界各主要国家均不甘落后，大幅增加科研经费与人员投入，努力抢占人工智能研发的高地。从这个角度看，想要阻止人工智能的发展几乎是不可能的。

第二派态度则较为乐观。这一派相信人工智能科技进步会为人类社会带来积极的影响，主张各国共同加强人工智能技术的研究，利用技术红利所带来的生产效率提升获得更多的社会财富。对于失业等负面影响则可以通过改革和完善社会分配制度来解决。在乐观派看来，人工智能技术所导致的大规模失业是无法避免的，但试图阻止这种状况的出现是徒劳的，维持社会稳定的方式不是人为干预不可逆转的失业问题，而是改变工业化时代“不劳动者不得食”的分配原则。利用技术进步创造的丰富的社会财富建立“无条件基本收入”保障制度，为全体公民提供能够保障其维持体面生活的固定收入，以鼓励其在长期失业状态下重新获取技能，或从事其他感兴趣的工作，最终在新的分配方式基础上重新构建社会文化认知，形成新时代的社会生活模式。①

---

① 封帅：“人工智能时代的国际关系：走向变革且不平等的世界”，《国际政治》2018 年第 3 期。

结语　把握机遇、因势利导，在变化的世界中维护国家的长治久安

深刻变革的世界向来是既充满着风险挑战，又孕育、暗含着重大机遇。能否在纷繁复杂的国际乱象和严峻挑战中看到机遇、抓住机遇，历来是关系国家兴衰成败的大问题。过去我国抓住过一些重要历史机遇，但也丧失过某些机遇。20 世纪 70 年代后期，邓小平同志在深入分析国际国内形势的基础上，提出争取一个较长时期的发展阶段是可能的，必须抓住机遇，牢牢把握住发展是第一要务，实行改革开放，综合国力得到全面提升，实现建设小康社会第一个百年目标。较长时期里，我国发展战略机遇期的内涵主要体现在两个方面，第一，在相当长的时期内，避免世界大战是可能的，争取一个良好的和平环境是可以实现的。第二，世界上矛盾多得很，大得很，一些深刻的矛盾逐渐暴露出来，存在着可为我所用的有利条件。而这一机遇期的主要外延是，借助经济全球化深入发展和国际联系不断加强的大趋势，推动我国与外部世界关系的全面、深入发展。

纵观国际国内大势，未来较长时期，我国发展仍处于可以大有作为的重要战略机遇期。与以往相比，战略机遇期的内涵和外延都有了极大拓展，具有更明显的多面性、转换性和可塑性，世界发展的时和势逐步向我国汇集，但与此同时更多的难和险也向我国汇集。这些变化既为我国提供更广阔的战略空间和回旋余

地，也对我国的战略筹划提出更高要求，我国应顺应时势积极作为，也要保持战略定力，极力避免出现颠覆性错误。充分用好战略机遇期，将集中体现在我国积极推进社会变革，完善创新国家治理体系，实现第二个百年目标和中华民族伟大复兴的“中国梦”，并全面深入参与全球治理，努力成为国际体系重要的主导性力量。

第一，我国面临大规模战争的可能基本可以排除，国家发展的外部环境总体有利，但所担负的国际责任显著增加，需要在维护国际安全和推动世界发展方面发挥更大作用。时代条件为我国的和平发展提供了一个有利的国际环境。与此同时，世界和平与发展面临的挑战日趋复杂、多元，需要推进和深化全球治理。作为全球公共产品的长期提供者，以美国为首的西方国家实力整体下降，国内制度性、结构性问题凸显，参与全球治理的能力和意愿明显下降。随着中国的快速发展，国际上要求中国发挥更大作用的呼声不断上升。作为和平国际环境的受益者、重要攸关方和国际地位不断上升的大国，我国有必要更深层次参与国际治理，通过维护、促进世界和平与发展为自身发展营造良好的外部环境与条件。这也意味着需要提供更多的国际公共产品、承担更多的国际责任和义务，以及更多地介入国际事务，包括一些地区的争端和冲突，面临的风险和挑战也将相对上升。

第二，经济全球化大势仍将为我所用，尽管其发展面临阶段性挫折，给我国经济发展带来严重负面影响，同时也为我国加快推进产业结构转型升级、加强与世界的深度互动提供了契机。经济全球化是大势所趋，但近年来出现波折和逆流，国际范围内保护主义严重，国际经贸规则制定出现政治化、碎片化苗头。但由于应对得当，全球范围内的“逆全球化”和反自由贸易倾向反而成为我国改革和深化对外关系的重要契机。一方面，我国适应国内外形势发展，变压力为动力，以国际金融危机的倒逼机制推动供给侧结构性改革，通过创新驱动实现产业结构转型升级。另一方面，在美国、英国等西方国家纷纷转向保护主义、孤立主义的背景下，中国主动顺应世界发展潮流，大力倡导、坚定支持经济全球化和自由贸易，特别是习近平主席在2017年世界经济论坛上的讲话得到了世界的普遍赞扬。长期以来，经济全球化的主要推手是美国等西方国家，而今天中国被认为是世界上推动贸易和投资自由化便利化的最大旗手。这对中国与世界的关系将产生深远影响。与此同时，经济全球化出现的逆流也给我国带来了重要负面影响。我国的国际贸易出口增速拐头提前到来，传统制造业受到重大冲击，部分行业产能过剩凸显，就业压力增大，经济面临较大下行压力。对此，我国必须顶住压力，变中求新、新中求进、进中突破，推动我国发展不断迈上新台阶。

第三，国际体系经历重大变迁，国际秩序进入变革和重塑期，原有权力结构出现松动，在变化的世界中可利用的矛盾显著增多，为我国顺势而为谋求发展，在国际事务中提升制度性和结构性权力提供了有利条件，但如果应对失当，也可能成为矛盾聚集的焦点。国际关系的复杂化发展总体上有利于维持国际局势总体平稳的局面，也有利于牵制强权政治的发展，将有助于发展新型大国关系，为中国和平发展、提升国际影响力提供了新的条件。但另一方面，国际变局中，我国实力的迅速提升也更容易引起警觉和反制。在当前及未来较长时期里，我国应该力避成为国际体系变革过程中矛盾聚集的焦点，以此为条件才有可能成功破解“修昔底德陷阱”，有效维护国家安全，担当起大国责任。在大国关系层面上，中国的战略任务仍十分繁重，尽管中国坚持和平发展道路，在国际政治、安全事务中努力追求合作和共赢，但美国对外政策中的权力政治逻辑难有实质改变，对中国的战略遏制与打压将随着我国综合国力的持续提高而不断强化。在强化和巩固全球战略格局中地位的同时，我国尤其须防范和慑止美国或以美国为首的国家集团与我国发生直接重大冲突。

第四，我国在亚太和全球战略格局中地位上升，影响力不断增强，但部分国家依然对我国存有疑虑，我国发展对外关系，尤其是经略周边、破解周边安全困局面临重大挑战。中国发展与变革本身就构成国际变局的重要组成部分，日益强大且与时俱进的中国是维护国际安全和促进世界繁荣的重要力量，而变化的世界也需要中国更多的创造和贡献。近年来，我国同世界许多国家的关系取得了重大进展，经贸联系更加紧密，互动空前密切。尤其是地区和周边国家从中国快速发展中得到了实实在在的好处，对中国发展的依赖稳步上升。睦邻友好、互利合作是地区国家对华关系的主流，地区环境总体有利向好。即使个别国家一时出现对我疏远、与我对抗的倾向，我国依然可以刚柔相济，综合运用政治、经济、外交和军事手段将其拉回到稳定发展的轨道。与此同时，受历史经历、领土与海洋权益争端、域外大国因素等影响，一些国家对我国依然存有疑虑和担忧，奉行“大国平衡”战略，配合甚至拉拢美国等大国加强在地区的军事存在，对我国实施制衡，这为大国在我国周边设棋布子、对我国实施战略围堵以及通过炒作地区争端向我国施压提供了条件，我国地区安全形势更加复杂。我国强大的综合国力和地区影响力未能充分转化为地区国家对我国的向心力，地区政策中软的一面还不足以让更多国家信服，而硬的一面所发挥的威慑作用也不是那么有效。如何更有效地运用国家实力和地区影响力破解周边安全困局、经营周边安全依托，是我国当前及未来较长时期需要解决的重大课题。

第五，我国探索出了适合中国国情的发展道路，把握战略机遇的意识与能力进一步增强，面对国内外形势正在发生的重大变化，发展模式面临进一步检验，需要不断完善和创新。改革开放以来取得的伟大成就证明了中国发展道路的正确性。特别是2008年金融危机后，西方发达国家整体陷入经济低迷，而我国依然保持着中高速增长，发展道路和模式的优越性进一步显现。20 世纪 70 年代以来，随着改革开放进程的不断推进，我国对发展的认识越来越深入、坚持发展的意志越来越坚定。正是因为此，我国才能够在面对一系列重大事件时保持沉着冷静，依然能够牢牢把握发展的大方向、沿着正确的发展轨道前行，而没有走回头路。一条正确的发展道路，建国后较长一段时间走弯路的教训，以及改革开放以来正确处置各种矛盾、应对各种挑战的成功经验，是今天拥有而过去不曾拥有或不曾完全拥有的宝贵财富。与此同时，新的矛盾、问题与挑战不断出现，改革进入深水期，难度、阻力与风险越来越大。产业结构调整升级进入攻坚期，来自发达国家和发展中国家的双重竞争明显上升。国内矛盾进入多发期，平衡改革、发展、稳定面临新的挑战。对外关系进入高风险期，协调安全利益与发展利益更加艰难。我发展道路和发展模式面临新的考验，需要不断完善与创新。

第六，新科技革命和产业变革正在孕育兴起，我国既面临着实现整体跃升和跨越式发展的历史性契机，也存在着把握不好、掉入中等收入国家陷阱的风险。人类发展史一再证明，每一次科技革命和产业变革都会带来大国力量对比的重大变化和国际战略格局的重大变革。英国凭借在第一次工业革命中的领先地位，在 18 世纪的大国竞争中脱颖而出，开启了上百年的全球霸权。而近代中国错过技术革命，导致国家实力直线下降，最终沦为殖民地半殖民地。相对于以往技术革命在单个或有限几个领域的突破，新一轮科技革命更可能是一次体系性全领域的重大变革，对国家发展和实力地位的影响也将更为迅速、全面和深刻。当前，我国物质基础坚实，科技整体水平大幅提升，一些重要领域已经跻身世界先进行列，能够集中力量干大事，具备在新科技革命中抢占先机的基本条件。如能占得先机，将大大缩短赶超发达国家的时间和进程，为未来的大国竞争打下基础、赢得主动。同时也要看到，我国科技创新基础还不十分牢固，自主创新特别是原创力还不强，关键领域核心技术受制于人的格局没有从根本上改变。如不能克服这些困难，势必在新科技革命和产业变革中落伍，不仅会在未来的大国竞争中处于下风，多年来快速发展积累下来的综合国力也将大大缩水，极有可能重新陷入中等收入国家陷阱。为此，对于对国家和民族具有战略意义的科技决策，我国必须敢于决断，舍得投入，决不能与历史机遇失之交臂。

为此，提出如下思考：

一是坚定和平发展的基本方向。既要努力把世界的和平与发展转变为中国的机遇，也要积极把中国的发展转变为世界的机遇，不断巩固我国和平发展的基础。在努力提高自身实力的同时，也要切实强化与其他国家的联系和合作，建设性介入国际和地区事务，破解难题，推进中国与世界的良性互动。

二是在变化的世界中顺势而为。越是在关键的发展阶段，越是要善于在国际变局中因势利导、把握机会，积极争取战略主动。大国战略竞争比的是境界、比的是视野、比的是远见。要实现中华民族复兴的伟大目标，绝不能过多拘泥于国际竞争的一般技巧和计谋，关键在于能够及时认清世界政治的演变趋势和特征变化，洞察未来世界的可能走向，在顺应历史潮流中谋求变革和进步，实现国家的安全和发展。中国传统的“和合”文化以及战略思维中的天下情怀、道德主义、注重防御等内涵，必然构成个大和平发展大战略的基本逻辑和历史根源。而得以体现中国传统战略文化神韵的总体国家安全观，必将在未来国家安全丰富的实践中不断得到发扬光大，并构成对中国民族复兴的强有力支撑。

三是坚持构建以合作共赢为核心的新型国际关系。集过去40多年国际战略实践经验于一点，就是我们致力于构建以合作共赢为核心的新型国际关系，为我国发展塑造了良好的国际环境，拓展了广阔的国际空间。即使在处理重大事态过程中，我们也始终聚焦国家发展，保持必要的战略克制，坚定地发展与周边国家、广大发展中国家乃至西方发达国家的经济合作关系，不仅使中国发展为世界第二大经济体，也形成了中美经济你中有我我中有你、一荣俱荣一损俱损的经济格局，并与世界 70 多个国家和地区组织建立了不同形式的合作伙伴关系，使我们成为日本、韩国、澳大利亚等美国诸多盟国以及世界大多数国家的最大贸易伙伴。这为我国的安全与发展奠定了坚实的国际基础。未来一个时期，受大国战略竞争上升的影响，国际、国内传统地缘战略思维趋于活跃。在这种趋势下，我国应避免让大国地缘战略竞争主导地区政治，而应积极带动亚太国家将“发展与合作”培育为地区政治主题，在发展双边伙伴关系的基础上，应当注重构建区域、次区域及各领域的多边伙伴关系，构建共同发展、相互合作、相互约束的规则与制度，继续创制多边倡议和机构，给地区和世界勾画出清晰、可信的共赢前景，确立世界对中国的信心与信任。

四是更好协调国家安全与国家发展的关系。与改革开放之初相比，国内外形势已发生了重大变化。由于我国经济实力在世界上已经处于“坐二望一”的位置，美国、日本等西方国家已经将我国视为主要战略竞争对手，我国坚持韬光养晦的难度空前增大。我们面临的安全问题不但大幅增多，其中一些问题已经难以像过去那样绕着走过去。须着眼我国发展与安全的新阶段、新特点，积极平衡发展与安全的关系，既维护好发展的中心地位，又要确保国家核心利益安全，坚持发展与安全的协调统一。尤其需要强调的是必须始终维护发展在党和国家工作中的中心地位，确保经济持续、稳定和相对较快的增长。

五是建设世界一流军队。推动军队现代化建设跨越式发展，努力建设与我国国际地位相称、与国家安全和发展利益相适应的巩固国防和强大军队，是塑造和平、控制危机、遏制战争的根本所在，是维护我国安全与发展的根本保障。未来，我军应努力实现建设世界一流军队的目标，真正承担起保障我国到 21 世纪中叶实现中华民族伟大复兴强国梦的历史使命。

参考文献

一、著作

《马克思恩格斯选集》第1卷，北京：人民出版社1995年版。

《毛泽东外交文选》，北京：中央文献出版社1994年版。

《邓小平文选》第3卷，北京：人民出版社1993年版。

中共中央文献研究室编：《邓小平年谱》（1978—1997），北京：中央文献出版社2007年版。

江泽民：《加快改革开放和现代化建设步伐 夺取有中国特色社会主义事业的更大胜利——在中国共产党第十四次全国代表大会上的报告》，北京：人民出版社1992年版。

江泽民：《高举邓小平理论伟大旗帜 把建设有中国特色社会主义事业全面推向二十一世纪——在中国共产党第十五次全国代表大会上的报告》，北京：人民出版社1997年版。

江泽民："全面建设小康社会，开创中国特色社会主义事业新局面"，《在中国共产党第十六次全国代表大会上的报告》，北京：人民出版社2002年11月版。

胡锦涛："高举中国特色社会主义伟大旗帜为夺取全面建设小康社会新胜利而奋斗"，《在中国共产党第十七次全国代表大会上的报告》，北京：人民出版社2007年10月版。

胡锦涛："坚定不移沿着中国特色社会主义道路前进 为全面建成小康社会而奋斗"，《在中国共产党第十八次全国代表大会上的报告》，北京：人民出版社 2012 年 11 月版。

习近平：“决胜全面建成小康社会，夺取新时代中国特色社会主义伟大胜利”，《中国共产党第十九次全国代表大会文件汇编》，北京：人民出版社 2017 年 10 月版。

习近平：《习近平论治国理政》，北京：外文出版社 2014 年 10 月版。

习近平：《习近平论治国理政》（第二卷），北京：外文出版社 2017 年 11 月版。

习近平：《在网络安全和信息化工作座谈会上的讲话》，北京：人民出版社 2016 年版。

［美］亨利·基辛格著，范益世、殷汶祖译：《白宫岁月》，北京：世界知识出版社 1980 年版。

［美］亨利·基辛格著，胡利平、林华、曹爱菊译：《世界秩序》，北京：中信出版社 2015 年版。

［美］布热津斯基著，中国国际问题研究所译：《大棋局》，上海：上海世纪出版集团 2007 年第 1 版。

摩根索著，徐昕、郝望、李保平译：《国家间政治——寻求权力与和平的斗争》，北京：北京大学出版社 2012 年 9 月版。

詹姆斯·多尔蒂等著，阎学通等译：《争论中的国际关系理论》，北京：世界知识出版社 2003 年版。

罗伯特·基欧汉、约瑟夫·奈著，林茂辉等译：《权力与相互依赖——转变中的世界政治》，北京：中国人民公安大学出版社 1992 年版。

［美］傅高义著，冯克利译：《邓小平时代》，北京：生活、读书、新知三联书店 2013 年 1 月版。

［美］塞缪尔·亨廷顿：《文明的冲突与世界秩序的重建》，北京：新华出版社 1998 年版。

王缉思、唐士其：《多元化与同一性并存——三十年世界政治变迁：1979—2009》，北京：社会科学文献出版社 2011 年 10 月版。

王缉思：《中国未来国际战略环境预测》，重庆：重庆出版社，2017 年版。

何方：《争议下的国际问题观察》，北京：中国社会科学出版社 2013 年版。

张仕波：《未来战争新高地》，北京：国防大学出版社 2017 年版。

顾德欣主编：《邓小平国际战略思想研究》，北京：国防大学出版社 1997 年版。

王逸舟：《全球化时代的国际安全》，上海：上海人民出版社 1999 年版。

王逸舟：《恐怖主义溯源》（修订版），北京：社会科学文献出版社 2010 年第 2 版。

周方银：《大国的亚太战略》，北京：社会科学文献出版社 2013 年 6 月版。

［德］乌尔里希·贝克、约翰内斯·威尔姆斯著，路国林译：《自由与资本主义》，浙江：浙江人民出版社 2001 年版。

［德］乌尔利希·贝克著，张世鹏等编译：《全球政治与全球治理》，北京：中国国际广播出版社 2004 年版。

［英］安东尼·吉登斯著，曹荣湘译：《气候变化的政治》，北京：社会科学文献出版社 2009 年版。

［英］维克托·迈尔、肯尼思·库克耶著，盛杨燕、周涛译：《大数据时代》，浙江：浙江人民出版社 2013 年版。

库兹韦尔著，李庆诚、董振华、田源译：《奇点临近》，北京：机械工业出版社 2014 年版。

李莉：《信息分析方法》，北京：科学出版社 2017 年 1 月版。

二、论文

崔立如："国际格局演变与多极时代的秩序建构"，《现代国际关系》，2016 年第 1 期。

倪峰："关于多极化的一些思考"，《太平洋学报》，2004 年第 12 期。

余南平："当下反全球化思潮的辨析与展望"，《欧洲研究》，2017 年第 4 期。

张世鹏："什么是全球化?"，《国际政治》，2000 年第 5 期。

李丹："'去全球化'：表现、原因与中国应对之策"，《中国人民大学学报》，2017 年第 3 期。

高祖贵："当前国际战略的四大发展趋势"，《和平与发展》，2017 年第 2 期。

孙伟平："信息社会及其基本特征"，《哲学动态 》，2010 年第 9 期。

曾向红："全球化、逆全球化与恐怖主义浪潮"，《外交评论》，2017 年第 3 期。

王缉思等："世界发展趋势、美国对外战略与中美关系"，《美国研究》，2012 年第 3 期。

袁鹏："美国内外政策分析与中美关系"，《新华月报》，2016 年第 2 期。

熊李力、潘宇："乌克兰困局：俄罗斯外交的延续性与断裂性"，《外交评论》，2015 年第 2 期。

仇朝兵："奥巴马时期美国的'印太战略'"，《美国研究》，2018 年第 1 期。

赵明昊："'竞争'与中美关系的当前态势"，《战略决策研究》，2018 年第 2 期。

赵青海："'印太'概念及其对中国的含义"，《现代国际关系》，2013 年第 7 期。

张家栋："现代恐怖主义的四次浪潮"，《国际观察》，2007 年第 6 期。

唐志超："当前国际恐怖主义演变趋势及中国应对策略"，《中国人民公安大学学报》（社会科学版），2018 年第 1 期

郎平："国际互联网治理：挑战与应对"，《国际经济评论》，2016 年第 2 期。

王桂芳："大国网络竞争与中国网络安全战略选择"，《国际安全研究》，2017 年第 2 期。

李崇银："关于应对气候变化的几个问题"，《生态环境与保护》，2011 年第 3 期。

周鸿祎："新时期全球网络"，《中国信息安全》，2017 年第 11 期。

赵宏图："气候变化'怀疑论'分析及启示"，《国际政治》，2010 年第 7 期。

封帅："人工智能时代的国际关系：走向变革且不平等的世界"，《国际政治》，2018 年第 3 期。

Hillary Clinton, "America's Pacific Century", *Foreign Policy*, November 2011.

Leon Panetta, "The US Rebalancing towards the Asia-Pacific", The 11th IISS Asia Security Summit, the Shangri-La Dialogue, Singapore, June 2, 2012, http://www.iiss.org/en/events/shangri-la-dialogue/archive/sld12 - 43d9 /first-plenary-session - 2749 /leon-panetta-d67b.

U. S. Department of Defense, "Quadrennial Defense Review Report", February 2010, https://www.defense.gov/Portals/1/features/defenseReviews /QDR/QDR_ as_ of_ 29JAN10_ 1600. Pdf.

U. S. Department of Defense, "Sustaining U. S. Global Leadership: Priorities for 21st Century Defense", January2012, http: //archive. defense. gov /news /Defense_ Strategic_ Guidance. Pdf.

U. S. Department of Defense, "Quadrennial Defense Review", http: //archive. defense. gov /pubs /2014_ Quadrennial_ Defense_ Review. Pdf.

U. S. Navy, Marine Corps, Coast Guard, "A Cooperative Strategy for 21st Century Seapower", March 13, 2015.

"U. S. -India Joint Strategic Vision for the Asia-Pacific and Indian Ocean Region", January 25, 2015, https: //obamawhitehouse. archives. gov/the-press-office/2015/01/25/us-india-joint-strategic-vision-asia-pacific-and-indian-ocean-region.

图书在版编目（CIP）数据

当今国际战略形势解析/曹先玉著．—北京：时事出版社，2018.10（2023.12 重印）

ISBN 978-7-5195-0265-2

Ⅰ.①当…　Ⅱ.①曹…　Ⅲ.①国际形势—研究②战略形势—研究—世界　Ⅳ.①D5

中国版本图书馆 CIP 数据核字（2018）第 233683 号

出版发行：时事出版社
地　　址：北京市海淀区彰化路 138 号西荣阁 B 座 G2 层
邮　　编：100097
发行热线：（010）88869831　88869832
传　　真：（010）88869875
电子邮箱：shishichubanshe@sina.com
印　　刷：北京世纪优彩科技有限公司

开本：787×1092　1/16　印张：15.5　字数：220 千字
2018 年 10 月第 1 版　2023 年 12 月第 5 次印刷
定价：88.00 元
（如有印装质量问题，请与本社发行部联系调换）